Anke Fröhlich

ZWISCHEN EMPFINDSAMKEIT UND KLASSIZISMUS

Der Zeichner und Landschaftsmaler
Johann Sebastian Bach d. J.
(1748–1778)

*To Ralph Kohen —
honored curator of the Bach Archive
with special thanks,*

J. S. Bach d. J.
Kupferstich von Carl Wilhelm Grießmann
nach einer Zeichnung von Adam Friedrich Oeser
Bach-Archiv Leipzig

Anke Fröhlich

ZWISCHEN EMPFINDSAMKEIT UND KLASSIZISMUS

Der Zeichner und Landschaftsmaler
Johann Sebastian Bach d. J.
(1748–1778)

Œuvre-Katalog

Mit einem biographischen Essay
von Maria Hübner

Evangelische Verlagsanstalt
Leipzig

EDITION BACH-ARCHIV LEIPZIG

Mit Unterstützung der ZEIT-Stiftung Ebelin und Gerd Bucerius
und des Packard Humanities Institute, Los Altos, California

Die Deutsche Bibliothek – Bibliographische Information

Die Deutsche Bibliothek verzeichnet diese Publikation in der Deutschen
Nationalbibliographie; detaillierte bibliographische Daten sind im Internet
über <http://dnb.ddb.de> abrufbar.

© 2007 by Evangelische Verlagsanstalt, Leipzig/Stiftung Bach-Archiv Leipzig
Printed in EU · H 7135
Alle Rechte vorbehalten
Titelbild: J. S. Bach d. J., Arkadische Landschaft mit Aquädukt und Tempel auf einer
    Anhöhe, 1776, Hamburger Kunsthalle
Umschlag: Ulrike Vetter
Buchgestaltung/Satz: Kai-Michael Gustmann
Redaktion: Stephanie Wollny

ISBN 978-3-374-02464-3

www.eva-leipzig.de

INHALT

Christoph Wolff
VORWORT 7

Anke Fröhlich
EINLEITUNG 9

Maria Hübner
JOHANN SEBASTIAN BACH D. J. 13
Ein biographischer Essay

Anke Fröhlich
ZWISCHEN EMPFINDSAMKEIT UND KLASSIZISMUS
Zum künstlerischen Schaffen Johann Sebastian Bachs d. J.
   Ausbildung und frühe Prägungen 33
   An der Kunstakademie in Leipzig 36
   An der Dresdner Kunstakademie 41
   Die Reise nach Rom 45
   Bachs Nachruhm 49
   Bachs idyllische Landschaften 50

TAFELN 59
WERKVERZEICHNIS
   Porträts 163
   Vignetten und Illustrationen 166
   Frühe Landschaften in holländischer Manier 170
   Elblandschaften 185
   Idyllische Landschaften 197
   Italienische Landschaften 211
   Figuren- und Historiendarstellungen 217
   Aus der Literatur bekannte Werke 224
   Druckgraphik nach Vorlagen von Bach 236

ANHANG
   Abkürzungen 257
   Quellen, Literatur, Kataloge 258
   Kurzbiographien ausgewählter Künstler 266
   Namensregister 270
   Verzeichnis der Sammlungen 276
   Fotonachweis 277

VORWORT

Das Bach-Archiv Leipzig widmet sich nicht nur dem Leben, Werk und Nachwirken des Komponisten Johann Sebastian Bach, sondern auch dessen Vor- und Nachfahren. Schließlich handelt es sich hier um eine in der deutschen Kulturgeschichte besonders herausragende Musikerfamilie, die ihre Spuren vom späten 16. bis ins frühe 19. Jahrhundert hinterließ und deren Aufarbeitung eine wichtige Aufgabe bildet.

Auch wenn hier kein musikalisches Oeuvre vorliegt, gehört das künstlerische Werk von Johann Sebastian Bach d. J. ebenfalls in diese Kulturgeschichte. Es belegt zudem, wie eng Musik, Literatur und Kunst – die sich im späteren 18. Jahrhundert unter dem Konzept der beaux arts und einer neuen gemeinsamen Ästhetik konstituieren – zusammengehören können. Carl Philipp Emanuel Bach, Sohn des „großen" und Vater des „kleinen" Namensträgers, bietet selbst ein eindrucksvolles Beispiel für das Bei- und Miteinander der Künste. So pflegte er nicht nur persönliche Verbindungen mit den bedeutendsten deutschen Dichtern seiner Zeit (darunter Gellert, Kleist, Lessing und Claudius), deren Lieder er vertonte, sondern betätigte sich auch als Kunstsammler und legte in seinem Hause eine Musiker-Porträtgalerie an, wie sie an Vollständigkeit auch in späteren Generationen nie mehr erreicht werden sollte.

Das klassische Sprichwort „nomen est omen" trifft auf den 1749 geborenen zweiten Sohn Carl Philipp Emanuel Bachs also nicht im musikalischen Sinne zu, wohl aber im Blick auf dessen künstlerisches Talent. Dem hochbegabten Zeichner und Landschaftsmaler Johann Sebastian Bach war nur ein kurzes Leben beschieden, doch hat er ein in seiner Zeit weithin anerkanntes und selbst aus heutiger Perspektive beachtliches Werk hinterlassen. Auch wenn die Sammlungen des Bach-Archivs nur wenige Originalstücke von Johann Sebastian Bach d. J. enthalten, zählen wir es zu unseren Aufgaben, dessen Gesamtwerk erstmals nachzuweisen und den erhaltenen Bestand in angemessener Form zu dokumentieren. Diesem ehrgeizigen Ziel dient das vorliegende kommentierte Werkverzeichnis.

In Frau Dr. Anke Fröhlich (Dresden) haben wir eine kompetente Kunsthistorikerin gefunden, die sich der ihr gestellten Aufgabe mit Hingabe zugewandt hat. Ihr gilt unser Dank für die Lokalisierung und systematische Aufarbeitung des verstreuten Materials. Unter den Mitarbeitern des Bach-Archivs konnte Maria Hübner als bewährte Kennerin des Stoffes eigene Recherchen beitragen, einen biographischen Essay liefern und an der Redaktion des Buches wesentlich mitwirken. Neben ihr gebührt jedoch auch Kerstin Wiese, Marion Söhnel und Miriam Grabowski Dank für das Zustandekommen des vorliegenden Bandes, der sich zugleich als ergänzende Veröffentlichung zu der im Frühjahr 2007 gezeigten Sonderausstellung

„Kompositionskunst anders: Der Zeichner Johann Sebastian Bach d. J." im Bach-Museum Leipzig versteht.

Die notwendigen Forschungsarbeiten für die Erstellung des vorliegenden Werkkataloges wurden in großzügiger Weise gefördert durch die ZEIT-Stiftung Ebelin und Gerd Bucerius, der wir hiermit den gebührenden Dank abstatten. Den Archiven, Kunstsammlungen und Privatsammlern, die Werke von Johann Sebastian Bach d. J. besitzen, gebührt ebenfalls Dank für ihre Unterstützung dieses Projektes. Schließlich sei Frau Annegret Grimm und der Evangelischen Verlagsanstalt Leipzig für die verlegerische Betreuung des Bandes gedankt, ebenso dem Packard Humanities Institute in Los Altos (California) für die Unterstützung der Drucklegung.

Christoph Wolff
Direktor, Bach-Archiv Leipzig

EINLEITUNG

Der Name des Komponisten Johann Sebastian Bach ist weltbekannt, doch wer kennt den Maler gleichen Namens? Der Enkel des Leipziger Thomaskantors, Johann Sebastian Bach d. J. (1748–1778), hatte vor allem Musikwissenschaftler interessiert, ehe Wolfgang Stechow ihm im Jahr 1961 einen Aufsatz widmete.[1] Dieser Aufsatz, der sich auf einen Artikel von Gustav Wustmann stützt,[2] wurde 1980 einer Ausstellung anlässlich der V. Heidelberger Bachwoche sowie späteren Katalogbeiträgen zugrunde gelegt.[3] Die Recherchen zu diesen Beiträgen waren stets durch die Teilung Deutschlands behindert. In der jüngeren Vergangenheit veranstaltete das Leipziger Bach-Archiv eine Ausstellung.[4] Doch nun sollen erstmals alle überlieferten Werke Bachs zusammengeführt und in einem Werkverzeichnis veröffentlicht werden.

Für die Zusammenstellung der Werke wurden die wenigen Lebensstationen des jung verstorbenen Künstlers in Berlin, Hamburg, Leipzig, Dresden und Rom als Leitfaden gewählt und seine überlieferten Blätter nach Darstellungsinhalten gegliedert, wobei nach Porträts, Vignetten und Illustrationen, frühen Landschaften in holländischer Manier, Elblandschaften, idyllischen Landschaften, italienischen Landschaften sowie Figuren- und Historiendarstellungen unterschieden wurde. Bach schuf außer seinen Pinselzeichnungen offenbar nur zwei Ölgemälde: Eines, das Porträt des Gambisten Carl Friedrich Abel, ist nur noch aus der Literatur bekannt (vgl. ML 140); das andere, eine arkadische Landschaft (vgl. M 56), wurde im Motiv-Zusammenhang der Zeichnungen unter den laufenden Nummern eingeordnet. Namensregister und Bibliographie ergänzen das Werkverzeichnis. Alle erreichbaren Blätter sind abgebildet, so dass der Leser sich selbst einen Eindruck verschaffen kann. Ein großer Teil der Werke Bachs ist jedoch lediglich in der Literatur überliefert; es ist zu hoffen, dass sie sich wenigstens zum Teil noch auffinden lassen. In diesem Falle wären das Bach-Archiv Leipzig und die Herausgeberin für Hinweise dankbar.

„Bekannt genug sind seine Verdienste als vollendeter Landschaftsmaler, der hohe Flug des Dichtergeistes in seinen eigenen Kompositionen, die glückliche Wahl und Wahrheit in seinen Nachbildungen der Natur, die Kraft und Bestimmtheit in der Ausführung und Haltung, und der große Geschmack, besonders in der Zusammensetzung und Zeichnung seiner Baumgruppen."[5] – Was den Zeitgenossen Johann Sebastian Bachs d. J. als begabt, gelungen und reizvoll erschien, muss sich der heutige Betrachter in der Fülle allgegenwärtiger künst-

---

[1] Stechow 1961.
[2] Wustmann 1909.
[3] Ausst.Kat. Heidelberg 1980.
[4] Hübner 1998.
[5] Meyer 1792, S. 155 f., zit. nach Miesner 1940–1948, S. 171 f.

lerischer, fotografischer, elektronischer Bilder, inmitten von Filmen, Werbung und Design blickend erst wieder erobern. Doch dann stellt sich heraus, dass dieser Bach nicht nur durch seinen bekannten Namen und die Zugehörigkeit zu einer berühmten Musikerdynastie von Interesse ist, sondern um seiner selbst willen.

Bachs Pinselzeichnungen verkörpern geradezu die Landschaftsmalerei in der Spanne zwischen Empfindsamkeit und Klassizismus im letzten Drittel des 18. Jahrhunderts in Sachsen, die vor allem durch seine Lehrer Adam Friedrich Oeser in Leipzig und Johann Christian Klengel in Dresden geprägt war. Es ist eine interessante Zeit, in der sich Natur- und Kunstbegriff wandeln und diese Wandlung sich in der Landschaftsmalerei widerspiegelt. Doch dem heutigen Betrachter erschließen sich Bachs Werke nicht immer gleich auf den ersten Blick. Was ist an einer weich getupften Sepiazeichnung das Schöne? Was fanden die Zeitgenossen Bachs in seinen Kompositionen so reizvoll, erfindungsreich und vielversprechend? Zum näheren Verständnis dieser zumeist kleinformatigen, anspielungsreichen Blätter wurden den einzelnen Werken im vorliegenden Katalog deshalb ausführliche Kommentare beigegeben. Dabei sollen Zitate von zeitgenössischen Autoren wie Hagedorn, Sulzer, Gilpin, Heydenreich und Becker zeigen, welche Kunstgesetze in seiner Zeit herrschten und auf welche Weise Bach ihnen gefolgt oder von ihnen abgewichen ist. Der originale Wortlaut vermittelt dabei sicher eine Vorstellung von dem Ernst und der Anteilnahme, mit denen die Fortschritte junger Künstler beobachtet und ihnen Ratschläge für die Vervollkommnung ihrer Erfindungen erteilt wurden. Authentische Stimmen waren Christian Ludwig von Hagedorn und Wilhelm Gottlieb Becker, die Bachs Entwicklung aus unmittelbarer Nähe beobachteten.

Doch auch Johann Georg Sulzer, der eine „Allgemeine Theorie der Schönen Künste" formulierte, und vor allem Karl Heinrich Heydenreich mit seinem „Ästhetischen Wörterbuch" sind in diesem Zusammenhang interessante Autoren. Heydenreich, der in Leipzig als Professor für Ästhetik wirkte, bearbeitete dafür das „Dictionnaire des Arts de Peinture, Sculpture & Gravure" von Claude Henri Watelet und Pierre Charles Levesque – Männern, die in Paris zugleich als Philosophen und Künstler tätig waren. Auf diese Weise fanden Vorstellungen aus der französischen Kunstlehre Eingang in die sächsische Kunstausbildung – ebenso wie durch die Galeriewerke niederländische Vorbilder und durch die obligatorischen Romreisen italienische Einflüsse die sächsische Kunstausübung prägten. Heydenreich fasste ferner ältere Literatur von Roger de Piles und Anton Raphael Mengs mit der Absicht zusammen, eine verbindliche und nützliche „Ästhetik", eine Wissenschaft des Schönen, zu formulieren, mit der er sich neben die sich ausdifferenzierenden Naturwissenschaften stellte. Oft zitierte er dazu Mengs und dessen „Praktischen Unterricht über die Malerei". Selbst wenn diese Werke erst nach Bachs Tod erschienen sind, beinhalten sie also Gedanken, die bereits in seiner Zeit wirksam waren und gleichsam „in der Luft lagen". Sein Lehrer Oeser hat dabei im Austausch mit Johann Joachim Winckelmann und Hagedorn keinen geringen Einfluss auf die Theoriebildung ausgeübt, auch wenn er selbst keine theoretischen Anleitungen formuliert hat.

Übrigens benennt Heydenreich sehr deutlich „das Mittel, dadurch zu gefallen, dass man den Geist anzieht, fesselt, ihm ein langes Andenken einprägt": Es besteht in dem Ausdruck und der Schönheit. „Man gefällt auch mit einem weniger erhabenen Talente, wenn man mit einer schönen Farbe, einem schönen

Pinsel, Dispositionen und Anordnungen verbindet, welche fähig sind, dem Auge zu schmeicheln, und wenn man Schönheit durch Annehmlichkeit zu ersetzen weiß. Dieß ist zwar nicht das höchste Verdienst der Kunst, welches den Künstler von Genie, aber doch das, was den guten Mahler ausmacht. (...)
Die Farbe, der Pinsel machen das Mechanische der Kunst zu mahlen, wie die Versification das Mechanische der Dichtkunst aus. Ehe man eine Kunst ausübt, muß man das Mechanische derselben kennen. Der Dichter wird nie gefallen, wenn seine Verse dem Ohre widerlich sind, noch der Mahler, wenn er mit seinen Gemählden das Auge beleidigt." – Ein Grundsatz, der damals auch auf die Musik bezogen wurde. Weiter heißt es: „Hat der Dichter und Mahler das Mechanische seiner Kunst inne, so bleibt ihm nichts mehr übrig, als die Natur zu beobachten; diese wird ihm alle übrigen Mittel zu gefallen liefern, und über alle Theile der Kunst große Belehrungen geben."[6]
Es ist bedauerlich, dass so viele Werke Bachs verloren gegangen sind und das ohnehin schmale Schaffen des jung verstorbenen Künstlers nur in Bruchstücken überliefert ist. So gehört Vorstellungsvermögen dazu, anhand der erhaltenen Blätter die Begeisterung der Zeitgenossen nachzuvollziehen, die diese angesichts der Bachschen Werke empfunden haben. Es sind ja nicht alles Meisterwerke, sondern offensichtlich auch Schülerarbeiten, aneignende Kopien nach älteren Vorbildern oder Ideenskizzen. Hatte sich eine kompositorische Idee einmal bewährt, schuf der junge Künstler zudem Repliken, um ihren Gehalt mehreren Betrachtern zugleich zu übermitteln. Somit wird der heutige Betrachter nicht alle diese Pinselzeichnungen als überraschende, beglückende oder gar frappierende Meisterwerke erleben. Doch ist es mit Bachs Zeichnungen wie mit anderen äußerlich kleineren Kunstformen auch, wie mit einem Lied oder einem Gedicht: Sie beginnen zu wirken, wenn man sich in sie eingehört, eingelesen oder in diesem Falle eingesehen hat, sie benötigen Aufmerksamkeit und mitwirkende Phantasie, um ihre Poesie zu entfalten. Dann aber öffnen seine besten Werke noch heute die Tür zu einer leuchtend idealisierten und gleichsam musikalisch bewegten Welt jenseits der Bildoberfläche.

---

[6] Heydenreich 1793–1795, Bd. 2, S. 278 ff.

JOHANN SEBASTIAN BACH D. J.

Ein biographischer Essay
von Maria Hübner

Johann Sebastian Bach d. J. – ein Enkel des Leipziger Thomaskantors – gehörte zu jenen Mitgliedern der Familie Bach, deren schöpferische Begabung sich in der bildenden Kunst ausdrückte. So wirkten mehrere Angehörige eines entfernteren Familienzweiges aus Meiningen zugleich als Musiker und Maler:[1] Nicolaus Ephraim (1690–1760, ein jüngerer Bruder des bedeutenden Komponisten Johann Ludwig Bach), der Organist in Meiningen und Gandersheim war, sowie zwei Söhne von Johann Ludwig: Samuel Anton (1713–1781) und Gottlieb Friedrich (1714–1785). Enge Kontakte zur Bach-Familie in Leipzig bestanden u. a. durch Samuel Anton, der dort zusammen mit Carl Philipp Emanuel Bach (1714–1788) das von Musikern häufig gewählte Fach Rechtswissenschaft studierte. Wahrscheinlich aber interessierte sich Samuel Anton viel mehr für den Musikunterricht beim Thomaskantor Johann Sebastian Bach, denn er wurde Hoforganist in Meiningen, wo er auch als Maler tätig war. Die um 1732/33 entstandenen Pastellbilder, die den etwa 18-jährigen Carl Philipp Emanuel und den etwa 22-jährigen Wilhelm Friedemann Bach darstellen, stammen entweder von Samuel Anton oder von dessen Bruder Gottlieb Friedrich, der sie während eines Besuchs in Leipzig gemalt haben könnte.[2] Gottlieb Friedrich übte in Meiningen ebenfalls das Amt des Hoforganisten und Kabinettmalers aus, und mit der Nachfolge durch seinen Sohn Johann Philipp (1752–1846) blieben beide Ämter weiterhin fest in der Hand der Familie Bach.[3] Den Kontakt mit Carl Philipp Emanuel, der in seiner Zeit als der berühmteste Vertreter der Familie galt, pflegten die Meininger Bache auch in späteren Jahren. Johann Philipp zum Beispiel besuchte ihn um 1774 in Hamburg, wo er ein Porträt von ihm malte. Dieses Pastellbild erwähnte Carl Philipp Emanuel in seinen Mitte der 1770er Jahre zur Genealogie des Vaters Johann Sebastian hinzugefügten Bemerkungen: „Vater [Gottlieb Friedrich Bach] und Sohn [Johann Philipp] sind vortreffliche Portraitmahler. (Lezterer hat mich vorigen Sommer besucht u. gemahlt, u. vortrefflich getroffen.)"[4]

Noch nicht einmal zwei Jahre war Johann Sebastian Bach d. J. alt, als sein Großvater gleichen Namens 1750 starb. Persönlich begegneten sie sich nie, denn Bach besuchte Berlin letztmals etwa ein Jahr vor der Geburt des Enkels. Als jüngstes der

---

1   Wolff et al. 1993; Kock 1995.
2   Dok IV, S. 237, 383 f. Die Zeichnungen befinden sich im Bachhaus Eisenach.
3   Ein sogenanntes „Meininger Pastell" (Privatbesitz), wohl von Gottlieb Friedrich oder Johann Philipp Bach gemalt, wird manchmal als ein Porträt des Thomaskantors J. S. Bach angesehen, was jedoch fraglich ist. Es entstand wahrscheinlich nach 1750. Siehe Dok IV, S. 16, 360; Wolff et al. 1993, S. 131. C. P. E. Bach erwähnt in einem Brief vom 20. April 1774 ein Pastellbild, das seinen Vater darstellt, siehe Suchalla 1994, S. 392.
4   Dok I, S. 264 (unter Nr. 3). Porträt in der Staatsbibliothek zu Berlin, Preußischer Kulturbesitz, Musikabteilung mit Mendelssohn-Archiv, Porträtsammlung, abgebildet z. B. in Ottenberg 1982, S. 178.

drei Kinder von Johanna Maria (geb. Dannemann, Tochter eines Weinhändlers) und Carl Philipp Emanuel Bach, der als Kammercembalist am Hofe des preußischen Königs Friedrich II. tätig war (vgl. Abb. 1, S. 15), wurde Johann Sebastian am 26. September 1748 in der Friedrichswerderschen Kirche in Berlin getauft.[5] Gewiss erinnerten die Eltern mit der Namengebung nicht zufällig an den Leipziger Thomaskantor, der durch seinen Besuch 1747 am Berliner Hof auch öffentliche Aufmerksamkeit auf sich gezogen und bald darauf Friedrich II. das „Musikalische Opfer" gewidmet hatte. Zudem lässt die Auswahl der hochrangigen Taufpaten auf manche Hoffnung für ihr Kind schließen.[6] Zu den sechs Paten aus dem Adelsstand gehörten: Hermann Carl Reichsgraf von Keyserlingk, ehemals Fürsprecher des Leipziger Kantors am Dresdner Hofe und seit 1746 im diplomatischen Dienst in Berlin tätig; Friedrich Heinrich Markgraf von Brandenburg-Schwedt (der Neffe des Widmungsträgers der „Brandenburgischen Konzerte"), dem Carl Philipp Emanuel mehrere Werke widmete; sowie Franz Wilhelm von Happe, Minister in Berlin, dessen Söhne zusammen mit C. P. E. Bach in Frankfurt/Oder studierten.

Die musik- und kunstliebende Atmosphäre im Elternhaus, wo Dichter, Künstler und Intellektuelle ein- und ausgingen, bot Johann Sebastian vielfältige Möglichkeiten, seine schöpferischen Gaben zu entdecken. Dem Vater wäre es gewiss am liebsten gewesen, wenn sein jüngster Sohn eine Musikerlaufbahn eingeschlagen hätte, doch dieser Wunsch blieb unerfüllt. Auch der ältere Sohn Johann August (1745–1789)[7] wurde nicht Musiker. Er studierte die Rechte an der Schaumburger Landesuniversität Rinteln, von wo aus er vielleicht einmal einen Abstecher nach Bückeburg unternahm, wo sein Onkel Johann Christoph Friedrich Bach (1732–1795, der zweitjüngste Sohn des Leipziger Thomaskantors) als Konzertmeister am fürstlichen Hofe wirkte. Johann August promovierte 1769 und praktizierte dann als Advokat in Hamburg. Die in der Korrespondenz gewandte Tochter Anna Carolina Philippina (1747–1804)[8] blieb unverheiratet. Sie beteiligte sich an der Geschäftsführung ihres Vaters und verwaltete später dessen Nachlass. Ein Freund der Familie bemerkte 1774: „Bach hat eine gesprächige Frau, eine zwar unschöne, doch wohl conditionirte Tochter … einen Sohn, der ein Licentiat ist, guten Wein und gut Bier"[9] (Johann Sebastian lebte zu dieser Zeit nicht mehr im Elternhaus). Als Carl Philipp Emanuel Bach von der Absicht des jüngsten Sohnes erfuhr, sich der bildenden Kunst zu widmen, soll er nach der Überlieferung des Leipziger Musikschriftstellers Friedrich Rochlitz ziemlich verstimmt gewesen sein. Bach d. J. „lernte endlich verzichten: er schlich aber ganz muth- und freudelos dahin. Selbst seine Gesundheit fing an zu leiden." Schließlich sei die Einsicht des Vaters auf den Einfluss seiner Hausfreunde und im Besonderen auf einen Aufenthalt des späteren Leipziger Lehrers Adam Friedrich Oeser in Hamburg zurückzuführen.[10]

---

[5] Miesner 1937, S. 133 ff.

[6] Ebenda; Miesner 1934, S. 101 ff.

[7] Im Taufbuch der Friedrichswerderschen Kirche in Berlin ist zwar „Johann Adam" vermerkt, sonst heißt es jedoch stets „Johann August". Zu den Taufpaten gehörte der Leipziger Thomaskantor Johann Sebastian Bach, siehe Dok II, Nr. 540.

[8] Anna Magdalena Bach, die Ehefrau des Leipziger Thomaskantors, war Taufpatin bei Anna Carolina Philippina, siehe Dok II, Nr. 558.

[9] J. H. Voß, Brief an J. M. Miller, 4. April 1774, siehe Suchalla 1994, S. 383.

[10] Rochlitz 1868, S.191–194. Da dieser Beitrag von Rochlitz mehrere biographische Ungenauigkeiten aufweist, dürften auch hinsichtlich der detaillierten Beschreibung der Vater-Sohn-Beziehung manche Zweifel angebracht sein. In der nachfolgenden Literatur wird die Haltung C. P. E. Bachs häufig aus der Sicht von Rochlitz geschildert.

Zu den frühkindlichen Eindrücken Johann Sebastians gehörte das Zusammenleben mit seinem Onkel Johann Christian Bach, dem jüngsten Sohn des Leipziger Thomaskantors. Denn der fünfzehnjährige Johann Christian, der später in Mailand und London zu Ruhm gelangte, wurde nach dem Tod seines Vaters (1750) für einige Jahre in die Familie seines Halbbruders aufgenommen und musikalisch ausgebildet. Nachdem 1756 der Siebenjährige Krieg ausgebrochen war, bekam Bach d. J. – wenige Wochen vor seinem zehnten Geburtstag – dessen Auswirkungen zu spüren. Die Familie flüchtete im August 1758 aus Berlin und fand zusammen mit Christian Friedrich Carl Fasch Unterkunft bei dessen Vater, dem Komponisten Johann Friedrich Fasch, in Zerbst.[11] Der junge Fasch war als zweiter Kammercembalist ein Kollege Carl Philipp Emanuel Bachs in der Hofkapelle Friedrichs II. und wohnte in Berlin im Haushalt der Familie Bach; später begründete er die Sing-Akademie zu Berlin (1791). Die Zuflucht in Zerbst musste jedoch Anfang Dezember aufgegeben werden, wohl im Zusammenhang mit dem Tod von Johann Friedrich Fasch am 5. Dezember 1758. Nach Berlin zurückgekehrt, wird Johann Sebastian seine Schulausbildung fortgesetzt haben, worüber jedoch keine Nachweise existieren. Es ist anzunehmen, dass er zudem eine musikalische Ausbildung erhielt, doch auch darüber schweigen die Quellen. Bekannt ist indessen, dass er seine ersten Unterweisungen in der Zeichenkunst durch Andreas Ludwig Krüger in Berlin und in Potsdam erhielt;[12] in Potsdam soll er sich drei Jahre aufgehalten haben.[13] Der nur um wenige Jahre ältere Lehrer wirkte als Radierer, Maler und Architekt; zu seinem

Abb. 1: Heinrich Pfenninger, Porträt von Carl Philipp Emanuel Bach, um 1770. Kupferstich, Bach-Archiv Leipzig.

Werk gehören Radierungen nach Gemälden aus der königlichen Sammlung, später erbaute er das Holländische Viertel in Potsdam.

---

[11] Suchalla 1994, S. 61; Ottenberg 1982, S. 130, 309.
[12] Neue Bibliothek 1774, 16. Bd., 1. Stück, S. 114.
[13] Wustmann 1909, S. 291 (Hinweis auf den dreijährigen Aufenthalt in Potsdam, siehe Nikolai, 1786).

Abb. 2: Christoph Nathe, Die Pleißenburg, Leipzig von der Abendseite, um 1780. Kolorierte Radierung, Kulturhistorisches Museum Görlitz, Graphisches Kabinett. Im Westflügel der Pleißenburg befand sich die Kunstakademie.

Im März 1768 gelang es Carl Philipp Emanuel Bach, auf eines der angesehensten musikalischen Ämter in Deutschland berufen zu werden; er wurde Kantor und Musikdirektor an den fünf Hauptkirchen Hamburgs. Sein Vorgänger in diesem Amt war Georg Philipp Telemann, ein guter Freund der Familie und sein Taufpate.

Ob der zwanzigjährige Johann Sebastian 1768 zusammen mit seinen Eltern und Geschwistern nach Hamburg übersiedelte, ist fraglich. Vielleicht verbrachte er dort nur eine kurze Zeit, denn wie 1777 berichtet wurde, hat ihn Carl Philipp Emanuel „von Hamburg aus ... seiner Vaterstadt Leipzig wieder" zugesandt.[14] 1770 schließlich begann er eine Ausbildung bei Adam Friedrich Oeser an der Kunstakademie zu Leipzig. Hier fand Bach im September seine erste Unterkunft in der Universitätsstraße, im Breitkopfschen Hause „Zum Silbernen Bären", wo er im Dachgeschoss bei dem Kupferstecher Johann Michael Stock wohnte.

Der berühmte Verleger Johann Gottlob Immanuel Breitkopf stand mit dem Vater Carl Philipp Emanuel Bach sowohl in geschäftlichen wie auch in privaten Angelegenheiten in enger Verbindung. Regelmäßig erhielt Breitkopf Geldsendungen aus Hamburg für Kost und Logis sowie für das Taschengeld des Sohnes. Carl Philipp Emanuel wusste die Vermittlung durch Breitkopf zu schätzen und ließ ihm gelegentlich kleine Aufmerksamkeiten zukommen. So schrieb er im Januar 1772, einer Zeit, in der Leipzig unter Lebensmittelknappheit und Teuerung zu leiden hatte, an Breitkopf: „Binnen 8 Tagen werde ich das Vergnügen haben, Ihnen ein besonders schönes Stück hamburger Fleisch in Ihre Küche zu praesentiren, ... Verlassen Sie meinen Sohn mit Ihrem gütigen Rath nicht, behalten Sie uns alle lieb ...".[15] Aus einem weiteren Brief ist zu erfahren, dass Carl Philipp Emanuel seinem Sohn ein Exemplar seiner 1772 gedruckten „Sei Concerti per il Cembalo concertato" (Wq 43) zukommen ließ.[16] Ob sich Bach jedoch selbst an einer Aufführung der Konzerte beteiligte, ist ungewiss.

Ebenfalls unbeantwortet bleibt die Frage, inwieweit sich der junge Zeichner für das musikalische Wirken seines Großvaters interessierte. Möglicherweise hörte er in der Nikolai- oder der

---

[14] Neue Bibliothek 1777, 20. Bd., 2. Stück, S. 312.

[15] C. P. E. Bach, Brief an J. G. I. Breitkopf, 2. Januar 1772, siehe Suchalla 1994, S. 250 f. Ab 1772 sandte C. P. E. Bach auch regelmäßig Geldbeträge an seine Halbschwester Elisabeth Juliana Friederica Altnickol in Leipzig.

[16] C. P. E. Bach, Brief an J. G. I. Breitkopf, 2. Dezember 1772, siehe Suchalla 1994, S. 293.

Abb. 3: Christian Gottfried Schulze, Porträt von Adam Friedrich Oeser. Kupferstich, nach einer Zeichnung von Anton Graff, Universitätsbibliothek Leipzig.

Thomaskirche einige Werke des „alten" Bach, denn der damalige Thomaskantor Johann Friedrich Doles war einst dessen Schüler gewesen und führte mehrere Kantaten seines Lehrers auf, wohl auch Passionen oder Teile daraus. Äußerungen von Bach d. J. über die Musik seines Großvaters und die seines Vaters sind allerdings nicht überliefert. Vielleicht empfand er die große musikalische Tradition seiner Familie eher als eine Last, von der er sich zu lösen suchte. Dass er in der zeitgenössischen Literatur sowohl „Johann Sebastian" als auch „Johann Samuel" genannt wurde, könnte damit zusammenhängen. Denn es ist durchaus vorstellbar, dass Bach den Namen „Samuel", den zwei weitere bildende Künstler aus seinem Umfeld trugen (der Verwandte Samuel Anton Bach aus Meiningen und der Leipziger Kommilitone Samuel Gottlob Kütner), bewusst bevorzugte.[17]

In Leipzig hatte Johann Sebastian auch Gelegenheit, seine Tanten zu besuchen. Die unverheiratet gebliebenen Bach-Töchter Catharina Dorothea (1708–1774), Johanna Carolina (1737–1781) und Regina Susanna (1742–1809) sowie die verwitwete Elisabeth Juliana Friederica Altnickol (1726–1781) lebten in einer gemeinsamen Wohnung am Neukirchhof. Inwieweit der junge Student allerdings Interesse am Kontakt mit seinen „alten Tanten" hatte, bleibt fraglich. Immerhin besaß Elisabeth Juliana Friederica Altnickol mindestens eine Zeichnung ihres Neffen. Am 13. November 1778 schrieb Carl Philipp Emanuel Bach an Adam Friedrich Oeser: „Meine Schwester, die Frau Altnicoln, hat auch etwas von meinem Sohne bey sich …"[18]

---

[17] In der Literatur des 18. bis 20. Jahrhunderts erscheinen die Namen „Sebastian" und „Samuel". Bereits 1788 ist in der „Neuen Bibliothek" folgender Hinweis zu finden: „Bach heißt Johann Sebastian – nicht Samuel …" (36. Bd., 1. Stück, S. 131). In dem zeitgenössischen „Allgemeinen Künstlerlexikon" von J. R. Füssli, Bd. 1, Ausgabe Zürich 1779, wird Bach „Johann Samuel" genannt, ebenso bei Wustmann 1909. Im Bach-Jahrbuch (Hase 1911, Miesner 1934, 1936, 1937) heißt es stets „Johann Sebastian".

[18] Zit. nach Suchalla 1994, S. 709. Der lange Zeit verschollene Brief ist jüngst wieder aufgetaucht und soll im Bach-Jahrbuch 2007 erstmals vollständig veröffentlicht und kommentiert werden.

Die 1764 von Adam Friedrich Oeser gegründete „Zeichnungs-Mahlerey- und Architectur-Akademie zu Leipzig", die sich im Westflügel der Pleißenburg befand, gelangte bald zu hohem Ansehen. Vorrangig wurden Zeichenkunst, Kupferstich und Buchillustration gelehrt. Stilistisch bewegte sich Oeser zwischen Nachklängen des Rokoko und der Hinwendung zu klassizistischen Idealen (Zeugnisse des künstlerischen Schaffens von Oeser sind in Leipzig mehrfach erhalten, z. B. in der Nikolaikirche). Für sein Studium nutzte Johann Sebastian auch die bürgerlichen Gemäldesammlungen in Leipzig, deren bedeutendste die von Gottfried Winckler war. Oeser bemerkte, Bach habe „mit dem größten Feuer ... die besten Zeichnungen und Kupferwerke bei Winkler" betrachtet.[19] Eine andere große Gemäldesammlung in Leipzig, die Bach sicher auch besuchte, befand sich im Hause von Johann Thomas Richter.[20] Sein Vater Johann Zacharias Richter, der die Sammlung einst begründet hatte, war in dritter Ehe mit Christiana Sybilla Bose verheiratet, einer Freundin von Anna Magdalena Bach, der zweiten Ehefrau des Thomaskantors.

Im Künstler- und Freundeskreis um Oeser, dem einige Jahre zuvor auch Goethe angehörte, fühlte sich Bach offenbar sehr wohl. Besonders gern hielt er sich im Landhaus seines verehrten Lehrers auf, das 1771 in dem Leipziger Vorort Dölitz errichtet worden war (heute zu Leipzig gehörend, auf dem Grundstück der Bornaischen Str. 146, nicht erhalten).

Der junge Bach erlangte bald solche Beachtung, dass in der Zeitschrift „Neue Bibliothek der schönen Wissenschaften und der freyen Künste", mehrfach über ihn berichtet wurde. „Unser junger Artist will den Ruhm des Namens, den schon sein Großvater, Johann Sebastian, hier gründete, aus dem Gebiethe der Musik auch über das Reich der bildenden Künste ausbreiten. Er wohnte drey Jahr lang bey Oesern, genoß seinen Unterricht und die Rechte seiner Kinder. Des Lehrers kleiner Landsitz bey Leipzig ward der erste Sammelplatz Landschaftlicher Studien für den jungen Nachahmer der Natur ... Sein Charakter erwirbt ihm Freunde, wie seine Verdienste Verehrer, und alle lernen ihn schätzen, je mehr sie an ihm Lehrbegierde, Bescheidenheit und die wärmste Verehrung gegen seinen Lehrer entdecken."[21] Mit der Darstellung „Arkadische Landschaft mit Hirten bei einem Grabmal"[22] ist eine Gemeinschaftsarbeit erhalten geblieben: Die Landschaft zeichnete Bach d. J., die Figuren stammen von Oeser. Außerdem fertigte Bach „nach Oesers berühmtem Theatervorhange eine sehr schöne Kopie" an.[23] Die freundschaftlich-vertrauten Beziehungen zwischen Bach und seinem Lehrer sowie dessen Tochter Friederike Oeser blieben Zeit seines Lebens bestehen. Zu den künstlerischen Zeugnissen der Freundschaft gehört auch eine Porträtzeichnung von Adam Friedrich Oeser, die seinen Schüler Bach darstellt und später in den Besitz Goethes gelangte. Sie diente als Vorlage für einen Stich von Carl Wilhelm Grießmann, einem Schüler des berühmten Kupferstechers Johann Friedrich Bause an der Leipziger Kunstakademie.[24] 1791 erschien dieser Stich schließlich als Titelbild in

---

[19] A. F. Oeser, Brief an C. L. von Hagedorn, undatiert, zit. nach Wustmann 1909, S. 297. Zur Sammlung Wincklers gehörten bald auch Zeichnungen von Bach d. J. Über die Besitzer Friedrich Rochlitz, Johann August Otto Gehler und Emilie Dörrien geb. Gehler gelangten sie in das Museum der Bildenden Künste Leipzig. Einige kamen über die Sammlung Alberts von Sachsen-Teschen in die Albertina, Wien.

[20] Thomaskirchhof 16, heute Sitz des Bach-Archivs Leipzig.
[21] Neue Bibliothek 1777, 20. Bd., 2. Stück, S. 312 f.
[22] Siehe Z 51.
[23] Neue Bibliothek 1777, 20. Bd., 2. Stück, S. 312. Siehe ZL 144.
[24] Siehe Abb. 10, S. 32, und Frontispiz.

der „Neuen Bibliothek der schönen Wissenschaften und der freyen Künste".[25]

Ein weiterer Schüler Bauses war Samuel Gottlob Kütner, der 1774 möglicherweise auf Anregung seines ehemaligen Kommilitonen Johann Sebastian d. J. einen Stich des Leipziger Kantors Johann Sebastian Bach nach dem Gemälde von Elias Gottlob Haußmann anfertigte.[26] Bach d. J. selbst kopierte das bekannte Porträt dagegen offenbar nicht, denn gewiss hätte Carl Philipp Emanuel Bach diese Darstellung in seine Bildnissammlung aufgenommen. Aus der Leipziger Zeit stammt beispielsweise die Zeichnung „Die Brettmühle zu Markkleeberg"[27] (ein Nachbarort von Dölitz), auf deren Rückseite später der Name „Voß" hinzugefügt wurde. Ungewiss ist allerdings, welchem Zweig der weit verbreiteten Sammlerfamilie das Blatt einst gehörte. Zu denken wäre in erster Linie an den musikinteressierten Literaten Johann Heinrich Voß, der persönliche Kontakte zu Carl Philipp Emanuel Bach pflegte und ihn Mitte der 1770er Jahre mehrmals in Hamburg besuchte.[28] Eine der letzten in Leipzig entstandenen Zeichnungen, „Menalkas und Alexis" (nach einer Dichtung von S. Geßner), enthält den autographen Schriftzug: „J. S. Bach. Leipzig, d. 15ten Aprill 1773".[29]

Bald darauf erkrankte Bach, und am 5. Mai schickte sein Vater für seine Behandlung „15 rh. Krankengeld" nach Leipzig.[30] Doch schon Ende des Monats war Johann Sebastian imstande, nach Dresden überzusiedeln, wo er dank mehrerer Ausstellungen seiner Werke bereits kein Unbekannter mehr war. Carl

Abb. 4: Carl Gottfried Nestler, Der Dresdner Neumarkt mit Frauenkirche, um 1775. Kolorierter Kupferstich nach Christian Gottlieb Langwagen, Bach-Archiv Leipzig.
Bach wohnte am Neumarkt in der Nähe der Gemäldegalerie (im Bild links) und der Frauenkirche, in welcher der Großvater mehr als dreißig Jahre zuvor auf der Silbermann-Orgel konzertiert hatte.

Philipp Emanuel Bach verfasste zu dieser Zeit eine Autobiographie, in der er vermerkte: „... mein jüngster Sohn ist itzt in Sachsen und studirt auf den Mahlerakademien in Leipzig und Dresden, sein Hauptmetier, die Mahlerey."[31]

Erstmals hatte der „Sohn des Hr. Kapelldirector Bachs in Hamburg" im März 1771 in der Dresdner Akademie ausgestellt, „eine kolorirte Zeichnung nach Carpioni, ein Bacchanal ...,

---

25 Neue Bibliothek 1791, 43. Bd., 1. Stück, Bildunterschrift S. 174.
26 Dok IV, S. 20, 353, 361.
27 Siehe Z 25.
28 Dok III, Nr. 784, 814.
29 Siehe Z 7. Bach d. J. unterzeichnete zumeist mit „J. S. Bach", was die Deutung „Sebastian" oder „Samuel" offen lässt.
30 C. P. E. Bach, Brief an J. G. I. Breitkopf, 5. Mai 1773, siehe Suchalla 1994, S. 301.
31 Autobiographie von C. P. E. Bach, abgedruckt in der Faksimileausgabe des NV 1790, S. 203; Ottenberg 1994, S. 22.

dessen Feuer in der Nachahmung erhalten, die beste Hoffnung von dem jungen Künstler schöpfen ließ."[32] Im folgenden Jahr – noch während der Leipziger Studienzeit – trat er in der Dresdner Ausstellung mit eigenen Schöpfungen hervor, worüber später berichtet wurde: „Einige mit Tusche ausgeführte Bacchanalien zeugten von seiner Anlage zur Zusammensetzung; und einige waldigte Landschaften, gleichfalls Zeichnungen, versprachen gleichsam die vortrefflichen Blätter, die ich Ihnen bey der folgenden Ausstellung von diesem Künstler anzuzeigen habe. Er ist gegenwärtig in Dreßden, um seinen Geschmack, den Oeser für das Edle gebildet hat, durch das Studium der Antike und der besten Gemälde vollends sicher zu machen";[33] hier „studirte er Jahr und Tag die Gemälde- und Antikengallerien".[34]

Oeser, der mit dem Direktor der Dresdner Kunstakademie Christian Ludwig von Hagedorn befreundet war, hatte diesem schon im Februar 1772 geschrieben: „Auch ich wünschte mehrere Erfindungen von meinen Schülern aufweisen zu können. Aber noch immer macht der einzige Bach hier eine Ausnahme".[35] Später berichtete ihm Oeser: „Mir ist Bach ein ganz neuer Phönix in der Kunst. Ich habe ihn auf verschiedene Seiten der Kunst gestellt, und nach der schärfsten Untersuchung fand ich, daß ich ihn da lassen müßte, wo er die meisten Fähigkeiten zeigte. Ich empfahl ihm den Albani und das Studium der Natur."[36] Auch Hagedorn schätzte den jungen Zeichner und erwirkte für ihn ein Stipendium.[37] Die Nachricht von der Gewährung dieser begehrten finanziellen Unterstützung (1778) konnte ihn allerdings nicht mehr erreichen.

Zu seinem Leipziger Freundeskreis hielt Bach weiterhin Kontakt, wie einige erhaltene Briefe belegen.[38] Im vertrauten Ton verfasst, enthalten sie u. a. Episoden aus dem Alltag und viele (nicht immer verständliche) Anspielungen auf Personen des Bekanntenkreises. Bald nach seiner Ankunft in Dresden schrieb Bach an Friederike Oeser und berichtete ihr über seine Wohnungssuche: „... denn das Stübchen, welches mir zugedacht war, und von dem ich so schon nicht die größte Vorstellung hatte, war auf einige Zeit vermiethet und mich wurde unterdeßen ein andres Hinterstübchen auf dem Dache zu beziehn eingegeben. Ich stieg hinauf, schlug mich durch einem Hauffen Waschweiber durch, und erreichte endlich die Höhe, wobey ich die Anmerkung machte, daß einem Menschen mit 4 Sinnen eine Wohnung beßer als einem mit 5 Sinnen gefallen könne. Kurtz wenn ich mich nicht anders bey dem wenigen Lichte, so zu den Fenstern eindrang, und wovon nicht der mindeste Wiederschein von den schwarzen Wänden zurückfallen konte, geirrt habe, so fand ich daß ich an meiner Wohnung zugleich eine Stube und einen Ofen hätte, und daß dieser wegen seinem, der Höhe des Zimmers angemeßner Verschleiße einen Tisch vorstellen konte. Indeßen fehlete mir noch anderer Hausrath, und meine Aufwartung, ein altes Weib! – doch die habe ich ja schon geschildert. Nun bedenken Sie daß ich dabey einem Manne mit 8 Kindern, der das seinige braucht

---

[32] Neue Bibliothek 1773, 14. Bd., 2. Stück, S. 315 f. (betr. Ausstellung 1771); Wustmann 1909, S. 292.

[33] Neue Bibliothek 1774, 16. Bd., 1. Stück, S. 115, im Kapitel: „Ueber die Gemäldeausstellung zu Dreßden vom Jahr 1772".

[34] Neue Bibliothek 1777, 20. Bd., 2. Stück, S. 312.

[35] A. F. Oeser, Brief an C. L. von Hagedorn, 27. Februar 1772, zit. nach Wustmann 1909, S. 292.

[36] A. F. Oeser, Brief an C. L. von Hagedorn, undatiert, zit. nach Wustmann 1909, S. 297.

[37] C. L. von Hagedorn an das Geheime Kabinett, 5. Mai 1773, Sächsisches Hauptstaatsarchiv Dresden, Loc. 894, Bl. 246b.

[38] J. S. Bach an F. Oeser, 2. Juni 1773; F. Oeser an J. S. Bach, 22. Oktober 1773 (Fragment); J. S. Bach an F. Oeser, 11. Juli 1774; J. S. Bach an A. F. Oeser, 2. März 1777.

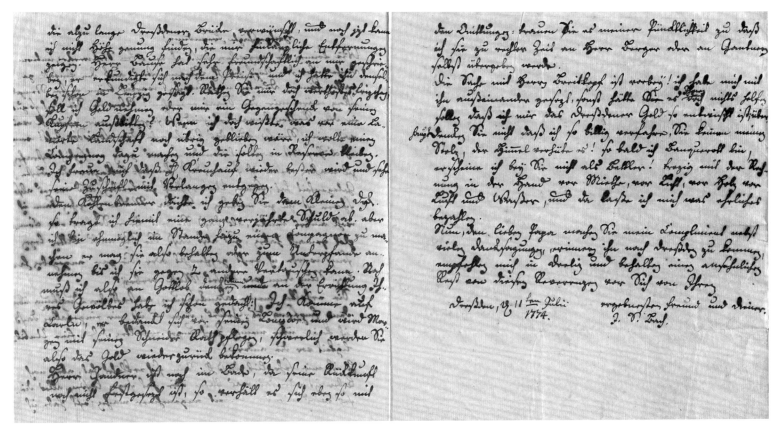

Abb. 5: Johann Sebastian Bach d. J., Brief aus Dresden an die „Hochgeschäzte Freundinn" Friedrike Oeser in Leipzig, 11. Juli 1774. Universitätsbibliothek Leipzig.

... zur Last fallen solte, so können Sie das Folgende errathen, nemlich daß ich mir ein anderes [Zimmer] wählte. Ich wohne also jzt auf der großen Brüdergaße, in der Jagd Commißarin Seyferten Hause, ... indeßen das beste, daß ich gleich eingerichtet war ...".[39]

Wie aus einem späteren Brief an die „Hochgeschäzte Freundinn" hervorgeht, wechselte Bach noch einmal die Unterkunft. Er wohnte nun „im 6ten Stockwerke, unterm Dache, über den Kopf des H. Bürgemeisters" – im Hause des Bürgermeisters am Neumarkt, ganz in der Nähe der Galerie und der Frauenkir-

---

[39] J. S. Bach, Brief an F. Oeser, 2. Juni 1773, zitiert nach Suchalla 1994, S. 308 ff.

Abb. 6: Porträt von Friederike Oeser, Lithographie nach einem Gemälde von Johann Heinrich Wilhelm Tischbein, Universitätsbibliothek Leipzig.
Die Tochter von Adam Friedrich Oeser gehörte zu Bachs Freundeskreis.

che (in welcher der Großvater vor mehr als dreißig Jahren auf der Silbermann-Orgel konzertiert hatte). Gelegentlich ging es auch um zeichnerische Probleme, die z. B. bei der Darstellung der Brücke über die Elbe entstanden: „... oft habe ich die alzu lange Dreßdener Brücke verwünscht, und noch izt kann ich nicht Höhe genung finden, die mir hinlängliche Entfernungen zeigen". Eine Bemerkung über Breitkopf in Leipzig weist vielleicht auf einen Konflikt mit dem Freund des Vaters hin: „Die Sache mit Herrn Breitkopf ist vorbey! ich habe mich mit ihn außeinander gesetzt, sonst hätte es Ihnen nichts helfen sollen daß mir das Dreßdener Geld so entwischt ist ..." Der Brief schließt mit Grüßen an Adam Friedrich Oeser: „Nun, den lieben Papa machen Sie mein Compliment nebst vielen Danksagungen, erinnern ihn nach Dreßden zu kommen, empfehlen mich in Deeliz und behalten einen ansehnlichen Rest von diesen Reverenzen vor Sich von Ihren ergebensten Freund und Diener. J. S. Bach / Dreßden, d. 11ten Julii 1774."[40]

Carl Philipp Emanuel beklagte indessen, dass „Mein Sohn ... im Schreiben an uns sehr nachläßig ist."[41] Um so erfreulicher wird es für ihn und seine Frau gewesen sein, als Johann Sebastian im Februar 1776 nach Hamburg kam und für einige Monate im Elternhaus verweilte.

C. P. E. Bach teilte seinem Freund J. G. I. Breitkopf in Leipzig mit: „Mein Sohn ist Gottlob nach einer sehr beschwerlichen Reise gesund ankommen u. wird bis zum Sommer bey mir bleiben. Er empfiehlt sich Ihnen und Ihrem geehrtesten Hause ergebenst."[42] In dieser Zeit, als die Familie noch einmal beisammen war, entstanden die Schattenrisse der Eltern und ihrer Kinder; sie waren ursprünglich für eine Veröffentlichung vorgesehen, zu der es jedoch nicht kam.[43] Während des Hamburger Aufenthaltes malte Bach d. J. eines seiner beiden Ölbilder, die „Südliche Ideallandschaft".[44]

---

[40] J. S. Bach, Brief an F. Oeser, 11. Juli 1774, siehe Wustmann 1909, S. 293 ff.
[41] C. P. E. Bach, Brief an J. G. I. Breitkopf, 17. Januar 1776, siehe Suchalla 1994, S. 556.
[42] C. P. E. Bach, Brief an J. G. I. Breitkopf, 28. Februar 1776, siehe Suchalla 1994, S. 559.
[43] Die Schattenrisse wurden 1776 von Jacob von Döhren gefertigt, siehe Wiermann 2000, S. 97.
[44] Signiert: „J. S. Bach 1776", siehe M 56.

Abb. 7: Jacob von Döhren, Die Familie Bach in Hamburg, 1776. Silhouetten, Museum für Hamburgische Geschichte. Dargestellt sind v. l. n. r. die Mutter Johanna Maria geb. Dannemann, der Vater Carl Philipp Emanuel und die Geschwister Johann August, Anna Carolina Philippina und Johann Sebastian.

Zudem wird er sicherlich die „musicalische Bildergallerie" seines Vaters, „worin mehr als 150 Musiker von Profeßion befindlich sind",[45] auf dessen Wunsch hin um einige Porträts vervollständigt haben. Im Nachlassverzeichnis Carl Philipp Emanuel Bachs (NV 1790) werden über einhundert Arbeiten seines Sohnes aufgeführt, darunter sechs Musikerporträts, die wahrscheinlich alle nach Vorlagen angefertigt wurden. Zu diesen gehört der angesehene Kapellmeister, Musikpädagoge und Franziskanerpater Giovanni Battista Martini (1706–1784) aus Bologna,[46] der die Musik des Leipziger Thomaskantors J. S. Bach sehr schätzte[47] und später dessen Sohn Johann Christian unterrichtete. Des Weiteren enthielt die Sammlung das Bildnis des Musikers und Universalgelehrten Rudolphus Agricola (um 1444–1485)[48] aus der Zeit des Frühhumanismus. Unter den sechs Porträts befand sich einst auch das zweite Ölgemälde Bachs, das den Gambisten Carl Friedrich Abel (1723–1787)[49] darstellt. Abel gehörte in London zum engsten Freundeskreis um Johann Christian Bach, den Musikmeister der englischen Königin. Die beiden begründeten die berühmten bürgerlichen „Bach-Abel-Konzerte", und schon ihre Väter – Johann Sebastian Bach und Christian Ferdinand Abel – spielten einst zusammen in der Köthener Hofkapelle. Während das Gemälde, das bereits in der Dresdner Zeit entstand, und die Porträts von Martini und Agricola als verschollen gelten müssen, sind andere Zeichnungen erhalten geblieben:

---

[45] C. P. E. Bach, Brief an J. N. Forkel, 20. April 1774, siehe Suchalla 1994, S. 392.
[46] NV 1790, S. 112; siehe ZL 142.
[47] Im April 1750 bestätigte Padre Martini den Empfang einiger Instrumentalwerke von J. S. Bach und bemerkte: „Ich halte es für überflüssig, das besondere Verdienst des Herrn Bach beschreiben zu wollen, weil er nicht allein in Deutschland, sondern auch in unserem ganzen Italien zu sehr bekannt und bewundert ist ...", siehe Dok II, Nr. 600.
[48] NV 1790, S. 93; siehe ZL 141.
[49] NV 1790, S. 93; siehe ML 140.

Das Bildnis der gefeierten Sängerin Caterina Regina Mingotti (1722–1808)[50] kopierte Bach nach einem Gemälde von Anton Raphael Mengs aus der Dresdner Galerie. Die Sopranistin wirkte ab 1747 in Dresden und wurde hier zur Rivalin der Sängerin Faustina Bordoni-Hasse (das Ehepaar Hasse pflegte persönliche Kontakte mit dem Leipziger Thomaskantor Bach). Die Mingotti verließ Dresden jedoch aufgrund von Streitigkeiten; ob es jemals zu einer Begegnung mit Mitgliedern der Familie Bach kam, ist ungewiss.

Das Porträt des legendären Flötisten Pierre-Gabriel Buffardin (um 1690–1768)[51] erinnerte C. P. E. Bach sicherlich an manche Erzählung seines Vaters über diesen berühmten Musiker der Dresdner Hofkapelle. J. S. Bach und Buffardin trafen sich wohl erstmals 1717 in Dresden anlässlich des geplanten musikalischen Wettstreits zwischen Bach und dem französischen Virtuosen Louis Marchand (der aufgrund der fluchtartigen Abreise Marchands jedoch nicht stattfand). Wahrscheinlich nahm Bach bei der Begegnung mit Buffardin manche Kompositionsanregung für die neu aufgekommene Traversflöte auf. Später, bei einem Besuch in Leipzig, berichtete Buffardin dem Thomaskantor, dass er dessen älterem Bruder Johann Jacob Bach (1682–1722), ehemals Oboist in der schwedischen Garde, in Konstantinopel Flötenunterricht erteilt habe.[52]

Eine weitere im Nachlassverzeichnis von Carl Philipp Emanuel Bach aufgeführte Zeichnung von J. S. Bach d. J. – das Porträt von Johann Gotthilf Ziegler (1688–1747), Organist und Musikdirektor an der Ulrichskirche in Halle – ist möglicherweise erhalten geblieben.[53] Ziegler nahm um 1715 bei J. S. Bach in Weimar Musikunterricht, und Zieglers Tochter, die Dichterin Johanna Charlotte (verh. Unzer), wohnte in Altona bei Hamburg, wo sie zum Freundeskreis Carl Philipp Emanuel Bachs gehörte.[54]

Während seines Hamburger Aufenthaltes kam der junge Bach gewiss mehr als in den Jahren zuvor mit der kompositorischen Tätigkeit seines Vaters in Berührung, und er wird wohl manche Aufführung miterlebt haben. Nur wenige Tage nach seiner Ankunft in Hamburg wurde am 29. Februar 1776 das Oratorium „Die Israeliten in der Wüste" (Wq 238) im Konzertsaal auf dem Kamp dargeboten, und im August kamen dort die vier Orchestersinfonien (Wq 183) zu Uraufführung. An Kirchenmusik hörte Johann Sebastian gewiss die Johannes-Passion (ein von C. P. E. Bach zusammengestelltes Werk, überwiegend mit Musik von Gottfried Heinrich Homilius und Georg Philipp Telemann), die zwischen dem 25. Februar und 5. April 1776 insgesamt zehnmal in verschiedenen Hamburger Kirchen erklang. Neben weiteren Werken seines Vaters (z. B. die Ostermusik „Gott hat den Herrn auferwecket" Wq 244 und die Kantate „Meine Seele erhebt den Herrn" Wq deest) sowie Kompositionen von Telemann und Johann Friedrich Fasch wurde auch eine Kantate des Leipziger Thomaskantors J. S. Bach aufgeführt: „Herr, deine Augen sehen nach dem Glauben" (BWV 102, am 11. August in St. Jakobi).

Nach seinem etwa halbjährigen Aufenthalt in Hamburg brach Johann Sebastian Bach d. J. am 19. September 1776 nach

---

[50] NV 1790, S. 113; siehe Z 1.
[51] NV 1790, S. 98; siehe Z 2.
[52] Dok I, Nr. 184, S. 265 (unter No. 23); Suchalla 1994, S. 617.
[53] NV 1790, S. 126; siehe ZL 143. Bei einer „anonymen Handzeichnung" (Staatsbibliothek zu Berlin – Preußischer Kulturbesitz, Musikabteilung mit Mendelssohn-Archiv, Porträtsammlung) mit der Signatur „Buffardin I, 1", handelt es sich möglicherweise um eine Zeichnung von J. S. Bach d. J. (nach freundlichem Hinweis von Anke Fröhlich). Allerdings bestehen Zweifel, ob tatsächlich Buffardin dargestellt ist, denn er wird im Kapitel „Bildniß-Sammlung" des Nachlassverzeichnisses nur einmal genannt. Von Ziegler ist bisher kein Porträt bekannt (Bezeichnung des Blattes im Zettelkatalog der Porträtsammlung in der Staatsbibliothek Berlin: „Buffardin Pierre Gabriel?").
[54] J. H. Voß, Brief an J. M. Miller, 4. April 1774, siehe Suchalla 1994, S. 383.

Rom auf. Den letzten Abend in Hamburg wird er in Gesellschaft seiner Familie und seiner Freunde verbracht haben, zu denen auch der Kunstsammler und Weinhändler Johann Valentin Meyer gehörte. In dessen Stammbuch trug Bach – nun einmal mit eindeutiger Namensbezeichnung – ein: „Hamburg, d. 18ten Septembr. 1776. Johann Sebastian Bach."[55] Bereits am folgenden Abend hatte er den Weg bis Braunschweig zurückgelegt, wo ihn ein Brief von Gotthold Ephraim Lessing erwartete. Die Vermittlung der Post übernahm Johann Joachim Eschenburg (Professor der Literatur in Braunschweig), den Lessing bat: „Anbei aber muß ich Sie bitten, angeschloßnen Brief an den jungen Bach, der heute Abend in Braunschweig bei Prof. Gärtner eintreffen wird, in dessen Haus zu schicken" (19. September 1776).[56] Lessing gehörte zum Freundeskreis Carl Philipp Emanuel Bachs; ihre Lebenswege kreuzten sich sowohl in Berlin als auch in Hamburg.[57] Auch nachdem Lessing 1770 nach Wolfenbüttel gegangen war, blieb der gute Kontakt erhalten, und offenbar galt sein Interesse auch dem jungen Zeichner. Einen weiteren Brief sandte Lessing nach Dresden, wo Johann Sebastian einen Zwischenaufenthalt einlegte. Am 26. September 1776 schrieb Lessing an Bach und zugleich an den Dresdner Bibliothekar und gemeinsamen Freund Karl Wilhelm Daßdorf, dem er nahelegte, Bach nach der Rückkehr aus Rom an der Dresdner Akademie anzustellen: „Beyliegenden Brief nach Rom, liebster Freund, haben Sie die Güte dem Hn. Bach einzuhändigen, der auf dem Wege dahin ist, u. nächstens durch Dresden kommen wird. Er wünscht nichts eifriger, als einmal bey der Akademie zu Dresden einen Platz zu finden. ... Aber es würde ganz gewiß seinen Eifer verdoppeln, wenn man ihm itzt schon im Voraus einige Hoffnung dazu machen könnte ... u. Sachsen einen Mann zu versichern suchen, der gewiß einen eben so großen u. originellen Mahler verspricht, als seine Vorfahren Tonkünstler gewesen sind".[58]

Nach einer langen, den ganzen Winter über dauernden Reise kam Bach wohl Ende Februar in Rom an, von wo aus er seinem verehrten Lehrer Adam Friedrich Oeser schon bald einen ausführlichen Brief – im Berliner Dialekt – über seine Erlebnisse und seine Zwischenaufenthalte schrieb. Der Brief enthält auch seine einzige überlieferte Äußerung zur Musik, der zu entnehmen ist, dass er in Venedig anspruchsvollere Aufführungen erwartet hatte, als er sie dann zu hören bekam. Die Reiseroute nach Rom führte über Wien, Triest, Venedig, Bologna, Ancona, Loretto und Terni.

„Rom, d. 2ten Merz 1777.

Hochgeehrtester Herr Profeßor!

Ich hatte mich vorgenommen an Sie aus Rom zu schreiben, so bald ich alhier meine Zeit eingetheilt und ihre Anwendung bestimmet hätte, ohne so weit gekommen zu seyn sehe ich daß schon seit meinem lezten Briefe an Sie ein viertheil Jahr verfloßen ist; Erlauben Sie mir also Ihnen etwas von meiner Reise zu erzählen: Ich kam von Wien, Trieste, von da zu Waßer, und zwar zur Zeit des Carnavals nach Venedig [Fastnacht am 11. Februar], es verlohnt sich aber wohl nicht der Mühe daß ihn ein Fremder besucht! Es ist mir außer dem Pallaste des

---

[55] Siehe Abb. 11, S. 35.
[56] G. E. Lessing, Brief an J. J. Eschenburg, 19. September 1776, zit. nach Lessing 1957, S. 698. Der Brief an J. S. Bach ist verschollen.
[57] Lessing lebte zwischen 1748 und 1758 mehrere Jahre in Berlin und von 1767 bis 1769 in Hamburg.
[58] G. E. Lessing, Brief an K. W. Daßdorf, 26. September 1776, siehe Lessing 1957, S. 703 f. (auch Suchalla 1994, S. 607 f.). Der Brief an J. S. Bach ist verschollen. Am 4. Januar 1777 nahm Lessing nochmals Bezug auf diesen Brief und schrieb an Philipp Daniel Lippert: „Gleichwohl möchte ich gar zu gern wissen, ob mein Brief an H. Bach noch zu recht gekommen. Bitten Sie ihn [K. W. Daßdorf] doch, lieber Freund, mich je eher je lieber aus dieser Ungewißheit zu ziehen.", ebenda, S. 722.

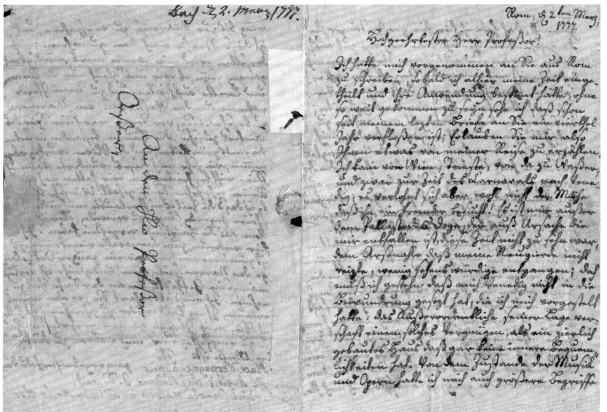

Abb. 8: Johann Sebastian Bach d. J., Brief aus Rom an Adam Friedrich Oeser in Leipzig mit Berichten über den Verlauf der Reise, 2. März 1777. Universitätsbibliothek Leipzig.

Doge, der auß Ursache die mir entfallen ist, diese Zeit nicht zu sehn war, dem Arsenahle daß meine Neugierde nicht reizte, wenig sehens würdige entgangen; doch muß ich gestehn daß mich Venedig nicht in die Bewundrung gesezt hat, die ich mich vorgestellt hatte: das Außerordentliche seiner Lage verschaft einem solches Vergnügen, als ein zierlich gebautes Haus daß gar keine innere Bequemlichkeiten hat. Von dem Zustande der Musick und Opern hatte ich mich auch größere Begriffe gemacht, doch habe ich hier den großen Tänzer Hn. Pic gesehn. Viele Gemählde die noch vor gut ausgegeben werden sind auch ihrem Untergange nahe, indeßen ist noch immer die Anzahl der wohl erhaltenen Gemählde so groß, daß man in Versuchung fallen kann Courier vorbeyzureiten; dieses wäre beym Tintorett am ersten zu entschuldigen, und ich muß gestehn daß mich dieser Meister mehr in Verwundrung gesezt als gefallen hat. Nach Bologna bin ich mit den Procaccio; der seinen Weg meistens zu Waßer auf den Canählen zurück legt gegangen; wir fanden Mühe durchzukommen denn das Waßer hatte in 2 Nächten 3 Finger dickes Eis gesezt. Ich wolte mich so lange in Bologna aufhalten bis daß der Weg nach Florenz über die Appennen offen wäre und in That kann man sich in diesem für dem Künstler so wichtigen Orte schon so lange unterhalten, indeßen hatte ich hier fast alles mit mehrerer Zeit und auch mit mehrerer Genungthuung gesehn als zu Venedig; und der Weg blieb noch gespert, da ich also einen Reisenden antraf der mit dem veturino über Ancona und Loretto ging, so entschloß ich mich Florenz bis zur Rückreise zu verspahren, und izt diese Straße nach Rom zu nehmen; auf derselben wird mir wenig merkwürdiges entgangen seyn, ob wir uns gleich nur in Ancona und Loretto aufhielten, und zu Terni Pferde nahmen um den Waßerfall von Marmora zu besehn. Kurz vor Terni war keine Spur des Winters zu sehn, die Bäume bestanden in Arten die steets grün bleiben, und die Oliven wurden abgenommen, wie sehr mich dieses wunderte, kann ich Sie nicht beschreiben, denn wir hatten noch zu Rimini sehr hohen Schnee gehabt! Wie sehr bedauerte ich daß die Zeit es nicht erlaubte mich in diesen schönen Gegenden länger zu verweilen, aber ich würde Rom als die Hauptsache vergeßen haben. Ich bin hier wiederum zum Carnavalle angekommen, es ist zum Verwundern wie ein ganzer Ort so lange den Narren spielen kann! und gleichwohl verläßt man seine Geschäfte, um an der Sache Theil zu nehmen. Ich muß abbrechen! Sie werden mir es erlauben Ihnen bald wieder zu schreiben, izt bitte ich Sie, mich Ihrem ganzen geehrtesten Hause zu empfehlen und mich nennen zu dürfen

Ihr ganz ergebnester Freund u. Diener J. S. Bach

Meine Addreße ist: a la Place d' espagne, auprès du Caffé Anglois chez Madame Gerhardini, dans la Maison du Tailleur Mr. le cler."[59]

In Rom lebten mehrere deutsche Künstler, darunter die Oeser-Schüler Jakob Wilhelm Mechau, Friedrich Heinrich Füger und Friedrich Rehberg,[60] die möglicherweise zusammen mit Bach gereist waren. Vielleicht logierten sie dort auch nahe beieinander. Wie dem Brief zu entnehmen ist, fand Bach am Spanischen Platz Unterkunft, in der Nähe des Café Anglois bei einer Madame Gerhardini im Hause eines Schneiders. Ein Verzeichnis der Pfarrei San Lorenzo in Lucina, die für die Bewohner am Spanischen Platz zuständig war, enthält tatsächlich mehrmals den Namen Bach mit dem Hinweis, dass er zusammen mit den Malern „Mitellos und Ignazio Picael" bei „Maddalena Gerardini" wohne.[61] Dass Bach sich als Protestant in einer katholischen Pfarrei registrieren ließ, mag zwar erstaunen, war aber keineswegs ungewöhlich.[62] Ein Übertritt zur katholischen Kirche ist nach den Berichten über seine Beerdigung jedoch

---

[59] J. S. Bach, Brief an A. F. Oeser, 2. März 1777. Der Brief gehörte einst zur Goethe-Sammlung. Er wurde 1908 versteigert und befindet sich heute im Besitz der Universitätsbibliothek Leipzig. Siehe auch Wustmann 1909, S. 298 ff.

[60] Rehberg fertigte eine Zeichnung, die angeblich Johann Christoph Friedrich Bach (den zweitjüngsten Sohn des Leipziger Thomaskantors) darstellt; wahrscheinlicher aber handelt es sich um das Bildnis von Johann Sebastian Bach d. J., siehe Dok IV, S. 334, 392. Der Verbleib der Zeichnung ist unbekannt.

[61] Miesner 1940–1948, S. 170, Fußnote 5: „Obige Angabe wurde mir freundlicherweise durch Herrn Dr. Leo Just vom Preuß. Hist. Institut in Rom übermittelt."

[62] Nach freundlicher Mitteilung von Dr. Alexander Koller vom Deutschen Historischen Institut in Rom (2006) wurden in den Verzeichnissen „Status animarum" alle im Bezirk einer Pfarrei wohnenden Personen erfasst, meistens im Zusammenhang mit der Osterkommunion. Auch Goethe ließ sich in einer katholischen Pfarrei registrieren, allerdings unter dem Pseudonym „Miller". Bis zu Beginn des 19. Jahrhunderts durften in Rom keine protestantischen Seelsorger wirken.

nicht anzunehmen, zumal er im Sterberegister der Pfarrei San Lorenzo in Lucina keine Erwähnung fand.[63]

Mit Bachs Gesundheit stand es allerdings nicht zum Besten, und schon bald nach seiner Ankunft in Rom erkrankte er schwer. Anfang April 1777 musste der Vater eine „starke Zahlung"[64] für die ärztliche Behandlung seines Sohnes überweisen, und noch am 20. Juni 1777 schrieb Carl Philipp Emanuel Bach in einem Brief an Johann Nikolaus Forkel: „Mein armer Sohn in Rom liegt seit 5 Monaten an einer höchst schmerzhaften Krankheit danieder, u. ist noch nicht aus aller Gefahr. O Gott, was leidet mein Herz! Vor 3 Monaten habe ich ihm 50 Ducaten geschickt, u. in 14 Tagen muß ich wieder 200 rh. für Doctors und Wundärzte auszahlen. Ich kan nicht mehr schreiben, als zu bitten mit mir Mitleyden zu haben und mir, wo möglich bey zu stehen. Ich bin, wie allezeit Ihr Bach."[65]

Einige Wochen später bestand Hoffnung auf Genesung. Carl Philipp Emanuel Bach berichtete Breitkopf: „Mein armer Hans hat würcklich alles ausgestanden. Gottlob! jetzt ist er in der Beßrung".[66] Auch der ehemalige Lehrer Adam Friedrich Oeser wurde über die vermeintlich überstandene Krankheit Johann Sebastians unterrichtet: „Denken Sie, in 5 Monaten 3 der erschrecklichsten Operationen auf Tod und Leben. Mein Medicus hier, der seine gute Seele kannte, weinte wie ein Kind und staunte darüber, was er ausgestanden hat. Selbst in Rom schreibt man seine Genesung, nächst Gott, lediglich seiner eisernen Natur, seinem gesunden Blute und seiner Folgsamkeit bey. Der ehrliche Reifenstein hat wie ein Vater an ihm gehandelt."[67]

Der 58-jährige Johann Friedrich Reiffenstein, der der Familie Bach nahestand und 1754 ein Porträt von Carl Philipp Emanuel Bach gemalt hatte,[68] lebte bereits seit vielen Jahren in Rom und pflegte Johann Sebastian während seiner Krankheit.

Als es zu einer vorübergehenden Besserung kam, trat Bachs Schaffenskraft offenbar noch einmal hervor. Allein 17 signierte Zeichnungen aus der römischen Zeit (drei 1777, vierzehn 1778) werden im Nachlassverzeichnis[69] von Carl Philipp Emanuel genannt, darunter Landschaften, „Accademien" und Zeichnungen nach antiken Vorbildern. Bemerkenswerterweise schuf Bach auch eine Zeichnung des protestantischen Friedhofs in Rom, die er seinem Dresdner Freund Karl Wilhelm Daßdorf schenkte. Später bemerkte dieser: „Ich habe das Glück, von ihm eine sehr große grünlich getuschte Landschaft zu besitzen, die er mir ein halb Jahr vor seinem Tode, als einen Beweis seines fortdauernden Andenkens und Freundschaft, schickte. Sie ist in der reizendsten und zugleich kräftigsten Manier gezeichnet, und voll jener edlen fast unerreichbaren Simplicität … Auch nannte er diese seine Arbeit, in welcher der Begräbniß-Platz der Protestanten vor Rom mit angebracht ist, in seinem Briefe an mich, seinen Liebling, und in der That wird

---

[63] Für die Durchsicht des Sterberegisters danke ich wiederum Alexander Koller (Rom, 2006). Zu den Berichten über die Beerdigung siehe Meyer 1792, S. 156; auch Miesner 1936, S. 111–114; Miesner 1940–1948, S. 171–173.

[64] C. P. E. Bach, Brief an J. N. Forkel, 2. April 1777, siehe Suchalla 1994, S. 629 f.

[65] C. P. E. Bach, Brief an J. N. Forkel, 20. Juni 1777, siehe Suchalla 1994, S. 637.

[66] C. P. E. Bach, Brief an J. G. I. Breitkopf, 13. Juli 1777, siehe Suchalla 1994, S. 641.

[67] C. P. E. Bach, Brief an A. F. Oeser, 11. August 1777, siehe Suchalla 1994, S. 653.

[68] C. P. E. Bach, Brief an J. N. Forkel, 20. April 1774: „H. Reifenstein, welcher mich anno 1754 in Caßel mit trockenen Farben abmahlte", siehe Suchalla 1994, S. 392. Möglicherweise ist das Bild identisch mit dem Adam Friedrich Oeser zugeschriebenen Pastellgemälde von 1754 (abgebildet z. B. in Ottenberg 1982, S. 89).

[69] NV 1790, S. 131–142. Die ausführliche Beschreibung der Zeichnungen Bachs erfolgte durch den „Hinter der großen Michaelis-Kirche in Hamburg" wohnenden „Hofrath [Johann Benjamin] von Ehrenreich …", siehe Leisinger/Wollny 1997, S. 458.

es von allen Kennern der Kunst für seine geistreichste Arbeit und für sein größtes Meisterstück gehalten."[70]

Am 11. September 1778, kurz vor seinem dreißigsten Geburtstag, ist Johann Sebastian Bach d. J. gestorben. Begraben wurde er in nächtlicher Stille (wie es bei protestantischen Beerdigungen im katholischen Rom üblich war) auf jenem Friedhof an der Cestiuspyramide, den er noch wenige Monate zuvor gezeichnet hatte. Die Leichenrede hielt sein väterlicher Freund J. F. Reiffenstein. Sein Grab wurde mit einem flachen Stein bedeckt, der jedoch keine Inschrift trug. Ein von seinen Freunden vorgesehenes Marmordenkmal kam nicht zustande, und so sind heute keine Spuren seiner Grabstätte erhalten geblieben.[71] Am 9. Oktober 1778 erschien im „Hamburger Relations-Courier" die Mitteilung: „Zu Rom ist der Herr Johann Sebastian Bach, ein Sohn des hiesigen Herrn Kapellmeisters, in einem Alter von noch nicht 30 Jahren, verstorben. Er hatte sich der Mahlerkunst gewidmet, und sich in derselben schon eine grosse Vollkommenheit erworben."[72] Einige Monate später berichtete die „Neue Bibliothek" über „Bach, den Roms Erde vor kurzem, leider! zu sich nahm ... Wir erwarten ein Verzeichniß von Bachs vorhandenen Werken, bey der Lebensbeschreibung des nur allzufrüh uns entrissenen jungen Mannes, wozu einer seiner besten Freunde bereits Materialien sammelt".[73]

Wenige Wochen nach dem Tod seines Sohnes schrieb Carl Philipp Emanuel Bach einen Geschäftsbrief an Breitkopf nach Leipzig, in dem seine Erschütterung spürbar wird: „Noch ganz betäubt von der traurigen Nachricht wegen des Absterbens meines lieben Sohns in Rom kan ich kaum folgendes zu Papiere bringen."[74] Bald darauf übermittelte Carl Philipp seinem langjährigen Freund: „Sie werden durch den Herrn Profeßor Oeser einen Schattenriß von meinem lieben seeligen Sohn erhalten. Ich weiß, Sie haben ihn auch geliebt. Er ist sehr gut getroffen."[75] Musikalisch drückte Carl Philipp Emanuel seine Trauer wahrscheinlich in dem Rondo a-Moll Wq 56/5 (1778) aus, das durch eine ungewöhnliche Zerrissenheit charakterisiert ist. Es erschien in dem Sammelband „Clavier-Sonaten nebst einigen Rondos fürs Fortepiano, für Kenner und Liebhaber".[76] In einer zeitgenössischen Besprechung wird hierzu bemerkt: Das Rondo „aus A moll ist mehr klagend und melancholisch und das Favorit-Rondo des Recensenten, der selten die Macht der Harmonie in einem solchen Grade empfunden hat, als damals, da er von Bach dieses Rondo zum erstenmal auf dem Forte Piano spielen hörte."[77]

Der früh verstorbene Künstler und sein Schaffen wurden in mehreren Veröffentlichungen gewürdigt. Eine ausführliche Lebensbeschreibung verfasste 1782 Karl Wilhelm Daßdorf, der u. a. vermerkt, dass besonders Bachs Landschaftszeichnungen „voller Gefühl und Geist sind. ... Sein frühzeitiger Tod, der allgemein beklagt wurde, war ein sehr großer Verlust für seine Kunst. Ohnstreitig würde er in derselben ein eben so

---

[70] Daßdorf 1782, S. 585 f.; siehe auch Wustmann 1909, S. 301 f. Die Zeichnung ist verschollen, siehe ZL 127.
[71] Meyer 1792, S. 156; siehe auch Miesner 1936, S. 111–114; Miesner 1940–1948, S. 171–173. Siehe auch Abb. 18, S. 49.
[72] Wiermann 2000, S. 91 f.
[73] Neue Bibliothek 1779, 23. Bd., 1. Stück, S. 152 f.; Wiermann 2000, S. 92 (Buchhändlerzeitung 1780, 1. Stück, 7. Jan., S. 15) und S. 91–93 (weitere Meldungen über J. S. Bach d. J.).
[74] C. P. E. Bach, Brief an J. G. I. Breitkopf, 9. Oktober 1778, siehe Suchalla 1994, S. 698.
[75] C. P. E. Bach, Brief an J. G. I. Breitkopf, 19. Dezember 1778, siehe Suchalla 1994, S. 719.
[76] Zweite Sammlung, Leipzig 1780.
[77] „Staats- und gelehrte Zeitung des Hamburgischen unpartheyischen Correspondenten", 1780, Nr. 164, 13. Oktober, S. 3 f.; siehe auch Wiermann 2000, S. 258 f.

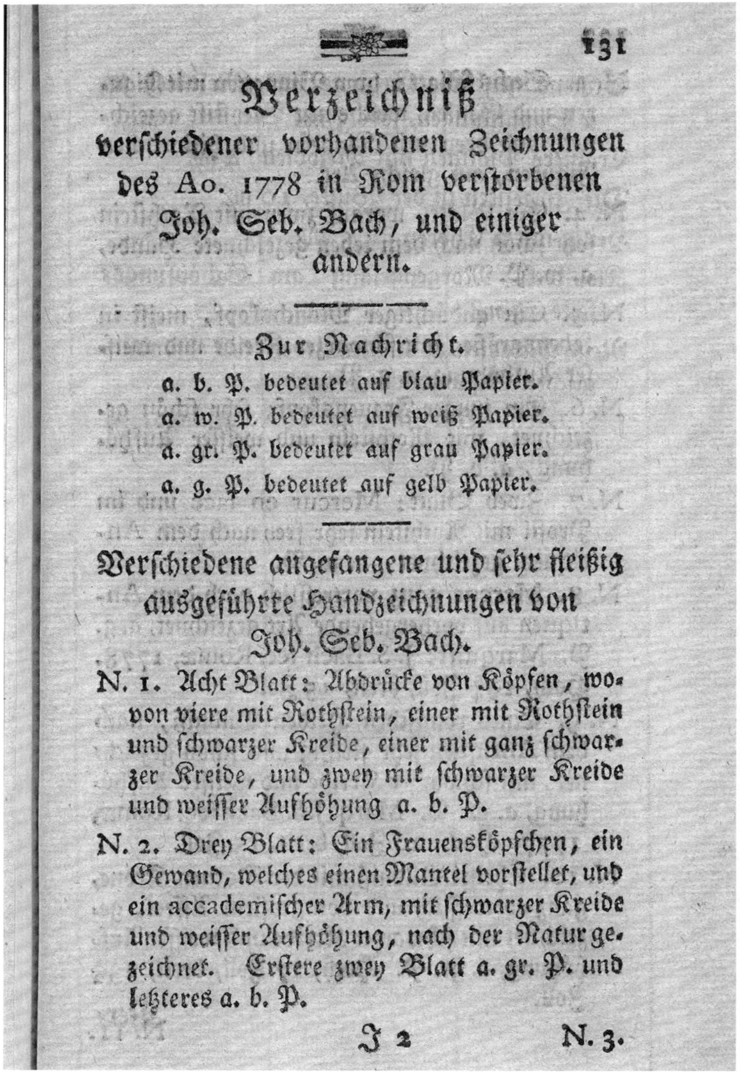

131

Verzeichniß
verschiedener vorhandenen Zeichnungen
des Ao. 1778 in Rom verstorbenen
Joh. Seb. Bach, und einiger
andern.

Zur Nachricht.

a. b. P. bedeutet auf blau Papier.
a. w. P. bedeutet auf weiß Papier.
a. gr. P. bedeutet auf grau Papier.
a. g. P. bedeutet auf gelb Papier.

Verschiedene angefangene und sehr fleißig ausgeführte Handzeichnungen von Joh. Seb. Bach.

N. 1. Acht Blatt: Abdrücke von Köpfen, wovon viere mit Rothstein, einer mit Rothstein und schwarzer Kreide, einer mit ganz schwarzer Kreide, und zwey mit schwarzer Kreide und weisser Aufhöhung a. b. P.

N. 2. Drey Blatt: Ein Frauensköpfchen, ein Gewand, welches einen Mantel vorstellet, und ein accademischer Arm, mit schwarzer Kreide und weisser Aufhöhung, nach der Natur gezeichnet. Erstere zwey Blatt a. gr. P. und letzteres a. b. P.

J 2 N. 3.

Abb. 9: Verzeichniß des musikalischen Nachlasses des verstorbenen Capellmeisters Carl Philipp Emanuel Bach, Hamburg 1790, S. 131. Staatsbibliothek zu Berlin – Preußischer Kulturbesitz, Musikabteilung mit Mendelssohn-Archiv.

sehr geschätzter und bewunderter Virtuos geworden seyn, wie sein großer Vater und seine übrigen würdigen Verwandten in der ihrigen. Seine Arbeiten, und vorzüglich seine herrlichen Landschafts-Zeichnungen werden ungemein geschätzt und itzt sehr gesucht."[78] Der in Hamburg lebende und mit der Familie Bach befreundete Friedrich Johann Lorenz Meyer reiste noch zu Lebzeiten Carl Philipp Emanuels nach Rom und berichtete ihm gewiss über die Begräbnisstätte des Sohnes. Später erinnerte er in seinen „Darstellungen aus Italien" (1792) an „Johann Sebastian Bach, einen Sohn des ... großen Deutschen Tonkünstlers. Bekannt genug sind seine Verdienste als vollendeter Landschaftsmaler, der hohe Flug des Dichtergeistes in seinen eigenen Komposizionen, die glückliche Wahl und Wahrheit in seinen Nachbildungen der Natur, die Kraft und Bestimmtheit in der Ausführung und Haltung und der große Geschmack ...".[79]

Wie in der „Neuen Bibliothek" mitgeteilt wurde, erregte seine letzte in Dresden entstandene Zeichnung „Das Monument in Arkadien" (ZL 128) besonderes Interesse. Zur Überlieferung der heute verschollenen Zeichnung wurde zehn Jahre nach Bachs Tod vermerkt: „Was wir noch von dem Monumente in Arkadien zu sagen haben, ist, daß es Bachs letztes Ausstellungsstück war. Er nahm die Idee dazu aus seines Lehrers, Oesers, Munde. Bey seinem Abschiede nach Italien ließ er es seinem Freunde, Herrn Graff, der ihm, nach langer Weigerung, 4 Dukaten dafür aufzwang ... Graff konnte dem inständigen Bitten seines Schülers, Herrn Rieter, nicht widerstehen, ihm die Zeichnung, in der Hoffnung, von Bachen, bey seiner Wiederkunft aus Rom,

[78] Daßdorf 1782, S. 584 f.; siehe auch Wustmann 1909, S. 301.

[79] Meyer 1792, S. 155 f.; siehe auch Miesner 1936, S. 112 f.; Miesner, 1940–1948, S. 171–173.

eine andere zu bekommen, für den Ankauf wieder abzutreten. Aber Bachs Tod erhöhte den Werth seiner Werke so, daß R. die Zeichnung in Bern, dem Herrn von Muralt, für zehn Carolinen verkaufte. Dieser dritte Besitzer hatte darauf Gelegenheit sie für 200 Thaler zu veräußern, stund aber noch damit an, bis er sie endlich dem Grafen Reuß von Köstritz, für 300 Thaler überließ."[80] In einer der folgenden Ausgaben der Zeitschrift wurde diese Erinnerung noch einmal aufgegriffen und etwas korrigiert, die große Beliebtheit der Zeichnung wurde jedoch nachdrücklich bestätigt. Fast nebenbei gestattet der Bericht des Besitzers der Originalzeichnung (der nicht A. Graff, sondern ein „Herr Schachmann aus Königshayn" war) einen kleinen Einblick in die Persönlichkeit von Bach d. J., dem geschäftliche Verhandlungen – anders als seinem Vater – offenbar wenig lagen: Als die begehrte Zeichnung in der Ausstellung der Kunstakademie Dresden einen ersten Kaufinteressenten fand, war Bach zum Verkauf „gleich willig", doch der ältere „Hr. Zingg [der Maler Adrian Zingg], der sich bey der Unterredung befand, übernahm den Handel zu schließen."[81]

Zu den Sammlern der Zeichnungen Bachs gehörten nicht nur Malerkollegen wie Johann Christian Klengel und Adam Friedrich Oeser. Viele seiner Bilder besaßen u. a. die Kunstsammler Albert von Sachsen-Teschen (ein Sohn des sächsischen Kurfürsten und Königs von Polen August III.; die Zeichnungen befinden sich heute in der Albertina, Wien) und Gottfried Winckler (Museum der Bildenden Künste Leipzig). Auch der Leipziger Musikschriftsteller Johann Friedrich Rochlitz besaß einige Zeichnungen von Bach.[82] In seiner seit 1798 herausgegebenen „Allgemeinen Musikalischen Zeitung" wurden nicht nur mehrfach der Thomaskantor Bach, dessen Sohn Carl Philipp Emanuel und einige seiner Geschwister gewürdigt, Erwähnung fand auch Johann Sebastian d. J., „Oesers liebster Schüler", der „vortrefflich war als Landschaftsmaler, vortrefflicher geworden wäre als Historienmaler ..., dem schon in frühen Jünglingsjahren durch geheimes und unverschuldetes Leiden des Lebens frischester Keim zerdrückt war."[83]

Auf die Beliebtheit der Arbeiten von Bach d. J. weisen zudem viele Stiche hin, die nach seinen Zeichnungen entstanden. So wurde beispielsweise die einst nur als Studie angefertigte Kopie der „Heiligen Magdalena" nach Pompeo Batoni[84] (ein Motiv, das von vielen Künstlern kopiert wurde und von Bach keineswegs für den Kupferstich vorgesehen war) 1780 von Johann Friedrich Bause gestochen.[85] Carl Philipp Emanuel Bach hörte wohl davon und bat seinen Geschäftsfreund J. G. I. Breitkopf in Leipzig um die Zusendung einiger Exemplare: „Hamburg, d. 14 Febr. 81 / Liebster Herr Landsmann, Haben Sie doch die Güte, und überschicken Sie mir je eher je lieber das jetzt herausgekommene schöne Kupfer von H. Bausen, die busfertige Maria Magdalena von meinem seeligen Sohn gezeichnet. Drey Exemplare davon erbitte ich mir. Eins für mich u. 2 für ein Paar gute Freunde. Das Geld dafür will ich Ihnen gerne gleich wiederschicken ..."[86] Wahrscheinlich vermittelte Breitkopf diesen

---

[80] Neue Bibliothek 1788, 35. Bd., 1. Stück, S. 127 f.; vgl. Wustmann 1909, S. 306.
[81] Neue Bibliothek 1789, 38. Bd., 2. Stück, S. 286 f.
[82] Siehe Z 51 und Z 53. Zudem war Rochlitz Zwischenbesitzer mehrerer Zeichnungen, die zuvor G. Winckler gehört hatten.
[83] Rochlitz 1800, Sp. 829 f. Auch in einer späteren Veröffentlichung erinnert er an den Zeichner Bach d. J., siehe Fußnote 10.
[84] Siehe ZL 120.
[85] Siehe G 14. Neue Bibliothek 1779, 23. Bd., 2. Stück, S. 332; Neue Bibliothek 1781, 25. Bd., 2. Stück, S. 350 f.
[86] C. P. E. Bach, Brief an J. G. I. Breitkopf, 14. Februar 1781, siehe Suchalla 1994, S. 876.

Wunsch direkt an Bause, der C. P. E. Bach den Stich schließlich schenkte, wofür dieser sich hocherfreut bedankte: „Hamburg, d. 1 May 81 / Hochedelgebohrner, Hochgeehrtester Herr, Sie haben mir mit Ihrer unvergleichlichen Magdalene ein sehr angenehmes und großes Präsent gemacht. Die väterliche Zärtlichkeit sagt weiter nichts, als: Gott erhalte Sie u. belohne Sie dafür!"[87]

Abb. 10: Adam Friedrich Oeser, Porträt von Johann Sebastian Bach d. J. Pinsel in Grau, laviert und aquarelliert, über Graphit Klassik Stiftung Weimar, Goethe-Nationalmuseum.

---

[87] C. P. E. Bach, Brief an J. F. Bause, 1. Mai 1781, siehe Suchalla 1994, S. 884.

ZWISCHEN EMPFINDSAMKEIT UND KLASSIZISMUS

Zum künstlerischen Schaffen Johann Sebastian Bachs d. J.

Ausbildung und frühe Prägungen

Johann Sebastian Bach d. J. erhielt seinen ersten Zeichenunterricht in Berlin von Andreas Ludwig Krüger, einem Maler und Radierer, der Gemälde der Galerie in Sanssouci kopierte und Potsdamer Stadtansichten schuf. 1777 sollte er als Zeichner und „Baukondukteur" und später als Oberbaurat beim Hofbauamt in Potsdam tätig werden. Immerhin waren auch die preußischen Prinzen Friedrich Wilhelm und Louis seine Zeichenschüler. Doch ist sein Einfluss auf Bach in dessen hinterlassenen Blättern nicht mehr nachzuweisen.

Zum Zeitpunkt der Übersiedelung der Familie nach Hamburg war Bach 19 Jahre alt. Er profitierte auch dort von der anregenden Atmosphäre seines Elternhauses. Zu den engeren Hamburger Freunden Carl Philipp Emanuel Bachs gehörten Dichter, Schriftsteller, Dozenten, Kaufleute und Intellektuelle – darunter Gotthold Ephraim Lessing, der inzwischen auch in Hamburg lebte, Friedrich Gottlieb Klopstock, Johann Heinrich Voß, Heinrich Wilhelm von Gerstenberg und der Pastor Christoph Christian Sturm.

Der Vater besaß neben einer großen Musikalien- auch eine ansehnliche Kunstsammlung, wie aus dem überlieferten Nachlassverzeichnis hervorgeht.[1] Neben den Blättern seines Sohnes hatte er darin Werke – wenn auch in dieser Mischung wohl etwas zufällig – von dem Dresdner Historienmaler und Akademiedirektor Giovanni Battista Casanova, dem Frankfurter Landschaftsmaler Franz Schüz, dem Kupferstecher Christian Gottlieb Geyser und Johann Friedrich Ludwig Oeser (die beiden letzteren in Leipzig tätig), von Bernhard Rode aus Berlin und Salvator Rosa sowie Jacopo da Palma zusammengetragen. Es ist anzunehmen, dass sie durch seinen Sohn in seinen Besitz kamen. Ferner besaß Carl Philipp Emanuel Bach eine Sammlung von Musiker-Porträts, zu der auch sein Sohn einige Kopien älterer Gemälde beisteuerte (siehe Z 1 und Z 2 sowie ML 140 bis ZL 143).

Eine ambitioniertere, zielgerichtet zusammengestellte Sammlung zeitgenössischer Werke befand sich in der Hand des letzten Hamburger Domherrn, des Senators und Weinhändlers Dr. Friedrich Johann Lorenz Meyer. Der anerkannte Kunstkenner war ein Freund der Familie Bach und besaß auch Zeichnungen von der Hand Johann Sebastians. Meyer schildert sie in seinen „Skizzen aus seiner Vaterstadt Hamburg" im Kapitel „Malerei-, Zeichnung- und Kupferstich-Sammlungen"[2]: „Für den Privatmann, ist eine Sammlung gute und selbst vortreff-

---

[1] NV 1790.

[2] Meyer 1801, S. 289–308.

liche Handzeichnungen von grossen Meistern, geeigneter und erreichbarer, als unter gleichem Verhältnis, und in einem nicht gerade so ungewöhnlichen Zeitpunkt der Verschleuderung von Kunstwerken, wie der eben bemerkte war, eine Sammlung von Originalgemälden ist.

Handzeichnungen haben für den Mann von Geschmack noch einen besondern Reitz. Sie sind der Zauberschlag der schöpferischen Phantasie, Kinder des Herzens großer Meister. In diesen oft nur flüchtigen Zügen seiner Hand, lebt und webt sein hoher Geist, ruht der erste, feurige Gedanke, zu einem grossen Werk. Entfesselt von dem Zwang der sorgfältigern Ausführung, der schulgerechten Regel, der ängstlichen Ausbildung und berechneten Wirkung der Kunstkonvenienz, legt das Genie des Künstlers darin den erhabenen Gedanken nieder, den er in dem heiligen Moment des Empfängnisses, in der ersten Glut des Enthusiasmus ergriff. – Wohl dem Liebhaber, der hier den Künstler zu verstehen und seinen Geist zu umfassen vermag! Hohe Freuden sind ihm bei der Ansicht von Sammlungen guter Handzeichnungen bereitet."[3]

Eine solche Zeichnungssammlung *en miniature* verkörperte das Stammbuch von Bachs Freund Johann Valentin Meyer, in das sich unter anderem die älteren Leipziger Malerkollegen Adam Friedrich Oeser (S. 31) und Jakob Mechau (S. 73) mit je einer Zeichnung eintrugen. Darin befindet sich auch eine Seite mit einem Gedenkblatt an Bach, signiert von Johann Baptist Schmitt:[4] Unter einer Weide mit tief herabhängenden Zweigen trauert eine verhüllte Frauengestalt neben einem Sarkophag, aus dessen unleserlicher Inschrift der Name „BACH" hervorsticht (Abb. 11). Links im Hintergrund erblickt man offenbar Rom, das Reiseziel des jungen Künstlers, von wo er nicht zurückkehren sollte.

Als ein Jahr nach Meyers Tode 1812 seine bedeutende Gemäldesammlung versteigert wurde, befanden sich unter den zahlreichen „Handzeichnungen in Rahmen unter Glas" außer Werken von Geßner, Zingg, Hagedorn, Oeser, Graff, Füger, Schenau, Dietrich, Klengel und Wagner auch zwei Blätter von Bach (ZL 131 und ZL 132).[5]

Auch Meyers bereits zitierter jüngerer Bruder Friedrich Johann Lorenz Meyer führte ein Stammbuch. Daraus geht hervor, welchen Stellenwert diese Art der Freundschaftsalben als konzentrierte kleine Zeichnungssammlungen für einen Kunstliebhaber einnehmen konnte:

„Mit der damals üblichen, und auf der Universität erst recht handwerksmässig getriebenen, Stammbuchmode, wuchs jene Neigung, und ich strebte eifriger nach nichts, als, die sempiterna memoria auf meinen Stammbuchblättern; von den Schreibern mit einem monumento aere perenius, – einer Zeichnung, schlecht und recht, begleitet zu sehen. Als ich meine Reise [nach Italien] antrat, lies ich mir einen einfachen, aber für den Zweck, – was ich damals nicht verstand, – nicht ganz vortheilhaften Arabesken Rand in Kupfer stechen, ihn auf Papier von verschiedenen Farben abdrucken, und vereinigte diese losen Blätter in einem Portefeuil. Nicht um die mir bekannt gewordenen Künstler zu brandschatzen, legte ich ihnen dieses Portefeuil vor und lies sie daraus ein Blatt wählen, um darauf zu zeichnen: ich bezahlte die Zeichnungen, wenn man mir ei-

---

[3] Meyer 1801, S. 300 f.
[4] Blatt S. 149, bez. „B. T. [schwer leserlich] Schmitt fec.", unter der Einrahmung: „Hamburg, den 18ten Septembr. / 1776. / Johann Sebastian Bach.", darunter von anderer Hand: „ist bald hernach in Rom gestorben. / Seine Freunde und die Kunst trauren um ihn", Museum für Hamburgische Geschichte. Laut freundlicher Auskunft von Herrn Dr. Hinrich Sieveking nannte sich dieser Künstler im selben Stammbuch, S. 148, „Theobald Schmitt aus Mannheim".
[5] Verk.Kat. Hamburg 1812, S. 38, Nr. 61, sowie S. 44, Nr. 35.

Abb. 11: J. B. Schmitt, Trauernde an einem Sarkophag unter einer Trauerweide. Feder und Pinsel in Braun über Graphit, Museum für Hamburgische Geschichte, Blatt aus dem Stammbuch des Johann Valentin Meyer, S. 149.
Die Zeichnung ist offensichtlich nach Bachs Tod (1778) entstanden; sein Name ist auf dem Sarkophag zu erkennen. Die untere Hälfte des Blattes zeigt hingegen Bachs eigenhändige Schriftzüge (datiert 18. September 1776).

nen Preis setzte. Viele andere Blätter verdanke ich der Freundschaft und Freigebigkeit der Künstler, deren näheren Umgang und Freundschaft ich genoss. Auch darf ich sagen, dass der Anblick des Heftes, als erst eine kleine Zahl guter Zeichnungen darin lag, die Künstler von selbst aufforderte, die ihrigen dabei zu legen. So entstand ein schönes und gefälliges Ganzes, von mehr als hundert Handzeichnungen, von lebenden mir alle persönlich bekannten, und grösstentheils als Freunde werthen Menschen, und trefflichen Künstlern."⁶

Und indem der Autor schildert, wie er das Büchlein nutzt, wird der Sinn solcher Stammbücher schlagartig offenbar:

„In dem freundlichen Kabinett meines Hauses, wo ich diesen kleinen Schatz, das liebste meines Eigenthums, bewahre, bin ich wie in der Mitte meiner Freunde, der Künstler: hier schwebt mir das persönliche Bild jedes Meisters, und mit ihm, die goldne Jugendzeit selbst vor; der schöne Ton der Vergangenheit, stimmt dann leise herüber zu dem der glücklichen Gegenwart des häuslichen und bürgerlichen Lebens; vor diesen Blättern, zeichne ich meinen Kindern jene Scenen, verlebe mit ihnen sie noch einmal."⁷

Weitaus mehr Bach-Zeichnungen besaß jedoch Gerhard Joachim Schmidt, dessen Sammlung 1818 in Hamburg verstei-

---

6 Meyer 1801, S. 305 f.
7 Meyer 1801, S. 306 f. Vergleichbare Künstleralben sind das Stammbuch des Adrian Zingg, das zum Teil Zeugnisse derselben Zeichner enthält, vgl. Althaus 2004; sowie das Stammbuch des Freiherrn von Berlepsch im Frankfurter Goethe-Museum, vgl. Maisack 1983; außerdem das aufgelöste Carus-Album in der Städtischen Galerie Dresden mit 37 Künstler-Selbstporträts.

gert wurde (vgl. ZL 133 bis ZL 138).⁸ Die besten Blätter ließ Johann Gottlieb Prestel in Nürnberg um 1790 nachstechen – ein Indiz für die Qualität und Wertschätzung dieser Sammlung. F. J. L. Meyer erwähnt außerdem auch die Sammlung von Hofrat Ehrenreich in Hamburg, einem Kunsthändler und Restaurator alter Gemälde. Auch wenn Meyer bemerkt: „Wir dürfen uns hier keiner Rost'schen oder Frauenholz'schen Kunsthandlung rühmen, deren Geschmack und Betriebsamkeit Deutschland ehrt",⁹ so bewegte sich der heranwachsende Künstler doch in einem anregenden Umfeld, ehe er mit der ebenfalls rührigen Bürger- und Kaufmannsstadt Leipzig ein Zentrum von Kunst, Literatur und Buchgewerbe kennenlernte.

An der Kunstakademie in Leipzig

Zu Michaelis 1770 kam Bach nach Leipzig an die Kunstakademie, die zu diesem Zeitpunkt seit sieben Jahren bestand. Als sich im Jahre 1763 das Ende des Siebenjährigen Krieges abzeichnete, wurde in der sächsischen Residenzstadt Dresden innerhalb des ökonomischen und geistigen Erneuerungsprogramms für Sachsen, des sogenannten „Rétablissements", bereits die Gründung der Kunstakademien in Dresden und Leipzig vorbereitet. Sie war ein besonderes Anliegen des Kurprinzen Friedrich Christian und seiner kunstsinnigen Gemahlin Maria Antonia Walpurgis, die den Diplomaten, Kunstsammler und -autoren Christian Ludwig von Hagedorn (Abb. 12) zum „Generaldirektor der Künste, Kunstakademien und dahingehöriger Galerien und Cabinets" ernannten.¹⁰

Mit der Auswahl der Lehrfächer setzte Hagedorn Akzente: Statt für die Hofkunst ehemals wichtige Veduten-, Perspektiv- und Dekorationsmaler wurden nun Historien-, Porträt- und Landschaftsmaler sowie Architekten ausgebildet. Damit wandte Hagedorn sich vom Geschmack des Rokoko mit seiner Vorliebe für Gesamtdekorationen ab und setzte eine moderne Kunstauffassung von Gemälden durch, die als ungebundene Kunstwerke jeweils spezifische Bildgattungen vertraten. Neuerdings gab es nun eine Professur für Landschafts- und Tiermalerei, die bis zu Beginn des 19. Jahrhunderts anziehend wirkte. Zunächst hatte sie der aus Wien stammende Joseph Roos inne, später folgte Johann Christian Klengel. Auf diese Weise verhalf Hagedorn der Landschaftsmalerei in Sachsen zu einem bis dahin ungewöhnlichen Ansehen, wobei sein persönliches Interesse an dieser Bildgattung, welches er in seinen „Betrachtungen über die Mahlerey" (1762) bekundete und mit eigenen Radierungen unter Beweis stellte, eine wesentliche Rolle spielte.

Hagedorns Ziel war es, der Akademie und damit den sächsischen Künsten zu internationalem Ansehen zu verhelfen, wozu er namhafte Künstler als Professoren gewann. Zum Direktor der Leipziger Akademie in der Pleißenburg ernannte er den ihm seit langem gut bekannten Adam Friedrich Oeser. Schon seit den fünfziger Jahren gehörte Oeser zunächst in Dresden und schließlich in Leipzig zu den tonangebenden Künstlern. In Dresden hatte er Hagedorn, mit dem er in derselben Stra-

---

8 Verk.Kat. Hamburg 1818, S. 2, Nr. 14–19.
9 Meyer 1801, S. 309. Meyer bezieht sich mit dieser Äußerung auf Karl Christian Heinrich Rost in Leipzig und Johann Friedrich Frauenholz in Nürnberg, die in ihrer Zeit zu den führenden Kunsthändlern in Deutschland zählten.
10 Winckelmann kommentiert diese Wahl aus Rom an den Leipziger Kunstgelehrten Johann Jakob Volkmann: „Machen Sie meine herzliche Empfehlung an den würdigen Patrioten, den Herrn von Hagedorn. Es verdienet derselbige ewiges Andenken, und ich beneide ihn, weil ich nimmermehr an dessen Höhe reichen kann. Alles was ihm der Hof geben kann, ist viel zu wenig; das ganze Land sollte ihm opfern. (...) Umarmen Sie ihn." Zitiert nach Stübel 1912, S. 152.

Abb. 12: Johann Friedrich Bause, Porträt von Christian Ludwig von Hagedorn. Kupferstich, nach Anton Graff, Staatliche Kunstsammlungen Dresden, Kupferstich-Kabinett.

ße wohnte, mit dem Gelehrten und Schriftsteller Johann Joachim Winckelmann bekannt gemacht, der zu jener Zeit als Bibliothekar des Grafen Heinrich von Bünau tätig war und sein Freund wurde.[11] Auch der Archäologe Philipp Daniel Lippert, die Maler Bernardo Bellotto und Christian Wilhelm Ernst Dietrich sowie die Literaten Christian Felix Weiße und Gottlieb Wilhelm Rabener – deren Werke Bach später illustrieren sollte (vgl. G 1 bis G 12) – gehörten dort zum Kreis der Gelehrten, Dichter und Künstler, der sich nach dem Ort ihrer Treffen, der Bibliothek des Grafen Bünau auf Schloss Nöthnitz, „Nöthnitzer Kreis" nannte.

In Leipzig war nach Kriegsende ebenfalls eine „Societät von Gelehrten, schönen Geistern, Künstlern und Kunstförderern" gegründet worden, ein Diskussionszirkel, dem zahlreiche bürgerliche Honoratioren der Stadt angehörten, darunter auch Oeser. Die kulturell maßgeblichen Kreise der beiden sächsischen Städte waren auch untereinander gut bekannt.[12] Zu den Persönlichkeiten, die Bach in Leipzig mit offenen Armen aufnahmen, gehörte der Freund seines Vaters, der Verleger Johann Gottlob Immanuel Breitkopf. Schon dessen Vater Bernhard Christian Breitkopf war der Familie Bach verbunden gewesen: Er hatte 1736 „Schemellis Gesangbuch" verlegt, das auch Choräle des Thomaskantors Johann Sebastian Bach enthält.

Bei Breitkopfs Hausgenossen, dem Kupferstecher Johann Michael Stock, mietete Bach sich ein. Stock, bei dem auch der Student Goethe das Radieren lernte, war seit 1764 als Stecher

---

[11] Vgl. Heres 1991.
[12] So verlegte Hagedorns Freund, der Kommerzienrat Walther, nicht nur dessen „lettre à un amateur ...", die Beschreibung seiner Kunstsammlung mit kunsthistorischen Anmerkungen, vgl. Hagedorn 1755, sondern auch Winckelmanns „Gedancken über die Nachahmung der Griechischen Wercke in der Mahlerey und Bildhauer-Kunst"

aus dem Jahre 1755, denen 1767 die „Geschichte der Kunst des Alterthums" folgte. Hagedorn wiederum lieferte regelmäßig Aufsätze und Beiträge für die „Bibliothek der Schönen Wissenschaften und freyen Künste", die sein Freund Christian Felix Weiße herausgab.

für den Breitkopfschen Verlag tätig, stach Oesersche Illustrationen und unterrichtete an der Zeichenakademie in Kupferstechen und Radieren.

Seine bekannteren Kollegen Johann Friedrich Bause und Christian Gottlieb Geyser sollten die Zeichnungen Bachs in Aquatintamanier bzw. in Kupferstichen reproduzieren. Besonders Bause setzte mit seinen sorgfältigen Drucken, bei deren Herstellung er Kupferstich, Radierung und Aquatinta in Punktiermanier kombinierte, dem Künstler nach seinem frühen Tod ein Denkmal: 1780 stach er gleichsam als ein Erinnerungsblatt Bachs Zeichnung nach Pompeo Batonis populärer „Büßender Magdalena" in Kupfer (vgl. G 14).

Bause muss eine anziehende Persönlichkeit gewesen sein; noch ein Jahrzehnt später beschreibt Bachs jüngerer Bewunderer Christoph Nathe ihn als einen „ herrliche[n] Mann, und in Connexion mit ganz Leipzig",[13] einen Mann, „der Weltkundschaft hat."[14] Sein Kollege Geyser wiederum war befreundet mit dem Dresdner Hofmaler Christian Wilhelm Ernst Dietrich, genannt Dietricy, sowie mit Johann Christian Klengel, Jakob Wilhelm Mechau und Friedrich Heinrich Füger, von denen allen er Vorlagen als Buchillustrationen reproduzierte. Auch Geysers Berliner Freund Daniel Chodowiecki ließ seine Zeichnungen am liebsten bei ihm stechen. Mit Oeser, dessen Dresdner Akademiekollegen Johann Eleazar Zeissig, genannt Schenau, mit Bernhard Rode, Adrian Zingg und Nathe arbeitete Geyser ebenfalls häufig zusammen.

Ausführliche Rezensionen mit minutiösen Beschreibungen zeigen, wie wichtig die Entwicklung neuer Drucktechniken zur Steigerung des sinnlichen Effekts war – vergleichbar mit der heutigen Begeisterung über die Fortentwicklung der Bildschirme und Drucker, der Fernseh- und digitalen Bildtechnik. Ein beeindruckendes Beispiel ist Carl Langs Rezension des Bause-Druckes „Der Sommerabend" (G 16),[15] in der er interessanterweise ausführlich auf Bauses Leistung eingeht, aber nicht auf Bachs Vorzeichnung, die ja die kompositorische Idee lieferte. Der kunsthandwerkliche Aspekt, die drucktechnischen Möglichkeiten scheinen das Mitteilenswerte gewesen zu sein, dem seine ganze Bewunderung gehörte.

Bach selbst schloss in Leipzig Freundschaft mit Mechau, der später jahrelang in Rom arbeiten und ein geschätzter Landschaftsmaler werden sollte, und mit Füger, der als Direktor der Wiener Akademie für lange Zeit das Wiener Kunstleben bestimmen würde.

Mit Dora und Minna Stock (später verehelichte Körner), Juliane Friederike Bause und Juliane Wilhelmine Bause (später verehelichte Löhr), die nach Bachs Vorlagen radierte (vgl. G 17 und G 18), mit Wilhelmine Oeser, die Geyser heiratete, und Oesers Lieblingstochter Friederike (Abb. 6, S. 22), an die Bach freundschaftliche Briefe richtete, sowie mit deren Freundin, der Landschaftsmalerin Johanna Marianne Freystein, gehörten mehrere gebildete junge Frauen zu Bachs Freundeskreis, die zum Teil selbst künstlerisch tätig waren und ihm den Aufenthalt in Leipzig sicher noch angenehmer machten. In einer verschollenen Zeichnung soll Bach einige der Freundinnen dargestellt haben (vgl. ZL 125). Mit diesen Kontakten zu jungen Leuten seiner Generation sowie deren Eltern fand Bach,

---

[13] C. Nathe, Brief vom 29. November 1782 aus Leipzig an A. von Meyer zu Knonow, Archiv der OLG in Görlitz, verwaltet von der OLB, 2 Briefe von Nathe an A. von Meyer zu Knonow auf Schmellförtal und Rothenburg.

[14] C. Nathe, Brief vom 30. November 1782 aus Leipzig an A. T. von Gersdorf nach Rengersdorf, Archiv der OLG in Görlitz, verwaltet von der OLB, Briefe von Nathe an A. T. von Gersdorf IX 93, ATvG 629.

[15] Lang 1788, S. 41–47.

dessen Name allein ja in Leipzig schon auf Wohlwollen stoßen musste, Zugang zum Kreis der tonangebenden Künstler.

Sein prägender Lehrer wurde der Bildhauer, Maler und Zeichner Adam Friedrich Oeser (Abb. 3, S. 17). Wie auch Dietrich gehörte Oeser noch einer Generation von Künstlern an, die universal tätig waren und je nach Auftragslage mit unterschiedlichen Gattungen und Stilen dienen konnten. Außer Plastiken, Zeichnungen, Gemälden, Emailbildern und Miniaturen schuf Oeser z. B. auf Wunsch der Herzogin Anna Amalia die gelehrten Chinoiserien im Roten Turm in Weimar;[16] und auch die programmatischen Wand- und Deckengemälde in der Leipziger Nikolaikirche sind sein Werk. 1766 malte er den Theatervorhang für das Gewandhaus, der von Johann Christian Reinhart[17] und Christian Friedrich Wiegand kopiert wurde,[18] bevor auch Bach ihn als Vorlage verwendete (vgl. ZL 144).

Oeser veranlasste Bach, in der Leipziger Umgebung zu zeichnen (vgl. Z 25 und Z 26) und die Alten Meister zu studieren (vgl. Z 72). Dazu bot neben Oesers eigener Sammlung vor allem das Kunstkabinett des Leipziger Rats- und Bankherrn Gottfried Winckler gute Gelegenheit. Neben zeitgenössischen Gemälden und Graphiken besaß dieser Sammler kostbare Werke alter Meister, zum Beispiel von Leonardo, Giorgione, Giorgio Vasari, Veronese und Tintoretto, von Dürer, Cranach, Rubens und van Dyck sowie von Frans Hals und Rembrandt, mit denen er bewusst mit der kurfürstlichen Gemäldegalerie in Dresden konkurrierte.[19] Außer dem mit Winckler befreundeten Johann Thomas Richter besaßen auch zahlreiche andere Leipziger Bürger einen oder mehrere Bildersäle und Kupferstichkabinette, zum Beispiel der sächsische Minister Thomas Freiherr von Fritsch, dessen umfangreiche Kupferstich- und Büchersammlung 1786 versteigert wurde,[20] oder der Schriftsteller Michael Huber, der 1790 seine Kupferstichsammlung von 5 651 Blättern versteigern ließ.[21]

Beim Kopieren nach älteren Vorbildern ging es nicht nur darum, die Erfindung der Figurenkonstellationen und Bildräume nachzuvollziehen, sondern auch um deren bildnerische Darstellung bis hin zu Farbwahl und -auftrag. Auch die „Manier", die Handschrift eines Meisters, wurde damit gleichsam nachgeahmt. Aus diesem Grunde muten Blätter Bachs wie „Perseus befreit Andromeda" (Z 65) oder „Moses und die eherne Schlange" (Z 71) stilistisch so verschieden an.

„Der Nachahmungsbegriff um die Mitte des 18. Jahrhunderts wird wesentlich durch die Tatsache bestimmt, dass nicht nur Bildmotive gegenständlich, sondern malerische Mittel motivisch rezipiert werden. Was als künstlerisches Darstellungsmittel bislang hinter dem Dargestellten zurücktrat, tritt nun selbst motivisch in Erscheinung", wie Andreas Jürgensen bemerkt.[22] Dabei verselbstständigen sich die Kunstmittel, und die Kunst erscheint in ihrer „anschaulichen Künstlichkeit" als „Illusionierung der Kunst als solcher", das Nachahmende ist selbst als Zeichen anzusehen.

Oeser verfolgte Bachs Fortschritte mit Sympathie und Anteilnahme; unter anderem diskutierte er seine kompositorischen Erfindungen mit ihm. So schrieb er: „Einst sagte ich ihm, er solle sich nach allen interessanten Staffachen [Staffagen] wohl umsehen, und alles gute in den Werken der Künstler beherzi-

---

[16] Vgl. Oeser 1999.
[17] Vgl. Ausst.Kat. Leipzig 1965, S. 121, Nr. 432.
[18] Vgl. Schulze 1944.
[19] Vgl. Kreuchauf 1768.
[20] Vgl. Neue Bibliothek 1776, S. 303–322, sowie Stübel 1920 (Chodowiecki), S. 91.
[21] Vgl. Stübel 1920 (Chodowiecki), S. 93.
[22] Jürgensen 1993, S. 148.

gen. Er lief darauf mit dem größten Feuer hin, und betrachtete die besten Zeichnungen und Kupferwerke bei Winkler; kam aber sehr kalt zurück mit der Antwort, er hätte vortreffliche Landschaften, aber keine interessante Staffachen gefunden. Ich erwiederte ihm, dass er nicht aufhören müßte, sie zu suchen; denn fände er sie nicht in der Kunst, so wären die Ideen doch gewiß in der Natur, aber, im Vertrauen gesagt, auch da fänden sie sehr wenige."[23]

Indem Oeser seine Angebote an die Voraussetzungen der Schüler anpasste, wie er in einem Brief an Hagedorn als seine „Maximen bey dem academischen Unterricht" schildert, tat er das Beste, was ein Lehrer tun kann: „Wenn ich junge Leute habe, mit denen sich plaudern und raisonniren lässt, so lege ich ihnen ein Blatt vor, wie das Abendmahl von Tintoret. Denn so schön dieses Blatt in der Zusammensetzung und Austheilung des Lichts ist, so scheint es, als habe der Meister seine feste Manier im Zeichnen und seinem feurigen Genie alles Uebrige aufgeopfert, und sich kaum Zeit gelassen, die Beschaffenheit der Handlung und den Geist der Geschichte in Erwägung zu ziehen. Hier also kann sich die jugendliche Unbesonnenheit gleichsam im Spiegel sehen.

Finde ich ferner einen Scholar, der vor Begierde brennt zu wissen, wie ein guter Gedanke ausgeführt werden und seine Endschaft erreichen könne, so gebe ich ihm z. B. ein Blatt von Livens, so nicht ausgeführt ist, und unternehme es gemeinschaftlich mit dem Scholaren, dieses Meisters Linien nachzuspüren, und alles, was noch zu thun übrig bleibt, nach der Perspektive und der Natur, sowohl das Nackende als die Gewänder auszustudieren; erinnere zu gleicher Zeit, dass diese weitere Ausführung mehrentheils nicht von des Künstlers Willen abhängt, sondern sehr oft von seinen Glücksumständen, ob er nemlich die gehörige Zeit auf sein Werk hat wenden können, und nicht vom Hunger, wie ich und viele andere, ist gestöhrt worden ..."[24]

Oeser spielt hier auf die Teuerung und Hungersnot in den Jahren 1770 bis 1772 an, die natürlich auch das Studentendasein in Leipzig erschwerten. Deshalb setzte er sich unter anderem für Stipendien und einmalige Zuwendungen für seine Schüler ein – selbst, wenn es ihr Talent nicht gänzlich rechtfertigte: „Allein die Gratificationen des Churfürsten, glaube ich, müssen nicht den Talenten allein, sondern auch denen gereicht werden, die bey dem besten Willen blutarm sind. Und deren giebts mehrere, die mit all ihrem Fleiße und der Hoffnung, welche sie von sich erregen, dennoch von den Glücksumständen tyrannisirt werden."[25]

Vermutlich war es auch Oeser, der Bach erste Aufträge vermittelte, darunter Illustrationsentwürfe für die Verleger Karl Christian Heinrich Rost und Johann Gottfried Dyk, die von Geyser gestochen wurden. In der Verlagsbuchhandlung seines Freundes Dyk erschienen unter anderem Weißes Singspiele. Bach zeichnete für diese „Operetten, die ins Niedrigkomische fallen"[26] je ein Titelbild, das Geyser in Kupfer stach (vgl. G 6 bis G 8). Später illustrierte Bach für die Witwe Dyks zusammen mit seinem Freund Mechau auch „Rabeners Satiren" (siehe G 1 und Abb. 13). Oeser selbst war ein geschätzter Buchillustrator. Unter vielen Auftraggebern liebte vor allem Christoph

---

[23] A. F. Oeser, Achter Brief an C. L. von Hagedorn, undatiert, in: Hagedorn 1797, S. 294.

[24] A. F. Oeser, Erster Brief an C. L. von Hagedorn, 1. Februar 1769, in: Hagedorn 1797, S. 276 ff.

[25] A. F. Oeser, Siebenter Brief an C. L. von Hagedorn, 26. Februar 1777, in: Hagedorn 1797, S. 291.

[26] Weiße 1777, 1, im Vorwort o. S.

Martin Wieland seine Entwürfe. So ermutigte Oeser auch seine Schüler zum Vignettenzeichnen.

Schon bald gehörte Bach zu jenen Nachwuchskünstlern, die mit ihren Werken die Aufmerksamkeit der Kunstkenner auf sich zogen. Das Forum dafür waren die alljährlich am 5. März zum Namenstag des Kurfürsten eröffneten Akademieausstellungen in Dresden, die anschließend zur Ostermesse nach Leipzig wanderten. Dabei wurden die Werke der einzelnen Professoren und ihrer Klassen aufmerksam begutachtet, wie eine Rezension der Dresdner Akademieausstellung des Jahres 1772 zeigt: „Die meiste Hoffnung unter unsern jungen Malern geben: Füger, Klengel, Mechau, Lenz, Oeser der Sohn, Bach und die beiden Klaß."[27] Gemeint sind neben Bachs Freunden, Füger und Mechau, Johann Philipp Wilhelm Lenz und Oesers Sohn, Johann Friedrich Ludwig Oeser, außerdem Johann Christian Klengel sowie die Brüder Friedrich Christian und Ludwig Friedrich Klaß, die alle vorwiegend Landschaften malten.

Abb. 13: Christian Gottlieb Geyser, Vignette zu Rabeners „Satiren". Kupferstich, nach Jakob Wilhelm Mechau, Kulturhistorisches Museum Görlitz, Graphisches Kabinett.

An der Dresdner Kunstakademie

Nach drei Jahren allgemeiner künstlerischer Ausbildung in Leipzig zog Bach im Mai 1773 in die sächsische Residenz. Dort wurde der Schriftsteller und Bibliothekar Karl Wilhelm Daßdorf sein Freund, den wiederum mit Lessing, Winckelmann und seinem Leipziger Lehrer Christian Fürchtegott Gellert freundschaftliche Beziehungen verbanden.[28] Lessing setzte sich später bei Daßdorf dafür ein, dass Bach nach der geplanten Rückkehr aus Rom in Dresden schon eine Anstellung vorfinden würde. In einem Brief vom 26. September 1776 schreibt er: „Aber es würde ganz gewiß seinen Eifer verdoppeln, wenn man ihm itzt im Voraus schon einige Hoffnung dazu machen könnte. ... u. Sachsen einen Mann zu versichern suchen, der gewiß einen eben so großen und originellen Mahler verspricht, als seine Vorfahren Tonkünstler gewesen sind."[29]

---

[27] Zitiert nach Rümann 1934, S. 19.
[28] Später gab Daßdorf, „Johann Winckelmanns Briefe an seine Freunde", Dresden 1777 und 1780, sowie – auf Anregung seines Freundes Lessing – die „Beschreibung der vorzüglichsten Merkwürdigkeiten der Churfürstlichen Residenzstadt Dresden und einiger umliegender Gegenden", Dresden 1782, heraus.
[29] Zitiert nach Lessing 1776, S. 703 f.

An der Dresdner Kunstakademie wirkte zu dieser Zeit unter Christian Ludwig von Hagedorns Generaldirektorat der Historienmaler Charles François Hutin als Akademiedirektor. Seinen Unterricht erhielt Bach bei dessen ehemaligem Zögling, dem Landschafts- und Tiermaler Klengel, der inzwischen als Akademiemitglied mit fester Besoldung von 60 Talern tätig war (Abb. 14). Daneben blieb auch der Landschaftszeichner und -kupferstecher Adrian Zingg nicht ohne Einfluss, dessen sächsische Ansichten aus dem Elbsandsteingebirge südöstlich von Dresden Bach zu seinen eigenen Versuchen angeregt haben dürften.

Klengel war der erste Lehrer, der selbst aus dieser Akademie hervorging. Als der drei Jahre ältere Bach zu ihm kam, war er erst 22 Jahre alt und bereits als „ein angehender junger Meister zu betrachten ...", wie Hagedorn schreibt.[30] Klengel wohnte zwar noch bei seinem Lehrer Dietrich, doch mehr aus Pietät und um den kranken Greis nicht im Stich zu lassen. Auf Bach folgte noch eine große Zahl von Schülern, die sich unter Klengels Anleitung zu Landschaftsmalern unterschiedlichster Richtungen ausbildeten.[31]

Unter Klengels Einfluss malte Bach nun reale Gegenden im Elbtal, den Lilienstein, die Bastei bei Wehlen, Bad Schandau, Schloss Tetschen oder die Ruine Schreckenstein – Sehenswürdigkeiten, die bis heute Ausflugsziele der Wanderer sind (vgl. Z 27 bis Z 40). Bach erfasste zwar den jeweiligen Charakter der Landschaften, doch scheint er die Natur nicht in ihren Einzelheiten studiert zu haben. Details, Pflanzen- oder Tierstudien oder auch nur Skizzen, wie sie von Zingg und Klengel überliefert sind, kommen unter seinen überlieferten Zeichnungen

Abb. 14: Johann Christian Klengel, Selbstporträt mit Barett und Halstuch, 1819. Rötel, Freies Deutsches Hochstift, Frankfurter Goethe-Museum, Frankfurt am Main, Graphische Sammlung.

---

[30] SächsHStA, Loc. 894, Vol. III, Bl. 127 b.
[31] Vgl. Fröhlich 2002, S. 148–189, und Fröhlich 2005, S. 41 ff.

nicht vor. Stets wirken seine Ansichten der realen Gegenden durch die Erd- und Laubmassen geformt, doch in ihrer Vegetation nicht genauer bestimmt. Bei längerer Ausbildung hätte Klengel hier vermutlich stärker Einfluss genommen, und sei es durch sein eigenes Vorbild – er trieb bis ins hohe Alter Studien nach der Natur. Bach jedoch blieb in dieser Hinsicht ein Atelierkünstler der Oeser-Schule, in der es weniger auf die Ausformung von Einzelheiten als auf die Erfindung und Zusammenfassung der Gegenstände als Ganzes, die Figuren- und Raumkomposition sowie ihre durch geschicktes Kolorit und weiche Pinselführung erzielte geschlossene Wirkung ankam. Diese Künstler schufen Werke der „Empfindsamkeit", die den Betrachter emotional berühren und ihn im idealen Falle dadurch läutern sollten – ein zentraler Gedanke der zeitgenössischen Kunsttheorie, den besonders Johann Georg Sulzer in seinen Ausführungen über die schönen Künste betont: „Ihr Wesen besteht darin, dass sie den Gegenständen unsrer Vorstellung sinnliche Kraft einprägen; ihr Zweck ist lebhafte Rührung der Gemüther, und in ihrer Anwendung haben sie die Erhöhung des Geistes und Herzens zum Augenmerke."[32]
Auf verwandte Art bewegen sich auch Schenau und in manchen seiner Werke noch Klengel zwischen den Stilrichtungen des Rokoko, der Empfindsamkeit und des Klassizismus.

Bach erhob die tupfende und lavierende Pinselführung offenbar bewusst zu seinem Konzept, wobei er den Pinsel kleinteiliger und energischer setzte als Oeser. Mit diesem Stilmittel konnte er einen Eindruck von Harmonie erzeugen, die im zeitgenössischen Empfinden ideale Landschaften auszeichnete. Sein Kolorit mit nur wenigen Farben, die aus einem bräun-

Abb. 15: Adam Friedrich Oeser, Ruhender Jüngling. Pinsel in Grau über Graphit, Museum für Hamburgische Geschichte.

lichen, grünlichen oder bläulichen Grau hervorleuchten, ist häufig der Grisaille bzw. der Brunaille angenähert, wobei eher Abstufungen der Farbintensität als Konturen die Gegenstände formen. Schon Oeser hatte sich in vielen Pinselzeichnungen auf ein schmales Farbspektrum zwischen blassem Braun und Grau beschränkt (Abb. 15), doch Bach erzeugte mit dieser reduzierten Palette geradezu virtuose malerische Effekte (vgl. Z 39, Z 40 oder Z 54 und Z 55). Noch ein dreißig Jahre jüngerer Künstler wie Heinrich Theodor Wehle sollte diese Reduktion auf ein ins Türkisblaue spielendes Hellgrau und Braun als Kunstmittel einsetzen und damit eine tonige Wirkung er-

---

[32] Sulzer 1772, S. 17 f.

zielen.³³ Für deren Wiedergabe stellt die Aquatintatechnik das einzige damals mögliche Reproduktionsverfahren dar.

In seinem 1792 erschienenen „Ästhetischen Wörterbuch" schreibt der Leipziger Ästhetikprofessor Karl Heinrich Heydenreich im Rahmen seiner Kunsttheorie zu diesem Thema: „Wenn Schatten und Licht keinen zu harten Kontrast unter sich formiren, wenn wohl abgestufte Mitteltinten kunstvoll zu dem Helldunkel hinführen, so hat man die Harmonie des Helldunkel. Wenn endlich der Künstler sich bemüht, nur gleichartige Farben einander zu nähern, wenn jede seiner Tinten immer an der Theil nimmt, welche vor ihr hergeht, oder ihr folgt, so hat man die Harmonie der Töne und der Farbe."³⁴

Und dies bewirkt der Maler durch das Abmildern der Einzelfarben, wie es ebenfalls bei Heydenreich zu lesen ist: „Man mildert die Farben auf zweierlei Weise, einmal, indem man ihren Glanz, ihre Stärke schwächt, dann indem man sie so geschickt und fein in Uebereinstimmung setzt, dass sie für das Auge eine möglichst harmonische Wirkung hervorbringen. Die Mittel der Kunst für diesen Zweck sind, Verbindungen der Töne, Übergänge, gebrochene Farben, Abstufungen unmerklicher Nüancen, auch die Auswahl der Farben, die man einander näher bringt."³⁵

Bach befolgte demnach nicht konsequent, was als Empfehlung an angehende Landschaftsmaler selbstverständlich vorausgesetzt wurde: „Die Künstler, welche schon mit einiger Fertigkeit Landschaften zeichnen und mahlen können, müssen sich die zu dieser Gattung der Mahlerey erforderlichen Materialien sammeln, und ihre Portefeuille's mit Entwürfen und Studien von der Natur anfüllen. Diese Studien, deren sie sich sehr oft bei ihren Arbeiten werden bedienen können, werden ihren Werken Wahrheit geben, und ihnen einen Werth verschaffen, den ihnen Keiner von denjenigen Künstlern wird streitig machen können, welche sich mit dem Practischen der Kunst beschäftigen, ohne sich in Ansehung des Theoretischen unterrichtet zu haben."³⁶

Der Grund für Bachs Zurückhaltung bei Naturstudien unter freiem Himmel könnte außerdem darin liegen, dass er sich – wie aus dem Nachlassverzeichnis Carl Philipp Emanuel Bachs hervorgeht – zunehmend zu historischen Themen hingezogen fühlte. Bezeichnenderweise sind es im Landschaftsfach die idealen Erfindungen, die heute als seine eigenständigsten, gelungensten Werke erscheinen (vgl. Z 52 bis Z 58). Für ihn scheint noch die Ansicht gegolten zu haben, die unter anderem ja auch Hagedorn vertrat, dass das „Abkonterfeien" einer realen Gegend weniger künstlerische Schöpferkraft erfordert und beweist als das Erfinden einer Landschaft. Dabei hat er auch unscheinbaren Plätzen den Charakter des Idyllischen verliehen (vgl. Z 16 oder Z 21).

Haben Hagedorn, der gutmütige Oeser und wohlwollende Rezensenten den jungen Bach zu früh gelobt? Vermutlich haben sie im Umgang mit ihm ein Potential gespürt, auf dessen Entfaltung in der Zukunft sie ihre Hoffnungen setzten, während heutige Betrachter sich mit den überlieferten Blättern begnügen müssen. Mit dem Hang zur angesehensten Gattung der Historienmalerei und der Scheu vor den Mühen einer disziplinierten Zeichenausbildung nach der Natur steht Bach unter seinen Altersgenossen ja nicht allein da. Der aufmerksame Kunstkritiker Johann Georg Meusel schreibt noch ein Jahrzehnt nach Bachs

---

33 Vgl. Ausst.Kat. Bautzen 2005, Nr. Z 38 bis Z 50, Abb. S. 136–145.
34 Heydenreich 1793–1795, Bd. 2, S. 618.
35 Heydenreich 1793–1795, Bd. 3, S. 475 f.
36 Heydenreich 1793–1795, Bd. 3, S. 29.

Tod in seinem „Museum für Künstler und Kunstliebhaber" mit einer gewissen Besorgnis, die aus heutiger Perspektive hellsichtig wirkt: „Von den jetzt hier lebenden Künstlern ist keiner, der den grossen Nachruhm, wie Künstler der älteren Zeiten erlangen wird. Gute und geschickte Leute sind wohl da, aber doch kein sich auszeichnendes Genie. Graff [der Porträtmaler Anton Graff] ist der einzige, der an Nachruhm Anspruch hat und ihn auch haben wird. Vielleicht möchte Ihnen dies Urtheil verwegen erscheinen: aber, ich bin überzeugt, daß Sie eben so denken würden, wenn Sie hier wären."

Als Grund führt er an: „Man versäumt zu sehr das Studium der Natur, und die jungen Leute wollen sich nur durch Kopieren nach grossen Meistern bilden, die sie nicht genug verstehen. Ohne Leitung halten sie oft Nachlässigkeiten eines grossen Mannes für Schönheiten, und sehen die eigentlichen Schönheiten nicht aus dem gehörigen Gesichtspunkt. (...) – Die Natur ist und bleibt immer das erste Studium eines Künstlers, und ich dächte das Kopiren nach grossen Meistern sollte nur als Leitfaden dienen, um die verschiedenen Gegenstände aufs Wahreste und angenehmste hervorzubringen; sie sollten nur den Geschmack bilden ..."[37]

Diese Worte verdeutlichen den Umbruch, in dem sich die Landschaftsmalerei in den letzten Jahrzehnten des 18. Jahrhunderts befand: Während zum Beispiel Adrian Zingg mit der von ihm bevorzugten sogenannten „Aberlischen Manier" die natürliche Welt in klaren Konturen abstrahiert, mit denen er eine Bildfläche überzieht, und die entstehenden Binnenflächen aquarelliert,[38] und während Klengel ausgiebige Detailstudien betreibt, die er in seine ausgeführten Gemälde einbindet und dafür ein System zeichnerischer Kürzel, seinen sogenannten „Baumschlag" und den tupfenden Pinsel verwendet,[39] organisiert Bach seine Landschaften von den aus Erdreich, Hügeln und Laub gebildeten Volumina aus. In deren amorphen Formen bieten menschliche Figuren und Bauwerke wie Brücken, Hütten und Mühlen dem Betrachterauge Halt. Seine Landschaftszeichnungen bauen auf malerischen Farbflecken auf. Deshalb sind seine Werke größtenteils als „Gemälde" anzusehen, auch wenn er bis auf eine einzige Landschaft in Öl auf Leinwand (M 56) sowie ein in Öl gemaltes Porträt (ML 140), das nur aus der Literatur bekannt ist, ausschließlich Pinselzeichnungen hinterlassen hat. Aus Carl Philipp Emanuel Bachs Nachlassverzeichnis geht hervor, dass diese Art ausgeführter Blätter tatsächlich als Gemälde gerahmt und angesehen wurden; z. B. heißt es dort über ZL 107: „Eine ganz besondere Art lavirter Zeichnung, mit einigen Couleuren, welche einen außerordentlichen Affect machen, daß es einem Gemählde fast gleich ist. In vergoldeten Glanzrahmen."

Die Reise nach Rom

Um seine Ausbildung abzuschließen und Material für seine künftige künstlerische Produktion zu sammeln, reiste Bach im Herbst 1776 nach Rom. Damit folgte er den Spuren jener zahlreichen Künstler, die seit dem 16. und vor allem im 17. und 18. Jahrhundert aus dem Norden nach Italien zogen, um die antiken Stätten zu sehen, um die südliche Landschaft und Flora sowie die Wirkung des südlichen Lichts zu studieren. In

---

[37] Meusel 1788, Vermischte Nachrichten, S. 99 ff.
[38] Vgl. Fröhlich 2002, S. 123 f.
[39] Vgl. Fröhlich 2005, Z 591 bis Z 596, S. 225 f.

Rom traf der Künstler bereits auf eine ganze Kolonie aquarellierender englischer Bildungsreisender sowie französischer Maler und deutscher Künstlerkollegen.[40]

Eine sicher etwas idealisierte Beschreibung des römischen Künstlerlebens findet sich bei F. J. L. Meyer, der es als „das angenehmstmögliche und, nach meinem Gefühl, beneidenswertheste von der Welt" schildert: „Schon die Jahre der unbefangnen und sorgenlosen Jugend, worin es bei den meisten fällt, sind so schön: und nun noch dieser fortwährende Genuß, diese tägliche Geistesnahrung, mit den abwechselnsten und schönsten Gegenständen der Kunst und der Natur in Italien! Was kann die Seele mehr erheitern und die Seele froher machen, als solche, Herz und Geist rührende Beschäftigungen, ein solches Fortschreiten von einer Stufe der Kunst zur andern? Dem jungen fleißigen Künstler von Talent öffnen sich hier so viele Quellen der Freude. (...) Selbst Brodtmangel und Lebenssorgen erträgt er leicht. Eine pagnottea (ein kleines Brodt) und ein Trunk frischen Eiswassers; und dann hinauf zum RAPHAEL im Vatikan: – und vergessen sind Nahrungssorgen und jeder Kummer ...".[41]

Außer den Kunstschätzen, die der Maler in Rom vorfindet, ist es vor allem die mythengesättigte Landschaft der römischen Campagna, welche ihn beflügelt. Am Ufer eines Sees, unter Zypressen oder am Brunnen auf einer Lichtung glaubt der erwartungsvolle Künstler Apoll als Hirten, Diana und ihre Gefolgschaft oder den flötespielenden Pan schon fast zu erkennen (vgl. Z 62, Z 49 und Z 52). Die durch oft gesehene Muster längst vorbereitete Phantasie liefert gleichsam die fehlenden Gestalten mit: „Alles umher ist belebt von Göttern, von Nymphen; überall findet er Scenen der Vorwelt. Dann auch, wenn er nur nachahmt, malet er dichtend. Aber er wagt es endlich, Scenen aus dieser Natur zu borgen und sie mit andern zu ordnen, belebt sie mit den geschmackvollen Bildern des Alterthums, lässt die Bildsäule des Pan von fröhlichen Schnittern umtanzen, oder Amors Altar von einem liebenden Paare mit Rosen behängen, oder trauliche Hirten ein bemoostes Grabmal mit rührender Inschrift entdecken. So wird er zum Landschaftsmaler romantischer Gattung, und giebt dem Freunde der Natur und der Kunst noch mehr Bewegungsgründe, sich seiner Gemälde zu erfreuen; er liefert ihm Stoff zur Betrachtung, wie für Empfindung", wie es der Dresdner Professor für Moralphilosophie und Geschichte, der Schriftsteller und Kunstkenner Wilhelm Gottlieb Becker zusammenfasst.[42] Der Begriff der „romantischen Gattung" ist hier so gebraucht, dass die Natur durch das von den Menschen eingefügte Beiwerk angereichert und gleichsam mit Geschichte und Geschichten aufgeladen wird, um den Betrachtern desto größeren Sehgenuss, Unterhaltung und Belehrung zu bieten. Damit unterscheidet sich dieses Verständnis von dem der romantischen Landschaftsmaler am Beginn des 19. Jahrhunderts wie Caspar David Friedrich und dessen Umkreis, die natürliche Orte, Gegenstände und Stimmungen, emotional erhöht, als Symbole für menschliche Seelenzustände darstellen.

Mit Beckers Bemerkung wird klar, dass das Erlebnis der südlichen Natur nicht frei ist von Erwartungen, die Gemälde, Zeichnungsmappen, Kupferstiche und Schilderungen früherer Romreisender wie z. B. Dietrich genährt haben, und die durch den gemeinsamen Nachvollzug im Freundeskreis noch

---

[40] Vgl. Ausst.Kat. Nürnberg 1992 sowie Heise 2002.
[41] Meyer 1792, S. 125 ff.
[42] Becker 1792, S. 6 f.

Abb. 16 : Johann Christian Reinhart, Ruinen der Villa Adriana. Feder, Graphit, aquarelliert, Privatbesitz München.

bestärkt worden sein mögen. In Bachs Fall waren es seine Leipziger Freunde Füger und Mechau, die er in Rom wiedertraf und mit denen zusammen er reiste und zeichnete.[43]

Mehrere Jahre nach Bachs Tod schilderte Becker die Ausstattung des empfindsamen Landschaftsparks im Seifersdorfer Tal mit Bade- und Ruheplätzen, Plastiken, Sinnsprüchen und Denkmälern; dabei kam er auf die unterschiedliche Wirkung verschiedener Gegenden zu sprechen. Die hochgespannten Erwartungen an „das holdere Welschland" fasst er als Urbild eines historischen, mit Ruinen, Tempeln und anderen Zeugnissen der Geschichte angereicherten Landstrichs folgendermaßen zusammen: „Das holdere Welschland, geschmückt mit höheren Reizen, wie die göttliche Nymphe, die vormals Roms benachbarte Haine bewohnte, erhöht die Gefühle des trunkenen Künstlers, und versetzt ihn gleichsam in eine idealische Welt. (…) Aber was dem Dichter und Maler diese Schönheiten der Natur noch reizender macht, sind die Denkmäler der Alten, und die Erinnerung vergangener Jahrtausende. Hier erblickt er

---

[43] Ein späteres Beispiel für den bewussten Nachvollzug der Romfahrt durch jüngere Nachfolger ist die Reise von Viktor Paul Mohn, Franz Albert Venus und Carl Wilhelm Müller auf den Spuren ihres gemeinsamen Lehrers Ludwig Richter im Sommer des Jahres 1866, während der sie teilweise exakt die gleichen Gegenden und Ruinen zeichneten, wie Richter es 40 Jahre zuvor getan hatte, und sie gleichsam mit *seinen* Augen sahen.

Abb. 17: Angelika Kauffmann, Porträt von Johann Friedrich Reiffenstein.
Radierung, Kulturhistorisches Museum Görlitz, Graphisches Kabinett.

legenheit hatte, sich den Eindrücken des Südens unbeschwert zu überlassen, wurde er im genannten Sinne zum „Dichter". Die wenigen Ideallandschaften südlichen Charakters, die von ihm überliefert sind, hatte er teilweise schon unter Oesers und Klengels Einfluss in Deutschland geschaffen, und sie zeigen bereits „de[n] hohe[n] Flug des Dichtergeistes in seinen eigenen Kompositionen"[45] (vgl. Z 45 und Z 46, Z 52 bis Z 57). Landschaften wie Z 60 und Z 61, die tatsächlich erst in Italien entstanden sind, wirken daneben belanglos und unbeholfen, als habe der Zeichner für die Umsetzung unmittelbarer sinnlicher Eindrücke noch über kein sicheres Instrumentarium verfügt. Allein seine Ruinenschilderungen (Z 63, gemeinsam mit Mechau, sowie Z 64) zeigen die Hand eines souveränen Zeichners. Die Ansicht der Ruine des Marcellus-Theaters in Rom weist mit ihrer prägnanten Zeichenweise und dem aufgehellten Kolorit die Richtung an, in welche sich der Maler weiterentwickelt hätte, wäre ihm eine längere Schaffenszeit beschieden gewesen: Vermutlich hätte sich sein Zeichenstil in Richtung eines festeren Liniengerüstes und einer monumentaleren Auffassung der Bildgegenstände verändert, wie man sie in den italienischen Ansichten beobachten kann, die Mechau zusammen mit Johann Christian Reinhart und Albert Christoph Dies in den folgenden Jahren zeichnen und radieren sollte[46] (vgl. auch Abb. 16, S. 47).

Neben der südlichen Landschaft studierte Bach in Rom vor allem auch antike Plastiken und den menschlichen Körper nach dem lebenden Modell, wie aus dem Verzeichnis von Carl Philipp Emanuel Bachs Nachlass hervorgeht. Dort sind zahlrei-

die Trümmer eines Tempels, dort die ehrwürdigen Reste eines Grabmals, hier Triumphbogen von Weltbezwingern, dort bewachsene Ruinen anmuthiger Bäder; hier die Spuren eines reizenden Landhauses, dort wieder ans Licht gebrachte Gebäude versunkener Städte; hier den furchtbaren Orcus, und dort die elysäischen Felder. Begeistert von allen diesen Erscheinungen wird er zum Dichter."[44]

Bach blieben in Rom nur eineinhalb von monatelanger Krankheit überschattete Jahre. Auch wenn er deshalb nur wenig Ge-

---

[44] Becker 1792, S. 6 f.
[45] Meyer 1792, S. 155 ff., zitiert nach Miesner 1940–1948, S. 171 f.
[46] Vgl. die Radierungsfolge „XII Landschaften von J. Mechau 1783" sowie das Mappenwerk „Malerisch Radierte Prospekte aus Italien", welches der Kunsthändler Johann Friedrich Frauenholz 1799 in Nürnberg herausgab und zu dem Mechau 24 Blätter beisteuerte; siehe Verk.Kat. Nürnberg 1809, S. 21 f., S. 28 ff. und S. 43 ff.

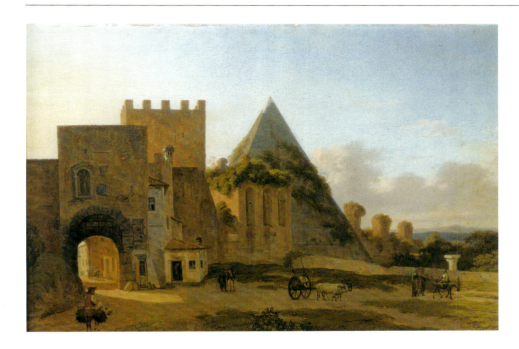

Abb. 18: Jakob Wilhelm Mechau,
Die Cestius-Pyramide in Rom.
Öl auf Holz, Museum der Bildenden Künste
Leipzig, Graphische Sammlung.

che, auch signierte und datierte „Accademien", also akademische Aktstudien, aufgeführt (vgl. ZL 26 bis ZL 52), von denen leider keine erhalten zu sein scheint.

Bachs Nachruhm

Nach seinem frühen Tod suchten Sammler Bachs Werke zu erwerben, was offenbar vorübergehend ihren Preis in die Höhe trieb. Einer seiner Verehrer war der oben zitierte Wilhelm Gottlieb Becker, der selbst auch Bach-Zeichnungen besaß. In einem Brief an den oberlausitzischen Gelehrten Adolph Traugott von Gersdorf vom 5. Februar 1790 bot Becker diesem seine Kunstsammlung zum Verkauf an und erwähnte neben den Werken von Johann Alexander Thiele, Dietrich, Johann Georg Wagner, Zingg, Reinhart, Salomon Geßner und Oeser auch zehn Blätter von Bach.[47] Als Anreiz legte er ihm „drei Zeichnungen von Bach bei, die itzt äußerst selten und theuer sind.

---

[47] Becker pries seine Sammlung mit den Worten an: „Ich darf sagen, dass ich, außer der Wincklerschen Sammlung in Leipzig, die jedoch manche seltnen Meister nicht aufzuweisen hat, welche in der meinigen zu finden sind, keine Sammlung in Deutschland kenne, gegen die ich sie vertauschen möchte. Zahlreichere gibt es wohl, so wie die churfürstliche: aber dem Werthe nach glaube ich die meinige besser nennen zu dürfen." Gersdorfs Briefschaft I, Bl. 64v.

Ich habe itzt selbst zwei sehr theure gekauft, weil ich sie zur Geschichte meiner Bachischen Zeichnungen haben wollte."[48] Dass die Erinnerung an Johann Sebastian Bach d. J. in Sachsen noch lange Zeit wach blieb, zeigt u. a. eine drei Jahre nach seinem Tode erschienene Rezension in der „Neuen Bibliothek der schönen Wissenschaften", in der eine Kopie des jüngeren Oeser-Schülers Johann Christian Reinhart nach einem Gemälde von Giulio Romano aus Wincklers Kabinett an Bachs Leistungen gemessen wird: „Möchte er [Reinhart] uns einst das in seiner Gattung werden, was Bach, dieser jedem, der ihn kannte, unvergessliche Bach, in der seinigen war!"[49] Noch im Jahre 1784 waren auf den Akademieausstellungen in Dresden und Leipzig neben Reinharts, Mechaus und Nathes sowie Bauses, Geysers und Oesers Werken auch Blätter von Johann Sebastian Bach zu sehen,[50] vielleicht aus Oesers Besitz.

Doch schließlich wurden Bachs Werke, der Umfang und die Qualität seines Schaffens vergessen; in Naglers „Neuem allgemeinen Künstlerlexikon" heißt es nur noch lapidar: „Man kennt von ihm mehrere Landschaftszeichnungen, und ein gestochenes Blatt: St. Magdalena, Nach Battoni"[51] – ein Blatt, das nicht einmal Bach selbst, sondern Bause geschaffen hat (vgl. G 14). Mit dem Aufkommen der romantischen und erst recht der realistischen Landschaftsmalerei musste Bachs Vorliebe für idyllische Themen als nicht mehr zeitgemäß erscheinen; von seinen klassizistischen Figurenkompositionen (vgl. Z 65 bis Z 70 sowie ZL 23 und ZL 24) waren wiederum zu wenige bekannt, als dass sie eine weitergehende Wirkung hätten entfalten können.

Bachs idyllische Landschaften

Dennoch lohnt es sich, die Zeichnungen von Johann Sebastian Bach d. J. dem Vergessen zu entreißen. Seine besten Exemplare vermögen auch heutige Betrachter sehr für sich einzunehmen. Auf eine für ihre Zeit charakteristische Weise spiegelt sich in ihnen die Sehnsucht des Menschen, der sich mit seinem Innenleben als einzeln und getrennt von der Umwelt wahrnimmt, nach Geborgenheit. Bach hat mit seinen meist nah gesehenen, nach hinten und oben geschlossenen, durch Blattwerk gleichsam gepolsterten landschaftlichen Binnenräumen unter seinen Künstlerkollegen den schlüssigsten Ausdruck dafür gefunden. Selten bestimmt ein frei schwingender Horizont die Kompositionen; häufiger sind Lichtungen und Haine zu sehen, Büsche und Zweige, die sich als natürlicher Schutz über die Figuren neigen (vgl. Z 19, Z 21, Z 43 oder Z 51). Doch jene Sehnsucht ist nicht erst eine Erscheinung seiner Epoche, und sie ist mit ihr auch nicht vergangen, sondern bleibt bis heute ein Motiv künstlerischen Schaffens.[52] Bezeichnenderweise wählen die Maler zur Darstellung dieser überschaubaren Bildräume zumeist kleine Formate; und „kleines Bild" ist auch die wörtliche Übersetzung des griechischen „eidyllion", von dem der Terminus „Idylle" abgeleitet ist.

Idyllische Themen tauchen schon in den bukolischen und pastoralen Dichtungen des griechischen Autors Theokrit auf. Die Hirten und Schäfer sind in der Natur aufgehoben und in

---

48 Ebenda, Bl. 70v.
49 Neue Bibliothek 1781, 26. Bd., 1. Stück, S. 32.
50 Handrick 1957, S. 86, und Schmid 1998, S. 24.
51 Nagler 1835, S. 216.
52 Man denke an die von Hans Joachim Neidhardt so bezeichneten „Geborgenheitsräume" in den Waldlandschaften Ludwig Richters und seiner Nachfolger im 19. bis hinein ins frühe 20. Jahrhundert, vgl. H. J. Neidhardt, „Gefährdung und Geborgenheit. Zur Psychologie der romantischen Landschaft", in: Neidhardt 2005, S. 43–53 sowie Weißbach 1998. Zur Idylle in der Gegenwartskunst vgl. Zybok 2006, S. 38–79.

Abb. 19: Carl Wilhelm Kolbe,
Opferung an den Pan.
Radierung, Staatliche Kunstsammlungen
Dresden, Kupferstich-Kabinett.

der Welt heimisch. Andere Dichter, die das Thema aufgreifen, sind Hesiod und um die Zeitenwende Horaz und Ovid. Bei ihnen scheint diese idyllische Daseinsweise, die Utopie einer harmonischen, konfliktarmen, naturnahen Gesellschaft unschuldig-argloser, heiterer Menschen in ein mythisches „Goldenes Zeitalter" zurückversetzt. Hesiod, der selbst in seiner Jugend Schafhirte gewesen ist, schildert das „Goldene" als erstes der fünf Weltalter. In diesem Modell folgt auf den glücklichen Beginn entsprechend der voranschreitenden Dekadenz des Menschengeschlechts und eingeleitet durch den „Sündenfall" des Prometheus das „Silberne Zeitalter", darauf das „Eherne", das „Heroen-Zeitalter" und die Gegenwart, das „Eiserne Zeitalter". In Hesiods Beschreibung tauchen schon wesentliche Merkmale der Idylle auf: Die Menschen des „Goldenen Zeitalters" „führten ein Leben wie Götter, hatten leidlosen Sinn und blieben frei von Not und Jammer; nicht drückte sie schlimmes Alter, sie blieben sich immer gleich an Füßen und Händen, lebten heiter in Freuden und frei von jeglichem Übel und starben wie im Schlaf übermannt. Herrlich war ihnen alles, von selbst trug ihnen die kornspendende Erde Frucht in Hülle und Fülle.

Sie aber taten ihre Feldarbeit nach Gefallen und gemächlich und waren mit Gütern gesegnet reich an Herden und lieb den seeligen Göttern."[53]

Ähnliche Vorstellungen verknüpften sich mit dem Paradies der christlichen Heilsvorstellung oder dem *locus amoenus*, dem „lieblichen Ort" mittelalterlicher Dichtung.

Seit der Renaissance und verstärkt im 18. Jahrhundert gab es zu diesen dichterischen Vorstellungen Entsprechungen in der Bildenden Kunst. Auf die Verwandtschaft zwischen beiden Künsten gehen zeitgenössische Autoren immer wieder ein, zum Beispiel Christian Ludwig von Hagedorn, der über „epische Gedichte, Trauerspiele, Lustspiele, Idyllen oder blosse Landgedichte" anmerkt: „Alle diese höhere und niedere Poesie treffen Sie auch in der Mahlery an."[54] Und dies betrifft nicht nur die Sujets: „Die Gesetze der Dichtkunst sind bey nahe so viel Lehrsätze für den Mahler, und der schildernde Horaz und der strenge Despreaux [Nicolas Boileau-Despréaux] haben für den Künstler, nicht für den Dichter, geschrieben."[55] Das Auswählen, Komponieren, Weglassen und gegebenenfalls rhythmische Wiederholen von Elementen betrifft demnach nicht nur ein Gedicht, sondern auch ein Gemälde bzw. eine Pinselzeichnung. „Hätte Geßner in seinen Idyllen nicht, vertraut mit dem Geiste der Dichtkunst, gemalt, so würde er den Theokrit nicht übertroffen haben", schreibt Heinrich Keller im Jahr 1786, denn: „Die höchste Schönheit in der Malerey, wie in der Dichtkunst, ist idealisch"[56] – also erdichtet und nicht der Realität entnommen.

Die literarische Gattung der Idylle durchlief demnach eine eigenständige Entwicklung.[57] Zugleich war sie innerhalb der Landschaftsmalerei eine von mehreren Formen der idealen Landschaftserfindung – neben der arkadischen oder der heroischen, die sich aber eher durch graduelle Nuancen von ihr unterscheiden. Erst die romantische Landschaftsauffassung zu Beginn des 19. Jahrhunderts entsprang einer gänzlich neuen Geisteshaltung: War die Idylle ein Ausdruck des „Getragenseins", der Geborgenheit in der Natur und damit im kosmischen Zusammenhang, wie Oliver Zybok in seinem Artikel „Zur Aktualität des Idyllischen" ausführt,[58] so schuf die romantische Malerei einen Ausdruck für das „Geworfensein" in die Welt, das Außerhalb-Stehen des reflektierenden, aus der religiösen Heilsgewissheit entlassenen Individuums.

Am engsten ist die idyllische mit der arkadischen Landschaftsauffassung verwandt, die sich ebenfalls auf eine Vorstellung aus der antiken Vergangenheit bezieht, auf das mythische Arkadien.[59] Doch während in arkadischen Landschaften Sarkophage, Denkmäler und Figuren in Trauerposen die Sterblichkeit auch an diesem bevorzugten Ort bewusst machen und somit einen elegisch-melancholischen Zug in die Darstellung einbringen (Abb. 20),[60] sind die Idyllen von unbeschwertem Charakter. Oft mischen sich dort mit Nymphen, Satyrn, Faunen oder Pan Naturgottheiten unter die Menschen entsprechend der Vorstellung „Alles umher ist belebt von Göttern, von Nymphen...",[61] und die Menschen selbst – geruhsam, zu-

---

[53] Hesiod 1996, S. 11 ff.
[54] Hagedorn 1762, Erster Theil, S. 33.
[55] Ebenda, S. 34.
[56] Keller 1786, S. 10.
[57] Zur Geschichte der Gattung Idylle vgl.Ausst.Kat. Köln 1984, S. 168 ff.
[58] Zybok 2006, S. 38–79.
[59] Vgl. Brandt 2006.
[60] Vgl. Panofsky 1978.
[61] Becker 1792, S. 6 f.

Abb. 20: Johann Christian Reinhart, Auch ich war in Arkadien. Feder in Braun, Pinsel in Grau, Schwarz und Ocker, Privatbesitz München.

frieden, maßvoll, einfältig und zärtlich – führen „ein Leben wie Götter"⁶² (Abb. 21, S. 55).

Idyllische wie arkadische Landschaftsmotive sind zentrale Themen der Bildenden Kunst im 18. Jahrhundert, wie Werke von Bachs Zeitgenossen Oeser, Reinhart, Klengel, Nathe und Heinrich Theodor Wehle zeigen.⁶³ Doch *rein* idyllische Landschaften malt vor allem der Schweizer Dichter und Maler Salomon Geßner. In seinen Gemälden, Pinselzeichnungen, Vignetten und Radierungen findet das Genre seinen Höhepunkt.⁶⁴ Bewusst greift Geßner auf antike Vorbilder zurück, wie er es in der Vorrede zu seinen Idyllen formuliert: „Die Idylle schildert uns ein goldenes Weltalter, das gewiß einmal dagewesen ist,

---

⁶² Hesiod 1996, S. 11 ff.
⁶³ Vgl. Johann Christian Klengel, Der Morgen: Clóe und Daphnis opfern dem Pan, Öl auf Holz, 38,0 × 55,5 cm, Privatbesitz Zwickau, siehe Fröhlich 2005, Nr. M 42, Abb. S. 95; Christoph Nathe, Arkadische Landschaft mit Hirtenpaar vor einem Grabdenkmal, Feder und Pinsel in Braun und Schwarz, aquarelliert, über schwarze Kreide auf Bütten, 62,4 × 74,0 cm, Albertina, Wien, Graphische Sammlung, Inv. Nr. 17339,
siehe Fröhlich 2006, Abb. S. 90; Heinrich Theodor Wehle, Klassische Ideallandschaft mit einem Brunnen links, musizierenden Hirten in der Mitte sowie mit einem Tempel und einem Aquädukt im Hintergrund, 1799, Feder in Braun, Pinsel in Braun und Grau, laviert, über Spuren von Graphit, 60,6 × 80,2 cm, Albertina, Wien, Graphische Sammlung, Inv. Nr. 17365, siehe Ausst.Kat. Bautzen 2005, Nr. Z 44, Abb. S. 141.
⁶⁴ Vgl. Geßner o. J.

denn davon kann uns die Geschichte der Patriarchen überzeugen ... Diese Dichtungsart bekömmt daher einen besondern Vortheil, wenn man die Szenen in ein entferntes Weltalter sezt, sie erhalten dadurch einen höhern Grad der Wahrscheinlichkeit ..."[65] – eine Bemerkung, die seinen Realitätssinn in Bezug auf die Gegenwart verrät. Die Begebenheiten, die Geßner in seinen „Idyllen" schildert, entbehren jeder existenziellen Tiefe oder Dramatik, entwerfen aber jene natürlichen Szenarien, die die Maler zur bildlichen Umsetzung anregten. Wenn er selbst malt, erfindet allerdings auch dieser Künstler nicht alles neu, sondern bezieht seine Bildideen aus Werken älterer Meister, die er auch selbst benennt: „Für Felsen wählte ich die großen Massen des Berghem und S. Rosa; die Zeichnungen, die Felix Meyer, Ermels und Hackert nach der Natur und in ihrem wahren Charakter gemacht haben; für Verschiesse und Gründe die grasreichen Gegenden und die sanften dämmernden Entfernungen des Lorrain, die sanft hintereinander wegfließenden Hügel des Wouverman, welche in gemäßigtem Licht, mit sanftem Gras, oft nur zu sehr wie mit Samt bedeckt sind; ganz so, wie er sie in seinen Gegenden fand. Darum ist er auch hierin schwer nachzuahmen. Für sandichte oder Felsengründe, die hier und da mit Gesträuch, Gras und Kräutern bewachsen sind, wählte ich den Berghem."[66]

Dies ist ein Beispiel mehr für die positive Haltung jener Zeit zur Nachahmung.[67] Sulzer bemerkt zu dieser Art schöpferischen Umgangs mit der Tradition in seiner „Allgemeinen Theorie der Schönen Künste": „Andere, auch wol selbstdenkende und aus Ueberlegung handelnde Menschen, ahmen das schon vorhandene nach; weil sie erkennen, oder empfinden, dass sie dadurch sicherer zum Zwecke gelangen, als wenn sie selbst erfänden. Sie entdeken in fremden Erfindungen gerade das, was sie nöthig haben, und bedienen sich desselben zu ihren eigenen Absichten. Dieses aber geschiehet, nach Beschaffenheit des besondern Genies der Nachahmer, mit mehr oder weniger Freyheit und eigener Mitwürkung."[68]

Die Leistung des Malers, hier die „Beschaffenheit des besondern Genies" genannt, erweist sich demnach in der virtuosen künstlerischen Anwendung überlieferter Bild- und Darstellungsmuster.

Dies trifft auch auf Bach zu: Geßners Dichtungen, ihre „edle, fast unerreichte Simplizität" übten auf ihn eine ganz unmittelbare Wirkung aus, wie aus Daßdorfs Bemerkung nach Bachs Tode hervorgeht: „Ich habe das Glück, von ihm eine sehr große grünlich getuschte Landschaft zu besitzen ... Sie ist in der reizendsten und zugleich kräftigsten Manier gezeichnet und voll jener edlen, fast unerreichten Simplizität, die er sich durch das Studium der vortrefflichen Geßnerischen Schriften und Zeichnungen in einem so hohen Grade eigen zu machen gewusst hatte ..."[69]

Doch in seinen idyllischen Landschaften nach Geßners Themen vermochte Bach das Wesen idyllischer Landschaftsdarstellungen bildlich eindringlicher zu gestalten als der Autor selbst; Wolfgang Stechow spricht im Hinblick auf die Figuren sogar von einer „Rückbeeinflussung" Geßners durch Bach.[70]

Bach ist nicht der Einzige, der sich Geßners Vorlagen wählt. So setzt sich der Dessauer Zeichner und Radierer Carl Wil-

---

65 Geßner 1756, Vorrede.
66 S. Geßner, „Brief über die Landschaftsmalerei an Herrn Fueßlin, den Verfasser der Geschichte der besten Künstler in der Schweiz", in: Geßner 1980, S. 150 f.
67 Vgl. Michel 1984.
68 Sulzer 1774, 2. Bd., S. 795.
69 Daßdorf, zit. nach Wustmann 1909, S. 301 f. und nach Kurzwelly 1914, S. 62.
70 Vgl. Stechow 1961, S. 433.

helm Kolbe, genannt Eichen-Kolbe, in seinen 1805 bis 1808 geschaffenen Radierungen nach Geßners Gemälden für die Verbreitung von dessen „Idyllen" in der Druckgraphik ein.[71] Mit phantastisch verfremdeten Größenverhältnissen zwischen Vegetation und Mensch erfindet er eine ganz eigenwillige Bildsprache für die Darstellung der Geborgenheit im Schoße der Natur (Abb. 19, S. 51).

Innerhalb dieser Mode – denn natürlich ist die Vorliebe für die Idylle unter anderem auch eine Mode – gibt Salomon Geßner in seinen gedichteten „Idyllen" mit den Schäfern und Hirten „Alexis und Menalkas" (vgl. Z 7), „Daphnis und Cloe" oder den „Zephyren" die Protagonisten vor.[72] Besonders das Thema der „Zephyre" hat es Bach und seinem Lehrer Oeser angetan: Bach greift es zweimal auf (vgl. Z 42 und Z 43), während Oeser vier Versionen davon gestaltet (vgl. Abb. 24, S. 106).

Trotz seiner herausragenden Stellung war Geßner jedoch nicht der einzige Idyllendichter seines Jahrhunderts: Hesiods Gattung des Lehrgedichts ist im 18. Jahrhundert wieder aufgenommen worden, unter anderem von Barthold Heinrich Brockes in dessen „Irdisches Vergnügen in Gott" (1721–48), von Albrecht von Haller in „Die Alpen" (1729), oder von Jean-Jacques Rousseau, der in seinem Roman „Émile oder über die Erziehung" das Ideal einer „natürlichen" Menschenerziehung entwirft. Auch der englische Dichter James Thomson hatte schon Aspekte der Idylle aufgegriffen. So schildert Thomson innerhalb seines Jahreszeiten-Zyklus in der Beschreibung des Sommers während einer stillen Mittagsstunde eine typische idyllische Szenerie mit badendem Mädchen an verschwiegener

Abb. 21: Jakob Wilhelm Mechau, Satyrsfamilie.
Pinsel in Grau über Graphit,
Museum für Hamburgische Geschichte.

Badestelle. Prompt wählt Bach diese Szene für sein Blatt „Damon und Musidora", das heute nur noch in Johann Friedrich Bauses weichtoniger Reproduktion überliefert ist (vgl. G 15). Bachs Altersgenosse Friedrich Müller, genannt Maler Müller, sollte mit „Der Faun Molon", „Die Schafschur. Eine pfälzische Idylle" oder „Das Nusskernen" dieses literarische Genre schließlich in seine Gegenwart übertragen.[73]

Doch schon bald meldeten sich auch kritische Stimmen zu Wort, die Geßner und dem idyllischen Genre allgemein vorwarfen, zu gefühlvoll, weich und nachgiebig, gar schlaff zu sein, eher kindlich-weiblich im Verständnis der Zeit, als männ-

---

[71] Vgl. Martens 1976, S. 119–124, Nr. 282–306.
[72] Vgl. Geßner 1980.

[73] Vgl. Müller 1976. Der kurfürstliche Kabinettsmaler aus Mannheim traf übrigens vermutlich nur kurz nach Bachs Tod im Herbst 1778 in Rom ein, wo er sich u. a. mit Bachs Freund Füger anfreundete und bis zu seinem Lebensende blieb.

lich-tatkräftig; beschränkt auf den wortreich ausgemalten natürlichen Schutzraum, völlig katastrophenfrei und deshalb verschlossen gegenüber Erfahrungen des Erhabenen oder gar Schrecklichen in der Natur. Dieser Gegensatz sollte bei den in Rom tätigen Malern Joseph Anton Koch, Johann Christian Reinhart oder Christoph Heinrich Kniep schließlich in Form der heroischen Idyllen überwunden werden, in der lässig ruhende, ideale Körper gezeigt werden, schön gruppiert im Müßiggang, doch kräftig genug zur heroischen Tat.[74]

Bemerkenswert ist, dass diese „Weichheit" als Gegenteil eines starken Gefühls angesehen wurde. Zum einen liegt ein starker emotionaler Aufruhr sowieso nicht in der Natur der von Bach bevorzugten idyllischen und arkadischen Landschaftsinventionen oder frühklassizistischen Figurenkonstellationen, die alle eher einem literarisch wohl ausformulierten Gedanken oder einer zarten Rührung als aufgewühlten Emotionen entsprangen. Zudem schien es im Sinne der aufgeklärten Vernunft geboten, sinnliche Eindrücke zu bändigen und Leidenschaften Zügel anzulegen. Entsprechend lautet im „Ästhetischen Wörterbuch" das Urteil über jenes Missverständnis, dass ein bewegtes Gefühl sich nur mit Zügellosigkeit ausdrücken lasse: „Diese Worte Feuer, Enthusiasmus, verdarben viele Künstler und Schriftsteller, welche glaubten, Unordnung, Abwesenheit der Vernunft, Verachtung der Grundsätze und der Zweckmäßigkeiten wären Enthusiasmus und Feuer."[75]

Zum anderen war der Künstler eben offensichtlich nicht in jedem Fall auf jene souveräne Weise Herr seiner Eindrücke, dass er ein ihn durchdringendes Gefühl mit seinen Mitteln immer adäquat hätte ausdrücken können, so dass es auch den heutigen Betrachter noch bewegen würde. Dass dies jedoch das Ideal des „sentimentalischen Zeitalters" war, geht aus dem klug reflektierenden Beitrag über das Gefühl in Heydenreichs „Wörterbuch" hervor: „In der That stellt ein Künstler die Formen der Natur nur dann durch einen kräftigen Zug dar, und giebt seinem Zuge das, was man Gefühl nennt, wenn er dasjenige stark fühlt, was dazu dient, sie gut auszudrücken. (…) Wie der Redner eine Hauptwahrheit, von der er ganz durchdrungen ist, mit Gefühl prononcirt, wie dann sein Accent fester, lebhafter, heftiger ist, eben so wendet der Künstler, der einen Gegenstand der Natur nachahmen will, die Mittel seiner Kunst an, um das, was vorzüglich dazu beiträgt, die Erscheinung dessen gut auszudrücken, was diesen Gegenstand hauptsächlich charakterisiert, gleichsam mehr zu stützen, mit mehr Stärke anzugeben, und auf eine auffallendere Manier darzustellen."

Der Autor beschreibt auch gleich, auf welche Art der Maler emotionale Bewegungen künstlerisch umsetzen kann: „Frappiert er eine Tusche, so giebt er ihr eine Festigkeit, welche das Gefühl ankündiget, von dem er voll war. Hat er nur ein unbestimmtes Gefühl von dem Gegenstande, den er nachahmt, so stellet er ihn mit Weichlichkeit dar. Sein Zug, seine Tusche nehmen an der Unbestimmtheit seines Gedankens Theil. Unbestimmtheit, Weichlichkeit sind in der Kunst das Gegentheil von dem, was man mit dem Worte Gefühl ausdrückt. Das Gefühl wird immer von Festigkeit begleitet; aber die Festigkeit dient zu nichts, als zur Verbergung der Unwissenheit, wenn sie nicht das Resultat einer richtigen, durch den nachgeahmten

---

[74] Z.B. Christoph Heinrich Kniep, Heroische Landschaft mit Apollo und Midas, 1789, Feder in Schwarz, braun laviert, 63,3 × 91,3 cm, Klassik Stiftung Weimar, Graphische Sammlung, Inv. Nr. KK 252, vgl. Ausst.Kat. Hildesheim 1992, Abb. 7, S. 19; siehe auch Verk.Kat. München 1997.

[75] Heydenreich 1793–1795, Bd. 2, S. 195.

Gegenstand eingedrückten Sensation und einer vollkommenen Kenntniß von dem Gegenstand ist, ohne welch er nichts, als unbestimmte Rührungen erwecken kann."⁷⁶

Ein hoher Anspruch drückt sich hier aus, den Künstler wie Geßner und Bach sicher nicht in jedem ihrer Werke einlösten. Doch stand Bach ja noch am Beginn seiner Laufbahn.

Geßners Gedichte, seine empfindungsvollen Huldigungen an Anmut, Naivität, Unschuld, an Mitgefühl und Wohltätigkeit erscheinen tatsächlich heute vor dem Hintergrund seiner Zeit mit dem Siebenjährigen Krieg, den Hungersnöten, mit den geistigen Auseinandersetzungen, die der Aufbruch der Philosophie und Naturwissenschaften mit sich brachte, und mit den Unruhen vor und nach der Französischen Revolution vor allem historisch interessant. Das Dasein der Stadtbewohner war kompliziert und durch innere und äußere Beunruhigungen gefährdet. Zur Erholung erforderte es Traumfluchten in vollkommen erdachte Gefilde, „Paradiese auf Leinwand oder hölzerne[n] Tafeln", wie den Zeitgenossen bewusst war, darunter Becker, der über sie schrieb: „So schafft die wohlthätige Kraft der Einbildung der hoffenden Seele in romantischen Träumen ein Elysium. Sie sieht sich am Ziel ihrer Wünsche, fühlt sich glücklich und genießt, wenn auch nur auf kürzere Augenblicke, als in den Stunden des wirklichen Lebens. Dir, reizende Kunst, die du noch lieblicher täuschest als die schmeichelnde Hoffnung, dir verdankt der gefesselte Städter den Genuß der schönen Natur, die so selten nur zu genießen vergönnt ist, in täuschenden Bildern. Dir verdankt er das Glück, die reizenden Gegenden um sich zu versammlen, die auf hundertfältige Art seiner Erinnerung lieb wurden. Dir verdankt er den Zauber, sich in entfernte Gegenden zu versetzen, die nie sein Fuß betreten hat, und die sein Auge nie erblicken würde."⁷⁷

Den Inbegriff der von Becker erwähnten „elysischen Gefilde" verbildlicht Bach in seiner Landschaft mit Tempel und Aquädukt, die er dreimal wiederholt (vgl. Z 53, Z 54, Z 55 und M 56). Immer tiefer lockt er dort den Betrachterblick in eine Parklandschaft mit Frauen und Kindern, die einer Statue huldigen, einem Rundtempel und einer antiken Wasserleitung in der Bildtiefe.

Doch Bachs anhaltende Bemühungen um ein akademisch exaktes Beherrschen der menschlichen Figur lassen darauf schließen, dass er sich im Laufe seiner künstlerischen Entwicklung vermutlich von diesem Genre entfernt hätte. Möglicherweise hätte er den Weg in Richtung einer heroischen Landschaftsauffassung beschritten wie Reinhart unter dem Einfluss von Koch in Rom, hätte schließlich südlichen Landschaften mit alttestamentarischer Staffage zusätzliche Bedeutung verliehen wie Mechau oder hätte zu einer realistischen Sichtweise der Natur gefunden wie Klengel.⁷⁸ Da diese Spekulationen jedoch müßig bleiben, wird Bachs Name vor allem mit der idealen, idyllischen Landschaftsmalerei verbunden bleiben.

---

⁷⁶ Heydenreich 1793–1795, Bd. 2, S. 281 f.
⁷⁷ Becker 1792, S. 3 f.
⁷⁸ Vgl. z. B. Johann Christian Reinhart, Der Sturm, eine heroische, Schillern dedizierte Landschaft, 1800, Radierung, 41,0 × 51,4 cm, Staatliche Graphische Sammlung München, siehe Schmid 1998, Abb. 61, S. 400; Jakob Wilhelm Mechau, Abraham bewirtet die drei Männer, 1807, Öl auf Leinwand, 73,0 × 100,0 cm, Nasjonalgalleriet Oslo, Inv. Nr. NG.M.00178, siehe Fröhlich 2002, Abb. 171, S. 429; Johann Christian Klengel, Erntelandschaft, 1809, Öl auf Leinwand, 97,5 × 146,3 cm, Bayerische Staatsgemäldesammlungen München, Inv. Nr. 9967, siehe Fröhlich 2005, Nr. M 141, Abb. S. 56.

TAFELN

Tafeln – Porträts

Z 1
Nach Anton Raphael Mengs
Porträt der Sängerin Caterina Regina Mingotti

Tafeln – Porträts

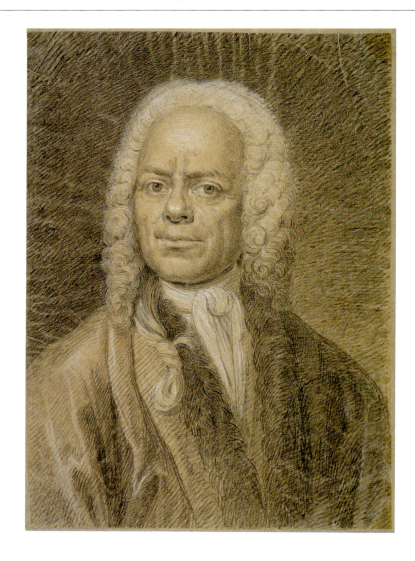

Z 2
Porträt des Flötisten Pierre-Gabriel Buffardin

Tafeln – Vignetten und Illustrationen

Z 3

Karyatiden-Putti halten eine Tafel über umgestürzte Metallkannen und -teller

Vorlage für eine Titelvignette der „Trauerspiele von C. F. Weiße", Leipzig 1776–1780

Tafeln – Vignetten und Illustrationen

Z 4
Ein Brustpanzer und Pfeile am Fuße eines lorbeerbekränzten kannelierten Säulenstumpfes,
von welchem gesprengte Ketten herabhängen
Vorlage für eine Titelvignette der „Trauerspiele von C. F. Weiße", Leipzig 1776–1780

Z 5

Geistliche und weltliche Insignien um einen Säulenstumpf arrangiert, an dessen Fuß eine Maske liegt

Vorlage für eine Titelvignette der „Trauerspiele von C. F. Weiße", Leipzig 1776–1780

Z 6

Ein Arrangement aus Turban, Dolch, Scheide, Köcher und zwei Fahnen
Vorlage für eine Titelvignette der „Trauerspiele von C. F. Weiße", Leipzig 1776–1780

Tafeln – Vignetten und Illustrationen

Z 7
Menalkas und Alexis
1773

Tafeln – Frühe Landschaften in holländischer Manier

Z 8
Holländische Kanallandschaft

Tafeln – Frühe Landschaften in holländischer Manier

Z 9
Südliche Landschaft mit Turmruine und Brücke

Tafeln – Frühe Landschaften in holländischer Manier

Z 10
Landschaft mit Krüppel und Schäfer

Tafeln – Frühe Landschaften in holländischer Manier

Z 11
Hirten mit ihrem Vieh vor einer Baumgruppe

Tafeln – Frühe Landschaften in holländischer Manier

Z 12

Hirte zwischen Felsen sitzend mit Schafen und Ziegen

Abb. 22: Ferdinand Kobell
Hochgebirgslandschaft mit Ziegenhirten
Radierung, Staatliche Kunstsammlungen Dresden, Kupferstich-Kabinett

Tafeln – Frühe Landschaften in holländischer Manier

Z 13

Nach Ferdinand Kobell

Schlafender Hirte in felsiger Landschaft

Tafeln – Frühe Landschaften in holländischer Manier

Z 14
Baumgruppe mit Figurenstaffage
(vgl. Abb. 23, S. 76)

Tafeln – Frühe Landschaften in holländischer Manier

Abb. 23: Johann Friedrich Bause
Gegend bei Weimar, 1777
Aquatinta in Punktiermanier, nach Adam Friedrich Oeser
Staatliche Kunstsammlungen Dresden, Kupferstich-Kabinett

Tafeln – Frühe Landschaften in holländischer Manier

Z 15

Felslandschaft mit Wasserfall, Bauernhaus und Figurenstaffage

Tafeln – Frühe Landschaften in holländischer Manier

Z 16

Hügelige Landschaft mit Bäumen und Bauernhäusern

Tafeln – Frühe Landschaften in holländischer Manier

Z 17
Felsige Landschaft mit einer Holzbrücke über einem Sturzbach und bäuerlicher Figurenstaffage

Z 18

Landschaft mit Fuhrwerk auf einer Brücke und rastender Bauernfamilie

Tafeln – Frühe Landschaften in holländischer Manier

Z 19
Waldlandschaft mit Jägern

Tafeln – Frühe Landschaften in holländischer Manier

Z 20
Waldlandschaft mit Kiepenträger

Tafeln – Frühe Landschaften in holländischer Manier

Z 21
Waldinneres mit zwei Männern beim Fangen von Flusskrebsen

Tafeln – Frühe Landschaften in holländischer Manier

Z 22

Flüsschen zwischen Bäumen

Z 23

Mühle am Bach

Tafeln – Frühe Landschaften in holländischer Manier

Z 24

Mühle am Waldrand

Tafeln – Frühe Landschaften in holländischer Manier

Z 25
Die Brettmühle zu Markkleeberg bei Leipzig

Tafeln – Frühe Landschaften in holländischer Manier

Z 26
Die Brettmühle zu Markleeberg bei Leipzig

Z 27
Schandau und der Lilienstein an der Elbe

Z 28
Die Elbe zwischen Aussig und Lowositz

Z 29

Steilfelsen an der Elbe zwischen Pirna und Wehlen

Tafeln – Elblandschaften

Z 30

Schloss Tetschen in Böhmen

1775

Z 31
Flusslandschaft mit Burganlage im Mondlicht
1775

Z 32

Kirche an der Elbe zwischen Aussig und Lowositz

1775

Z 33

Die Ruine Schreckenstein an der Elbe

Z 34

Die Ruine Schreckenstein an der Elbe, flussabwärts gesehen

Z 35

Elblandschaft am Lilienstein mit Fähre

Z 36

Elblandschaft am Lilienstein mit Fähre

Z 37

Elblandschaft am Lilienstein mit Fähre

Tafeln – Elblandschaften

Z 38
Schloss Moritzburg bei Dresden
inmitten der Moritzburger Teichlandschaft

Z 39

Landschaft mit Baumgruppe und Gewässer im Mondschein

Z 40

Die Festung Sonnenstein bei Pirna im Mondlicht

Z 41

Ansicht von Dresden vom Neustädter Ufer

Tafeln – Idyllische Landschaften

Z 42
Die Zephyre
1772

TAFELN – IDYLLISCHE LANDSCHAFTEN

Z 43
Die Zephyre
(vgl. Abb. 24, S. 106)

Abb. 24: Adam Friedrich Oeser
Szene nach Geßners „Die Zephyre"
Pinsel in Braun über Graphit
Museum der Bildenden Künste Leipzig, Graphische Sammlung

Tafeln – Idyllische Landschaften

Z 44

Idyllische Landschaft
mit vor einem Grabmonument kniender verschleierter Frau

Tafeln – Idyllische Landschaften

Z 45

Landschaft mit zwei Frauen und einem Kind an einem Brücklein,
das zu einem offenen Gartentor führt

1775

Tafeln – Idyllische Landschaften

Z 46
Landschaft mit zwei Frauen
und einem Kind vor Postament mit Vase
1776

Tafeln – Idyllische Landschaften

Z 47
Idyllische Flusslandschaft mit Hermesbüste,
umringt von einer Gruppe von Hirten

Abb. 25: Adam Friedrich Oeser
Landschaft mit Hirten bei einer Janusherme
Pinsel in Braun
Klassik Stiftung Weimar, Graphische Sammlung

Z 48
Idyllische Flusslandschaft mit Hermesbüste,
umringt von einer Gruppe von Hirten

Tafeln – Idyllische Landschaften

Z 49
Waldlandschaft mit Diana,
die mit ihren Gefährtinnen auf der Jagd an einem Waldteich ruht
1775

Z 50

Arkadische Landschaft mit Hirten bei einem Grabmal

Tafeln – Idyllische Landschaften

Z 51
Arkadische Landschaft mit Hirten bei einem Grabmal
(vgl. Abb. 26, S. 116)

Tafeln – Idyllische Landschaften

Abb. 26: Adam Friedrich Oeser
Arkadische Waldlandschaft
Pinsel in Braun
Klassik Stiftung Weimar, Graphische Sammlung

Tafeln – Idyllische Landschaften

Z 52

Landschaft mit Rinderherde an einem steinernen Brunnen

TAFELN – IDYLLISCHE LANDSCHAFTEN

Z 53
Arkadische Landschaft mit Aquädukt und Tempel auf einer Anhöhe
1775

Tafeln – Idyllische Landschaften

Z 54
Arkadische Landschaft mit Aquädukt und Tempel auf einer Anhöhe
1776

Tafeln – Idyllische Landschaften

Z 55
Arkadische Landschaft mit Aquädukt und Tempel auf einer Anhöhe
1776

M 56
Südliche Ideallandschaft
1776

Z 57
Idyllische Landschaft mit Tempelruine
1776

Z 58
Ideale Flusslandschaft mit Rundtempel

Tafeln – Idyllische Landschaften

Z 59
Flusslandschaft mit badenden Hirten, rechts vorn weidende Rinder

Z 60

Italienische Landschaft

Tafeln – Italienische Landschaften

Z 61
Italienische Felslandschaft mit Wasserfall

Tafeln – Italienische Landschaften

Z 62

Italienische Landschaft mit dem Nemisee

1776

Z 63

Jakob Wilhelm Mechau und Johann Sebastian Bach d. J., nach Jakob Philipp Hackert

Tempel der Juno Lacinia in Agrigent auf Sizilien

Z 64

Das Marcellus-Theater in Rom

1778

Z 65

Nach Peter Paul Rubens

Perseus befreit Andromeda

Z 66

Perseus befreit Andromeda

Z 67

Perseus befreit Andromeda

1778

Tafeln – Figuren- und Historiendarstellungen

Z 68
Die Zeit geleitet die Unsterblichkeit in Gestalt der Psyche zu Minerva,
die auf Wolken thront

Z 69
Triumph der Venus
1778

Tafeln – Figuren- und Historiendarstellungen

Z 70
Bacchanal

Z 71

Moses und die eherne Schlange

Z 72
Nach Paolo Veronese
Darbringung im Tempel
(vgl. Abb. 27, S. 138)

Abb. 27: Paolo Veronese

Darbringung im Tempel

Öl auf Leinwand

Staatliche Kunstsammlungen Dresden, Gemäldegalerie Alte Meister

G 1
Christian Gottlieb Geyser, nach Bach d. J.
Drei Satyrn tanzen um ein Denkmal mit einem Profilrelief (vermutlich Rabeners),
das ein nackter Jüngling mit einer Rose schmückt
Titelvignette zum ersten Band von „Gottlieb Wilhelm Rabeners sämmtliche Schriften", Leipzig 1777

G 2
Christian Gottlieb Geyser, nach Bach d. J.
Karyatiden-Putti halten eine Tafel über umgestürzte Metallkannen und -teller
Titelvignette zum vierten Teil der „Trauerspiele von C. F. Weiße", Leipzig 1776

G 3
Christian Gottlieb Geyser, nach Bach d. J.
Ein Brustpanzer und Pfeile am Fuße eines lorbeerbekränzten kannelierten Säulenstumpfes,
von dem gesprengte Ketten herabhängen
Titelvignette zum dritten Teil der „Trauerspiele von C. F. Weiße", Leipzig 1776

G 4
Christian Gottlieb Geyser, nach Bach d. J.
Geistliche und weltliche Insignien um einen Säulenstumpf arrangiert, an dessen Fuß eine Maske liegt
Titelvignette zum ersten Teil der „Trauerspiele von C. F. Weiße", Leipzig 1776

G 5
Christian Gottlieb Geyser, nach Bach d. J.
Ein Arrangement aus Turban, Dolch, Scheide, Köcher und zwei Fahnen
Titelvignette zum zweiten Teil der „Trauerspiele von C. F. Weiße", Leipzig 1776

G 6
Christian Gottlieb Geyser, nach Bach d. J.
Titelkupfer zu „Lottchen am Hofe"
in „Komische Opern von C. F. Weiße. Erster Theil", Leipzig 1777

G 7

Christian Gottlieb Geyser, nach Bach d. J.
Titelkupfer zu „Die verwandelten Weiber"
in „Komische Opern von C. F. Weiße. Zweyter Theil", Leipzig 1777

Tafeln – Druckgraphik nach Vorlagen von Bach

G 8
Christian Gottlieb Geyser, nach Bach d. J.
Titelkupfer zu „Die Jagd"
in „Komische Opern von C. F. Weiße. Dritter Theil", Leipzig 1777

TAFELN – DRUCKGRAPHIK NACH VORLAGEN VON BACH

G 9

Christian Gottlieb Geyser, nach Bach d. J.
Titelkupfer zu „Richard der Dritte"
in „Trauerspiele von C. F. Weiße. Erster Theil", Leipzig 1776

G 10
Christian Gottlieb Geyser, nach Bach d. J.
Titelkupfer zu „Krispus"
in „Trauerspiele von C. F. Weiße. Zweyter Theil", Leipzig 1776

G 11

Christian Gottlieb Geyser, nach Bach d. J.
Titelkupfer zu „Atreus und Thyest"
in „Trauerspiele von C. F. Weiße. Dritter Theil", Leipzig 1776

Tafeln – Druckgraphik nach Vorlagen von Bach

G 12

Christian Gottlieb Geyser, nach Bach d. J.

Titelkupfer zu „Romeo und Julie"

in „Trauerspiele von C. F. Weiße. Vierter Theil", Leipzig 1776

G 13

Christian Gottlieb Geyser, nach Bach d. J.

Mühle am Bach mit Rinderhirte

G 14
Johann Friedrich Bause,
nach einer Kopie Bachs d. J. von Pompeo Girolamo Batonis „Die Büßende Magdalena"
Die Heilige Magdalena
1780

G 15

Johann Friedrich Bause, nach Bach d. J.

Damon und Musidora

1788

Tafeln – Druckgraphik nach Vorlagen von Bach

G 16
Johann Friedrich Bause, nach einer Zeichnung
von Juliane Wilhelmine Löhr, geborene Bause, nach Bachs Zeichnung
Der Sommerabend
1787

G 17

Juliane Wilhelmine Bause, nach Bach d. J.

Die Zephyre

G 18
Juliane Wilhelmine Bause, nach Bach d. J.
Mühle im Walde

TAFELN – DRUCKGRAPHIK NACH VORLAGEN VON BACH

G 19

A. F. Brauer, nach Bach d. J.

Ansicht von Dresden

1801

G 20
C. Seipp, nach Bach d. J.
Seifersdorfer Tal. Das Grabmal der Musarion
1797

Abb. 28: Johann Georg Wagner
Arkadische Parklandschaft
Aquatinta in Braun
Stadt- und Bergbaumuseum Freiberg

G 21

Unbekannter Künstler, nach Bach d. J.?

Bauernhaus mit Lindenhain

WERKVERZEICHNIS

Porträts

Im Nachlassverzeichnis Carl Philipp Emanuel Bachs ist eine ganze Reihe von Porträts überliefert, die J. S. Bach d. J. nach älteren Vorbildern kopiert hatte. Von Porträts nach dem lebenden Modell ist dagegen nichts bekannt. Der Vater machte sich offensichtlich das Talent seines Sohnes zunutze, um Bildnisse verehrter Musiker in seine Sammlung aufzunehmen, deren Originale er nicht besaß. Nur wenige der Bachschen Kopien sind heute noch erhalten, die übrigen sind nur aus der Literatur bekannt (vgl. ML 140 bis ZL 143).

Z 1
Nach Anton Raphael Mengs
Porträt der Sängerin
Caterina Regina Mingotti

Unbez.
Verso von fremder Hand: biogr. Notizen und der Vermerk „aus der Sammlung des Hamburger Bach, G. Poelchau. 1805"
Schwarze Kreide, weiß gehöht; 38,5 × 33,5 cm
Staatsbibliothek zu Berlin – Preußischer Kulturbesitz, Musikabteilung mit Mendelssohn-Archiv, Porträtsammlung, Inv. Nr. Mus. P. Mingotti, Cath. III, 1
Provenienz: Carl Philipp Emanuel Bach; Sammlung Georg Poelchau
Literatur: NV 1790, S. 113, abgedruckt auch in Miesner 1939, S. 107; Engler 1984, S. 33 f.; MGG, Bd. 12, Sp. 245

Bach kopierte hier das Bildnis der Caterina Regina Mingotti von der Hand des neunzehnjährigen Anton Raphael Mengs, von dem vor allem Porträts in Pastell überliefert sind.[1] Dieser war zusammen mit seinen Schwestern Theresa Concordia und Juliane Charlotte in Rom von seinem Vater Ismael Mengs zielgerichtet zu einem der berühmtesten Künstler seiner Zeit ausgebildet worden. Schon mit 16 Jahren schuf Anton Raphael Mengs Pastellbildnisse, die zum Besten gehören, was das 18. Jahrhundert auf diesem Gebiet hervorgebracht hat.[2] Im Ausdruck noch ganz dem barocken Repräsentationsbedürfnis verpflichtet, nehmen sie in Format und Kolorit schon Eigenschaften des Klassizismus vorweg. Seine virtuose Beherrschung der Pastelltechnik ist jedoch nicht denkbar ohne den prägenden Einfluss von Rosalba Carrieras Pastellporträts in der Dresdner Gemäldegalerie.

Die dargestellte Sängerin, Tochter eines österreichischen Offiziers namens Valentin, stammte aus Neapel und war in Graz in einem Ursulinenkloster aufgewachsen. Seit

---

[1] Vgl. Anton Raphael Mengs, Bildnis der Sängerin Caterina Regina Mingotti, Pastell auf Papier, 55,5 × 42,4 cm, Staatliche Kunstsammlungen Dresden, Gemäldegalerie Alte Meister, Gal.Nr. P 170, siehe Roettgen 2003, Tafel IV, S. 14.

[2] Siehe Roettgen 1999, S. 323 f.

ihrem vierzehnten Lebensjahr hatte sie Gesangsunterricht erhalten. Später war ihr Lehrer Niccoló Antonio Porpora, der u.a. die berühmten Sänger Farinelli und Caffarelli ausgebildet hatte. In Dresden wurde Porpora 1748 zum Hofkapellmeister (neben J. A. Hasse) ernannt, als Gesangsmeister leitete er auch die Kurfürstin Maria Antonia Walpurgis an. Die von Porpora protegierte junge Sopranistin Mingotti stieß hier auf die Rivalität von Hasses Frau, der Sängerin Faustina Bordoni. 1747 heiratete Caterina Regina Valentin den Venezianer Pietro Mingotti, welcher zusammen mit seinem Bruder Angelo seit den frühen 1730er Jahren als Impresario durch Europa reiste. 1747 war Christoph Willibald Gluck als Kapellmeister dieser fahrenden Operntruppe in Dresden tätig. In Pillnitz wurde Glucks „Le nozze d' Ercole e d' Ebe" aufgeführt, ehe er sich der Wandertruppe von Giovanni Battista Locatelli angeschlossen zu haben scheint. *Wandernde Theater- und Operntruppen waren als Ergänzung zur Hofoper in Dresden gern gesehene Gäste. Solche Veranstaltungen waren stets von einer Genehmigung des Hofes abhängig, und über ihren Erfolg entschied allein das zahlende Publikum. Besonderer Beliebtheit erfreute sich die berühmte italienische Operntruppe der Brüder Mingotti (1747/48, mit einem eigenen Theater aus Holz im Zwinger).*[3]

Am 25. Mai 1747 debütierte Caterina Regina Mingotti am Dresdner Hof mit der Rolle der Corinna in Porporas Oper „Filandro". Kurz darauf ging sie nach Italien, kehrte aber wieder nach Dresden zurück. Später ging sie nach Neapel, Prag, Madrid, Paris und London, ehe sie sich in München zur Ruhe setzte. Zuvor hatte Anton Raphael Mengs sein Pastell geschaffen,[4] das sie demnach im Alter von 25 Jahren zeigt. Somit war dies Bildnis schon fast 30 Jahre alt, als Bach es kopierte. In einer zeitgenössischen Beschreibung heißt es: *Ihr Gesicht ist rund, die Augen sind blau, die Stirne, die Nase, der Mund sind völlig regulär, die Haare blond und der Hals sehr schön ... Ihre Vorstellung, ihre Aktionen sind allezeit natürlich und wohlangebracht. Alles gefällt an ihr. Man sollte meinen, sie würde sich ihren Reiz zunutze machen, aber nichts weniger. Ihre Seele ist so schön als ihr Körper.*[5]

Z 2
Porträt des Flötisten
Pierre-Gabriel Buffardin

Unbez.
Verso von fremder Hand: „Buffardin (?)"
Schwarze Kreide; 43,0 × 30,5 cm
Staatsbibliothek zu Berlin – Preußischer Kulturbesitz, Musikabteilung mit Mendelssohn-Archiv, Porträtsammlung, Inv. Nr. Mus. P. Buffardin, III, 1
Provenienz: Carl Philipp Emanuel Bach
Literatur: NV 1790, S. 98, abgedruckt auch in Miesner 1939, S. 101; MGG, Bd. 3, Sp. 1219

Der französische Komponist Pierre-Gabriel Buffardin war von 1715 bis 1749 Soloflötist der Hofkapelle in Dresden. Dem Komponisten J. S. Bach begegnete er wahrscheinlich erstmals im Jahre 1717, als ein musikalischer Wettstreit zwischen Bach und dem französischen Virtuosen Louis Marchand stattfinden sollte (wozu es jedoch nicht kam, weil Marchand vorzeitig abreiste).

Unter anderem bildete Buffardin 1719 Johann Joachim Quantz an der Traversflöte aus, so dass dieser nach einer Studienreise nach Italien 1728 schließlich neben Buffardin als Soloflötist in die Dresdner Hofkapelle aufgenommen wurde. Ein anderer Schüler war Johann Jacob Bach, Bruder von Johann Sebastian Bach und Großonkel von Johann Sebastian Bach d. J. In einem Nachtrag zu der 1735 von Johann Sebastian Bach ver-

---

[3] Groß/John 2006, S. 227.   [4] Siehe Fußnote 1.   [5] Zitiert nach Roettgen 1999, Kat. Nr. 259, S. 324.

fassten Genealogie berichtet Carl Philipp Emanuel Bach, Johann Jacob sei *nach Constantinopel gereiset u. hat da von dem berühmten Flötisten Buffardin, welcher mit einem Französischen Gesandten nach Constantinopel gereist war, Lektion auf der Flöte genommen. Diese Nachricht gab Buffardin selbst, wie er einstens bei J. S. Bach in Leipzig war.*[6]
Gemeinsam mit dem kursächsischen Hoflautenisten Silvius Leopold Weiß, der ebenfalls mit Johann Sebastian Bach befreundet war, nahm Buffardin im Jahr 1722 in München an der Hochzeit des bayerischen Kurprinzen Karl Albrecht mit Maria Amalia, der Tochter Kaiser Josephs I., teil. Es war üblich, dass sich die Fürsten ihre Künstler – seien es Maler wie Johann Alexander Thiele oder eben Musiker – zu besonderen Anlässen gegenseitig „ausliehen". Was heute als befremdliches Verfügen über die Künstler erscheinen mag, war seinerzeit für diese durchaus ehrenvoll und gewinnbringend.

Die ersten Kompositionen für Traversflöte tauchten in Deutschland um 1720 auf, bei Johann Sebastian Bach nachweislich 1719 in der Frühfassung des 5. Brandenburgischen Konzerts. Infolge der engen Kontakte, die Bach von Leipzig aus zur Dresdner Hofkapelle unterhielt, sind Anregungen Buffardins für Bachs anspruchsvolle spätere Flötenpartien durchaus wahrscheinlich. Auch Wilhelm Friedemann Bach komponierte in seiner Organistenzeit in Dresden von 1733 bis 1746 zwei virtuose Flötensonaten, zu denen er sicher durch das Wirken des berühmten Flötisten angeregt worden war. Nach 1750 hielt sich Buffardin wieder in seiner französischen Heimat auf.
Es gab also mehrere Gründe für den jüngeren Bach, das Porträt dieses Musikers anzufertigen. Abgesehen davon, dass das Kopieren der Weiterbildung diente und gute Fähigkeiten im Porträtieren schon oft die letzte Möglichkeit eines Künstlers zum Broterwerb waren, waren auch mehrere Mitglieder der Familie Bach über die musikalische Zusammenarbeit mit Buffardin verbunden, so dass Carl Philipp Emanuel Bach sich das Porträt wahrscheinlich von seinem Sohn für seine Musikerporträtsammlung erbat.
Das bisher als „anonyme Handzeichnung" geführte Blatt wurde kürzlich als Arbeit Bachs d. J. identifiziert. Eine weitere „anonyme" Handzeichnung aus der Musikabteilung der Staatsbibliothek Berlin stammt möglicherweise ebenfalls von ihm.[7] Sie soll angeblich auch Buffardin darstellen, allerdings besteht zwischen den beiden Porträtierten keine Ähnlichkeit und Buffardin war in der Bildnissammlung Carl Philipp Emanuels nur einmal vertreten. Eine Bemerkung C. P. E. Bachs an Johann Nikolaus Forkel spricht für die Identifizierung der Zeichnung III,1 als Darstellung Buffardins: *Buffardin u. die Mignotti* [sic] *sind viel größer u. mühsamer.*[8] Tatsächlich sind die Zeichnungen Mingotti (Z 1) und Buffardin (Z 2) großformatiger als das angebliche zweite Porträt von Buffardin.

---

[6] Dok I, Nr. 184, S. 265 (unter No. 23); Suchalla 1993, S. 617.
[7] Unbez., Schwarze Kreide, etwa 29,5 × 22 cm, Porträtsammlung, Inv.Nr. Mus. P. Buffardin, I, 1, auf der dazugehörigen Karteikarte „Buffardin Pierre Gabriel?". Siehe hierzu auch den Beitrag von M. Hübner im vorliegenden Band, S. 24.
[8] Brief vom 13. Mai 1786, Suchalla 1994, S. 1151 (freundliche Mitteilung von Maria Hübner, Leipzig).

Vignetten und Illustrationen

Der Leipziger Dichter und Verleger Johann Gottfried Dyk hatte seinem Freund Bach d. J. den Auftrag gegeben, für Christian Felix Weißes dramatische Werke, vier Bände Trauerspiele und drei Bände komische Opern, je ein Titelbild zu zeichnen, das Christian Gottlieb Geyser in Kupfer stechen sollte. Später entwarf Bach für Dyks Witwe noch eine Vignette zu „Rabeners Satiren" (vgl. G 1).

Diese Vignetten waren kleine, nur locker auf den Buchinhalt bezogene Bildkompositionen, die ihren Ursprung in der mittelalterlichen Buchkunst haben. Das Wort kommt von „vigne", französisch für Weinrebe, und geht auf den Blatt- und Weinrankenzierrat zurück, der das Buch und die jeweiligen Kapitel einleitet und beschließt. Dieser Buchschmuck hatte im 17. und 18. Jahrhundert zusammen mit dem Kupferstich seine Blütezeit. Zunächst vom französischen Vorbild geprägt, entwickelte sich in Leipzig schließlich mit eingebundenen Stichen, Titelkupfern und den zahlreichen Vignetten ein eigener Stil der Buchausstattung. Die Stadt war ein guter Standort für Verleger. Sie konnten auf genügend geistreiche Künstler zählen, die die Entwürfe lieferten, und hatten zugleich an der Akademie wohl ausgebildete Kupferstecher vor Ort. Der wichtigste von ihnen war Geyser, der mit unübertroffener Zartheit und Sicherheit hunderte von Vignetten stach. Unter Oesers Einfluss entwickelten sie sich dabei immer mehr weg von verspielten, rokokohaften und hin zu klassizistischen Figuren.

Dass die Ansprüche der Verleger, Autoren und Leser selbstverständlich wuchsen, vermittelt eine Briefstelle von Christian Ludwig von Hagedorn an seinen Bruder, den Dichter Friedrich von Hagedorn, in der er die Ausstattung eines Bandes mit dessen Oden kritisiert: *Welcher Genius der Wenden und Gothen hierüber auch der Langobarben hat bei der Conferenz präsidiret, da man eine so monströse, große, disproportionirte Vignette auf dem Titelblatt vor schön angesehen! Ich bin bald aus der Kenntnis der Bücher heraus, aber die Ordonnanz eines Titels verstehe ich noch. Alles hat seine Zeit, alles hat seinen Ort und decorum. Es soll ein Titel, kein Titelkupfer sein. Da muß der Druck praevaliren, eine kleine mignonne Vignette gehört dahin. Da schickt sich keine solche monströse Platte auf ein Kupfer, welches fast den ganzen Titel absorbiret. Allein wir Teutsche bleiben schwach mit Allem Schönen.*[9]

---

[9] Stübel 1912, S. 46 f.

Z 3

Karyatiden-Putti halten eine Tafel über umgestürzte Metallkannen und -teller
Vorlage für eine Titelvignette der „Trauerspiele von C. F. Weiße", Leipzig 1776–1780, siehe Kupferstich von Geyser (G 2)

Bez. u. r.: „B. del."; o. r. von späterer Hand, Graphit: „3"
Pinsel in Braun und Olivgrün; 5,6 × 6,2 cm
Kunstsammlungen der Veste Coburg, Kupferstichkabinett, Inv. Nr. Z 861
Provenienz: Alter Bestand
Literatur: Weiße 1776, 4; Verk.Kat. Leipzig Rost 1802, S. 204, Nr. 2095; Ausst.Kat. Heidelberg 1980, S. 28, Nr. 10a, und S. 287, Abb. 19; Hübner 1998, S. 197

Für seine vier Vignetten Z 3 bis Z 6 verzichtete Bach auf Figuren und drapierte lediglich Attribute zu assoziationsreichen Ensembles. Dabei deutete er die räumliche Situation nur so weit an als nötig, um den Gegenständen eine plastische Wirkung zu verleihen. Die Pinselführung zur Darstellung dieser kompakten Bildideen auf engstem Raum ist bei aller transparenten Zartheit leicht und sicher. Erst durch Geysers seitenverkehrte Übertragung in den Kupferstich werden sie fester, büßen allerdings auch etwas von ihrem Zauber ein.

Die Leichtigkeit war eine je nach Bildaufgabe durchaus erwünschte Eigenschaft, der sogar eigene Überlegungen gewidmet wurden, wie folgende Zeilen von Watelet aus dem „Ästhetischen Wörterbuch" zeigen: *Die Leichtigkeit findet in der Mahlerei vorzüglich in zwei Partien Statt: 1) in der Komposition; wo nur Fülle des Genies dieselbe geben kann; 2) in der Praktik der Kunst, wo man sagt: Leichtigkeit des Pinsels. Ein Mahler, der ein guter Praktiker, in den Prinzipien des Helldunkels und der Harmonie der Farbe festgesetzt ist, stockt nicht im Mahlen, sein Pinsel geht mit Kühnheit fort. (...) Freiheit, Ungezwungenheit, Leichtigkeit charakterisieren den Zug seines Pinsels.*[10]

In ihrem bis heute grundlegenden Werk „Die Buchillustration des XVIII. Jahrhunderts in Deutschland, Österreich und der Schweiz" besprechen Maria Gräfin Lanckorońska und Richard Oehler Bachs Illustrationsentwürfe ausführlich. Sie weisen in Bachs Vorliebe für Lichteffekte und das daraus entstehende Hell-Dunkel den Oeserschen Einfluss nach und stellen eine Ähnlichkeit der Figuren mit denen von Mechau fest. Schließlich bemerken sie: *In diesen Bucharbeiten ist wenig von der selbständigen künstlerischen Note, die ihn sonst auszeichnet, zu spüren; die reizenden Kupfer sind im Prinzip abhängige Schülerarbeiten, die es trotz Geysers vorzüglicher Ausführung nicht allzu sehr bedauern lassen, dass sie so vereinzelt blieben. Hätte Bach, der neunundzwanzigjährig im September 1778 in Rom starb, länger gelebt und weitere Illustrationen geschaffen, so würden diese wohl ähnlich gleichförmig wirken, wie viele der serienweise entstandenen Buchkupfer jener Epoche.*[11] Betrachtet man jedoch die Illustrationen zu den Idyllen Z 7, Z 42 und Z 43 sowie G 15 und G 17, so kann man sich dieser Einschätzung nicht ganz anschließen, sondern hätte dem Künstler eine selbstständige Entwicklung mit eigenen Bildideen zugetraut.

Z 4

Ein Brustpanzer und Pfeile am Fuße eines lorbeerbekränzten kannelierten Säulenstumpfes, von welchem gesprengte Ketten herabhängen

---

[10] Heydenreich 1793–1795, Bd. 3, S. 35.

[11] Lanckorońska/Oehler 1933, S. 50.

Vorlage für eine Titelvignette der „Trauerspiele von C. F. Weiße", Leipzig 1776–1780, siehe Kupferstich von Geyser (G 3)

Bez. u. r.: „B. del."; o. r. von späterer Hand, Graphit: „2"
Pinsel in Braun und Olivgrün; 5,6 × 6,2 cm
Kunstsammlungen der Veste Coburg, Kupferstichkabinett, Inv. Nr. Z 862
Provenienz: Alter Bestand
Literatur: Weiße 1776, 3; Verk.Kat. Leipzig Rost 1802, S. 204, Nr. 2095; Ausst.Kat. Heidelberg 1980, S. 28, Nr. 10b, und S. 27, Abb. 18; Hübner 1998, S. 197

Z 5
Geistliche und weltliche Insignien um einen Säulenstumpf arrangiert, an dessen Fuß eine Maske liegt
Vorlage für eine Titelvignette der „Trauerspiele von C. F. Weiße", Leipzig 1776–1780, siehe Kupferstich von Geyser (G 4)

Bez. u. r.: „B. del."; o. r. von späterer Hand, Graphit: „1"
Pinsel in Braun und Olivgrün; 5,6 × 6,2 cm
Kunstsammlungen der Veste Coburg, Kupferstichkabinett, Inv. Nr. Z 864
Provenienz: Alter Bestand
Literatur: Weiße 1776, 1; Verk.Kat. Leipzig Rost 1802, S. 204, Nr. 2095; Ausst.Kat. Heidelberg 1980, S. 28, Nr. 10d, S. 28 Abb.20; Hübner 1998, S. 197

Z 6
Ein Arrangement aus Turban, Dolch, Scheide, Köcher und zwei Fahnen
Vorlage für eine Titelvignette der „Trauerspiele von C. F. Weiße", Leipzig 1776–1780, siehe Kupferstich von Geyser (G 5)

Bez. u. r.: „B. del."; o. r. von späterer Hand, Graphit: „4"
Pinsel in Braun und Olivgrün; 5,6 × 6,2 cm
Kunstsammlungen der Veste Coburg, Kupferstichkabinett, Inv. Nr. Z 863
Provenienz: Alter Bestand
Literatur: Weiße 1776, 2; Verk.Kat. Leipzig Rost 1802, S. 204, Nr. 2095; Ausst.Kat. Heidelberg 1980, S. 28, Nr. 10c, Abb. hintere Umschlagseite; Hübner 1998, S. 197

Z 7
Menalkas und Alexis, 1773

Bez. u. l. mit Feder in Braun: „Menalkas u Alexis";
darunter mit Feder in Schwarz: „Gessn. Schr. V 13";
u. r. mit Feder in Braun: „J. S. Bach. / Leipzig, d. 15ten Aprill / 1773."
Pinsel in Braun über Spuren von Graphit auf Bütten; 13,8 × 20,9 cm
Bach-Archiv Leipzig, Inv. Nr. Graph. Slg. 12/3
Provenienz: 1989 aus der Sammlung Werner Strähnz, Leipzig, erworben. Verso Stempel: „Strähnz / Leipzig"
Literatur: Geßner 1772, S. 94–104; Ausst.Kat. Leipzig 1998, o. S.; Hübner 1998, S. 189, 198, Abb. S. 193

Die Darstellung bezieht sich auf die 1772 erschienene gleichnamige Dichtung von Salomon Geßner. Darin wird die Geschichte des achtzigjährigen Greises Menalkas geschildert, dessen dreizehnjähriger Enkel Alexis ihm erzählt, wie er einen alten, hungrigen und müden Wanderer belauscht habe. Dieser habe sein Los beklagt und sich zum Schlafen unter einem Busch niedergelegt. Alexis, der von seinem Großvater zu Mitleid erzogen worden war, sei heimgelaufen, um einen Korb mit Früchten und eine Flasche Milch zu holen, die der erstaunte Alte beim Erwachen vorfand: *Götter, was seh ich? so rief er. Ach! mir Hungrigem träumte von Speise; und wenn ich erwache ist's nichts mehr. Doch nein; Götter! Ich wache, ich wache! Jetzt langt er nach den Früchten. Ich wache! O welche Gottheit, welche gütige Gottheit thut dieses Wunder? Das erste aus dieser Flasche giesse ich aus, und diese beyden, die grössesten dieser Früchte weyh' ich dir. Nimm, o nimm gnädig meinen Dank auf, der meine ganze Seele durchdringt! So sprach er, setzte sich hin, und mit Entzücken und mit Freudenthränen genoß er da sein Mahl.*[12] Anschließend habe Alexis den Alten, ohne sich zu erkennen zu geben, aus der Wüste geführt, und berichtete nun dem Großvater bewegt und unter Tränen, welch eine glückliche Empfindung es sei, Gutes zu tun.

Diese Szene des Beisammenseins von Großvater und Enkel in der Hütte, als der Großvater sprach: *… froh und ruhig geh ich ins Grab, laß ich doch Tugend und Frömmigkeit in meiner Hütte zurück* – diesen einen unbewegten, reflektierenden Moment zeigt Salomon Geßner in einer eigenhändigen Radierung.[13] Bach dagegen wählte für seine Illustration einen Augenblick der Handlung: Er stellt das Erstaunen des abgerissen gekleideten, bärtigen Mannes dar sowie dessen Trankopfer, und er zeigt gleichzeitig den versteckt lauschenden Knaben.

Der Illustrator hatte demnach die Wahl zwischen einem zeitlosen, zur Reflexion anleitenden Schaubild und einer Szene, die in der Phantasie des Betrachters den Zusammenhang einer Geschichte hervorrief. Wollte er eine Geschichte darstellen, hatte er paradoxerweise die Zeit zu beachten. Dies war selbstverständlich auch zeitgenössischen Kunsttheoretikern wie Gilpin bewusst, der in seiner Anleitung schreibt, *die Vorstellung einer gewissen Geschichte* erfordere *eine historische Abbildung derselben, und eine kluge Wahl der dabey vorgefallenen Umstände. Wir begreifen darunter eine richtige Beobachtung der Zeit, des eigenthümlichen Charakters, und die schickliche Anwendung desselben sowohl, als der Nebenwerke.*

In Ansehung der Wahl des rechten Zeitpunkts kann der Maler sich nach den guten alten dramatischen Regeln richten, welche ihn lehren, dass er nur einen einzigen, und zwar den wichtigsten bey einer Handlung oder Geschichte wählen, und keine andern Theile derselben hineinmischen darf.[14]

Angelegt wie eine größere Vignette oder als Buchillustration, entwarf Bach mit lockerer Hand einen durch Gebüsch und einen wenig definierten glatten Stein sich ergebenden idyllischen Bildraum. Dabei kam er ohne Rahmung aus. Licht und Schatten werden geschickt durch unterschiedlich dunkle Brauntöne angedeutet, wobei die hellsten, scheinbar von der Sonne beschienenen Flächen durch den weiß gelassenen Papierton angegeben werden.

Im zeitgenössischen Sinne handelt es sich hier um eine Studie: *Studien sind einzeln entworfene Gedanken eines Malers, die kein Ganzes ausmachen.*[15] Allerdings: *Was eigentlich unter einer freyen und geistreichen Ausführung verstanden wird, ist nicht leicht zu erklären. Wenn der Künstler seines Striches nicht gewiß ist, und seine Idee nicht genau auszuführen im Stande ist: so sieht man seiner Arbeit allezeit etwas schweres an. Im umgekehrten Fall, wird er sein Werk mit einer festen und dreisten Hand ausführen: und hierinn besteht das Geistreiche, besser weiß ich es nicht zu erklären. Das Freye entsteht aus einer dreisten Ausführung; wenn das Freye aber nicht mit Richtigkeit verbunden ist, so verliert sich die verlangte Wirkung,* wie es bei Gilpin heißt.[16] In Bachs Zeichnung halten sich geistreiche Freiheit und allzu freie Skizzenhaftigkeit wohl die Waage, und es ist zu bedauern, dass nicht mehr Buchillustrationen von ihm überliefert sind. Einige sind wenigstens in der druckgraphischen Reproduktion heute noch bekannt (vgl. G 1 bis G 12 und G 15).

---

[12] Geßner 1772, S. 101 f.
[13] Vgl. Abb. in: Geßner 1980, S. 129.
[14] Gilpin 1768, S. 2 f.
[15] „Erklärung / einiger Kunstwörter", in: Gilpin 1768, S. 4–7.
[16] Gilpin 1768, S. 29.

Frühe Landschaften in holländischer Manier

Der wichtigste Bestandteil der Ausbildung zum Landschaftsmaler war bis weit in das 18. Jahrhundert hinein das Studium älterer Werke anerkannter Meister, deren Kompositionsweise, Pinselführung, Kolorit und Bildgegenstände der Schüler nachschöpferisch aufgriff und sich auf diese Weise zu eigen machte. In Bachs unbekannten, also topographisch nicht zuzuordnenden Landschaften begegnet der Betrachter deshalb immer wieder Sujets oder einzelnen Motiven, in denen ältere Muster sichtbar werden. Schließlich begann ein angehender Landschaftsmaler sich von konkreten Vorbildern zu lösen und erfand eigene Landschaften, in denen er Bildgegenstände, Raumsituationen, Massenverteilung und die Wirkung von Farbe und Hell-Dunkel erprobte.

Z 8
Holländische Kanallandschaft
im Stil von Aert van der Neer

Unbez.
Auf dem Untersatz von fremder Hand in Graphit: „Jean Samuel [sic!] Bach."
Pinsel in Braun und Grau, laviert und aquarelliert, über Spuren von Graphit auf Bütten; 20,8 × 29,9 cm; fest aufgelegt, mehrere Einrahmungslinien
Albertina, Wien, Graphische Sammlung, Inv. Nr. 4991
Provenienz: Albert von Sachsen-Teschen (Lugt 174)
Literatur: Slg. Kat. Wien 1997, S. 24, Nr. 23; Hübner 1998, S. 196

Typisch für Aert van der Neers berühmte holländische Kanallandschaften ist der Blick in die Bildtiefe zwischen den mit Häusern bestandenen Ufern eines Flusses hindurch, auf dem Kähne und Segelboote unterwegs sind. Seine bräunlichen und bläulichen Gemälde, die das Motiv des Gewässers in der Umgebung Amsterdams immer wieder aufs Neue variieren, waren im 18. Jahrhundert in Leipzig sehr beliebt. Besonders die farblich subtile Wiedergabe der von Mondlicht erleuchteten Wolken am hohen Himmel verlieh seinen Landschaften einen Reiz, den nach den Zeitgenossen auch die Betrachter späterer Epochen zu schätzen wussten.
So schufen Bachs Lehrer Oeser, aber auch dessen Sohn Johann Friedrich Ludwig Oeser oder Johanna Marianne Freystein Flusslandschaften in Aert van der Neers Stil.[17]

---

[17] Vgl. Adam Friedrich Oeser, Holländische Kanallandschaft nach Aert van der Neer, Pinsel in Braun über Graphit auf graublauem Papier, 21,3 × 35,5 cm, Museum der Bildenden Künste Leipzig, Graphische Sammlung, Inv. Nr. NI. 504; Johann Friedrich Ludwig Oeser, Flusslandschaft in van der Neers Stil, Pinsel in Braun und Grau, laviert, 21,0 × 28,8 cm, Albertina, Wien, Graphische Sammlung, Inv. Nr. 4791; Johanna Marianne Freystein, Kopie nach Aert van der Neer, Pinsel in Schwarz und Grau, laviert, 39,6 × 51,6 cm, Albertina, Wien, Graphische Sammlung, Inv. Nr. 14649.

Vor allem mit dem Blatt seines Lehrers stimmt Bachs Zeichnung in Komposition und Details wie den hohen Bäumen am linken Bildrand, dem dunklen Segel in der Bildmitte und dem Fischerkahn vorn überein. Beide scheinen sich auf dasselbe Vorbild zu beziehen und zwar auf ein Gemälde, das in der Dresdner Kurfürstlichen Gemäldegalerie zu sehen war, wohin es der Überlieferung nach schon 1708 aus Antwerpen gelangt war.[18]

Da das Studium der älteren Meister als unerlässlich für die Ausbildung der Kunstschüler galt, sind ausgeführte Pinselzeichnungen wie diese von der Hand angehender Landschaftsmaler nicht selten. Das Kopieren war die intensivste Form der Aneignung der Kunstfertigkeiten und Eigenarten der Vorbilder. Bach selbst scheint das Thema mit seinen Ansichten aus dem Elbtal selbstständig gleichsam ins Sächsische abgewandelt zu haben (vgl. Z 27 bis Z 32 und Z 35 bis Z 40).

Z 9
Südliche Landschaft mit Turmruine und Brücke
Unbez.
Pinsel in Braun und Graubraun über Spuren von Graphit auf Bütten; 25,0 × 37,3 cm; fest passepartouriert
Museum der Bildenden Künste Leipzig, Graphische Sammlung, Inv. Nr. NI 64

Provenienz: Dörriensche Sammlung Leipzig, u. r. Prägestempel des Städtischen Museums Leipzig
Literatur: Sitte 1925, Abb. 6; Ausst.Kat. Heidelberg 1980, S. 36; Hübner 1998, S. 196

Vor der Ruine eines Wehrturmes führt eine provisorische Holzbrücke über die steinernen Pfosten einer älteren Vorgängerbrücke. Dort sind Fußgänger und ein Eseltreiber unterwegs. Links reitet ein zusammengesunkener Bauer auf einem Rind, ein weiteres mit sich führend. Vorn kläfft ein Hund einen Stier an, ein Mann geht mit dem Stock dazwischen, während sich ein furchtsames Kind hinter seiner Mutter versteckt. Rechts stehen zwei weitere Rinder im Fluss. Ganz rechts bildet ein ferner Höhenzug den Horizont.

Auch wenn diese Zeichnung als „italienische" Landschaft überliefert ist, so ist sie doch gewiss nicht in Italien entstanden, sondern vermutlich noch in Bachs Leipziger Zeit bei Oeser. Der Zeichner greift hier auf beliebte Motive niederländischer Landschaftsmaler zurück wie den improvisierten Steg auf den Fundamenten einer älteren Steinbrücke, die Turmruine, an die in jüngerer Zeit Hütten angebaut worden sind, und die Tierstaffage im Vordergrund. All diese in der Tradition der Landschaftsmalerei seit dem 17. Jahrhundert überlieferten Versatzstücke hatten die Maler des späten 18. Jahrhunderts durch ihre Ausbildung und die Vorbilder in der Druckgraphik miteinander zu kombinieren gelernt. In immer neuen Variationen sollten sie ein Italien beschwören, wie es die Vorstellung jener Künstler und Betrachter beherrschte, die den Süden (noch) nicht aus eigener Anschauung kennen gelernt hatten, sondern ihn lediglich durch die Werke niederländischer Italianisanten zu kennen glaubten. Angeregt von Radierungen, z.B. von Jan Both, hatten Christian Wilhelm Ernst Dietrich oder Johann Christian Klengel solche Motive immer wieder aufs Neue dargestellt. Dabei konnten reale Bauwerke wie der Ponte Molle mit seiner Torruine einmal der motivische Ausgangspunkt für immer neue phantastische Abwandlungen gewesen sein.[19]

---

18 Aert van der Neer, Mondscheinlandschaft am Fluss vor der Stadt, um 1650, Öl auf Eichenholz, 46,5 × 70,0 cm, Staatliche Kunstsammlungen Dresden, Gemäldegalerie Alte Meister, Gal.Nr. 1553, Slg.Kat. Dresden 2005 II, S. 383, Nr. 1265 mit Abb.

19 Vgl. Jan Both, Ponte Molle, Radierung, 19,8 × 27,9 cm, siehe Ausst.Kat. Karlsruhe 1999, Nr. 79, S. 76 mit Abb.; Christian Wilhelm Ernst Dietrich, Ponte Molle, 1744, Radierung, 14,8 × 20,1 cm, siehe Verk.Kat. Frankfurt/Main 1989, o. S., Nr. 77 mit Abb.

Z 10
Landschaft mit Krüppel und Schäfer

Unbez.
Verso von fremder Hand: „Af [?], J. S. Bach del – 10998 Stempel (?)"
Pinsel in Grau, laviert und leicht aquarelliert; 28,5 × 40,8 cm; Wasserzeichen; schwarze Einrahmungslinie
Hamburger Kunsthalle, Kupferstichkabinett, Inv. Nr. 40380
Provenienz: Erworben 1907 von der Kunsthandlung Woldemar Kunis, Dohna/Sachsen
Literatur: Verk.Kat. Dohna o. J. I, S. 3, Nr. 6; Jahresbericht Hamburg 1907, S. 15; Ausst.Kat. Heidelberg 1980, Nr. 4, S. 14, Abb. 8; Hübner 1998, S. 197

In dieser tief in den Bildraum sich erstreckenden Landschaft sind niederländisch anmutende Details mit Versatzstücken „italienischer" Landschaften kombiniert: So sind im Vordergrund ein hölzerner Steg und mit dem Schäfer und dem Bettler ländliche Staffagefiguren platziert. Letzterer gemahnt noch an die „Bambochaden" oder „Bamboccanti", malerisch zerlumpte Bettlergestalten, welche häufig die Gemälde holländischer, flämischer und französischer Maler des 17. Jahrhundert in Italien beleben. Der Begriff leitet sich von „Bambozzo", italienisch für „Krüppel", her und war ursprünglich allein auf Pieter van Laer bezogen.[20]
In der Bildtiefe sind Gebäude südlicher Bauweise angedeutet. Der Rundturm mit Torbogen war ein Bestandteil barocker Malerei, der bis ans Ende des 19. Jahrhunderts zur Charakterisierung und Akzentuierung einer Landschaft unerlässlich war. Man findet ihn in Werken des Dresdner Hofmalers Johann Alexander Thiele, der am Beginn der sächsischen Landschaftsmalerei steht, und all seiner Nachfolger über Dietrich, Johann Georg Wagner und Johann Christian Klengel bis hin zu dessen Schülern. Das Bauwerk bot dem schweifenden Betrachterauge Anreiz und Halt, gleichsam als Landmarke innerhalb der amorphen Formen der Erdoberfläche und der Vegetation.
In ihrem verfallenen Zustand war die Ruine zugleich ein Sinnbild für die Endlichkeit aller menschlichen Bestrebungen und entsprach damit dem Memento-mori-Gedanken, wie auch der Herausgeber des „Ästhetischen Wörterbuchs" anmerkt: *Die in Trümmer liegenden (...) Gebäude erregen jene Gedanken an das Alterthum und an die Vergangenheit, welche für melancholische Gemüther so viel Reiz haben. Denn der Mensch von dieser Gemüthsart vergleicht sehr gerne die immer blühende und sich verjüngende Natur mit jenen Denkmälern der menschlichen Hand, die, ohnerachtet ihres Dauerhaften, veralten, und endlich nichts als Ruinen und Trümmer zeigen.*[21] – Ein Gedanke, von dem es nicht mehr weit ist zu der Vorliebe für Ruinendarstellungen in der Malerei der Romantik.
Allerdings wurden diese Bauwerke in Bachs Generation wohl vorwiegend aus kompositorischen Gründen eingefügt, da sie einmal im Repertoire der überlieferten Bildtradition verfügbar waren.
Mit diesem Blatt hat Bach demnach seine Könnerschaft als ein komponierender Landschaftsmaler des späten 18. Jahrhunderts unter Beweis gestellt. Was Friedrich Johann Lorenz Meyer über Bachs Fähigkeiten vor allem in der Darstellung der Baumkronen bemerkt, trifft in vollem Maße auch auf diese Zeichnung zu: *Bekannt genug sind seine Verdienste als vollendeter Landschaftsmaler, der hohe Flug des Dichtergeistes in seinen eigenen Kompositionen, die glückliche Wahl und Wahrheit in seinen Nachbildungen der Natur, die Kraft und Bestimmtheit in der Ausführung und Haltung, und der große Geschmack, besonders in der Zusammensetzung und Zeichnung seiner Baumgruppen.*[22]

---

[20] Vgl. Heydenreich 1793–1795, Bd. 1, S. 143.

[21] Heydenreich 1793–1795, Bd. 3, S. 21.

[22] Meyer 1792, S. 155 ff.

Z 11
Hirten mit ihrem Vieh
vor einer Baumgruppe

Unbez.
Pinsel in Braun, braun laviert und aquarelliert, über Spuren von Graphit; 15,7 × 21,7 cm; fest passepartouriert
Museum der Bildenden Künste Leipzig, Graphische Sammlung, Inv. Nr. NI 69
Provenienz: Dörriensche Sammlung Leipzig
Literatur: Ausst.Kat. Heidelberg 1980, S. 27; Hübner 1998, S. 197

Zwei Hirten treiben ihre Schaf- und Rinderherde auf einem Weg vor einer Baumgruppe nach links, rechts im Hintergrund steht angedeutet ein Turm. Die Baumkronen und der Himmel links oben zeigen Anzeichen eines herannahenden Unwetters.
Motive wie ein verfinsterter Himmel, dem Sturm widerstehende Baumkronen, ängstlich zusammengedrängtes Vieh und eilende Hirten waren in der Landschaftsmalerei beliebt, um die dynamische, auch überwältigende Seite der Natur ins Bild zu setzen. Solche Darstellungen weckten im Betrachter eine Vorstellung vom „Erhabenen", das in der zeitgenössischen Vorstellung vom Schönen in der Natur unterschieden wurde.
Auch wenn die freie Zeichenweise mit dem feucht tupfenden Pinsel leicht darüber hinwegtäuscht, hatte Bach hier doch ein ganz traditionelles Bild eines Sommer-Unwetters geschaffen, wie es die Zeitgenossen z.B. auch bei seinem Lehrer Klengel bewundern konnten. In den Jahren von 1805 bis 1819 stellte dieser auf den alljährlichen Akademieausstellungen in Dresden immer wieder Sturmlandschaften aus, deren eindringlich geschilderte aufgewühlte Natur von den Betrachtern besonders geschätzt wurde.[23] Dabei griff auch Klengel schon auf Details zurück, die sich bereits zuvor bewährt hatten: So geht das hier anzutreffende Motiv der Hirten mit den malerisch-breitrandigen Hüten und den Hirtenstäben auf ein Gemälde von Nicolaes Berchem zurück.

Z 12
Hirte zwischen Felsen sitzend
mit Schafen und Ziegen

Unbez.
Pinsel in Grünlichbraun über Rötel; 18,5 × 23,3 cm; fest passepartouriert
Museum der Bildenden Künste Leipzig, Graphische Sammlung, Inv. Nr. NI. 70
Provenienz: Aus der Dörrienschen Sammlung, u. r. Prägestempel des Städtischen Museums Leipzig

Literatur: Hübner 1998, S. 197; Fröhlich 2002, S. 424, Nr. 151

Von erhöhtem Standpunkt aus erblickt der Betrachter einen Hirten, der auf einem schmalen Wiesenplatz an einem Felsen sitzt. Ringsherum liegen Gesteinsbrocken und wachsen Gebüsch und Bäume aus dem dahinter liegenden Tal empor. Der beschattete Felsen im Vordergrund hebt sich scharf gegen das im Sonnenlicht liegende Wiesenplateau ab. Diese Bilderfindung einer Gebirgslandschaft geht wie auch ihr Pendant Z 13 auf eine Radierung von Ferdinand Kobell zurück, die Bach bis hin zu Details der Steine und dem Wuchs der Baumkronen getreulich wiedergegeben hat (Abb. 22, S. 73).[24]
Kobell hatte das Radieren bei Johann Georg Wille erlernt, welcher auch mit Hagedorn, Schenau, Zingg, Oeser und Klengel in freundschaftlichem Verkehr stand und sich in Paris

---

[23] Vgl. Fröhlich 2005, S. 101 ff., Nr. M 65 bis M 71.

[24] Ferdinand Kobell, Hochgebirgslandschaft mit Ziegenhirten, Radierung, Staatliche Kunstsammlungen Dresden, Kupferstich-Kabinett, Inv. Nr. A 16945, siehe Stengel 1822, Nr. 199.

für die Verbreitung der so genannten „Deutschen Schule" eingesetzt hatte.²⁵ Kobell, der der Münchner Landschaftsmalerei den Weg bereiten sollte, orientierte sich zunächst deutlich an niederländischen Künstlern des 17. Jahrhunderts wie Jacob van Ruisdael, Anthonie Waterloo, Herman van Swanevelt und Adriaen van Ostade, ehe er sich auch für Einflüsse von Salomon Geßners idyllischer Naturauffassung öffnete. Dieser niederländische Charakter der stillen Wald- und Felsengegenden war es, den Bach – sicher auf Rat seines Dresdner Lehrers Klengel – beim Kopieren von Kobells Radierungen verinnerlichte. Auch noch knapp 20 Jahre nach Bach sind von Klengels Schülern wie zum Beispiel Christoph Nathe solche ausführlichen Studienblätter in Kobells Manier erhalten.²⁶ Neben den jüngsten Strömungen innerhalb der Landschaftsmalerei behielten die älteren Muster noch bis zum Beginn des 19. Jahrhunderts ihre Gültigkeit.

Z 13

Nach Ferdinand Kobell
Schlafender Hirte in felsiger Landschaft

Unbez.
Pinsel in Graugrün über Rötel, mit der Feder in Braun akzentuiert, über Spuren von Graphit; 18,7 × 24,0 cm; fest montiert
Museum der Bildenden Künste Leipzig, Graphische Sammlung, Inv.Nr. NI 71

Provenienz: Dörriensche Sammlung Leipzig, u.r. Prägestempel des Städtischen Museums Leipzig
Literatur: Sitte 1925, Abb. 6; Stechow 1961, S. 140, Abb. 6; Ausst.Kat. Heidelberg 1980, S. 36; Ausst. Kat. Leipzig 1998, o. S.; Hübner 1998, S. 197

Ein auf der Wiese inmitten des weidenden Viehs eingeschlafener Hirtenjunge verkörpert eine Landschaftsauffassung, nach welcher der Mensch sich rückhaltlos der Natur anvertraut und kindlich in ihr geborgen ist. In der sächsischen Landschaftsmalerei ist dieses Motiv von Joseph Roos, Dietrich, Klengel oder Christoph Nathe bis hin zu Caspar David Friedrich wiederholt gestaltet worden. Dabei wurden sie u.a. von den Radierungen des aus Mannheim stammenden Landschaftsmalers Ferdinand Kobell inspiriert.²⁷ Dessen Radierungen waren ein unerschöpflicher Quell von Anregungen für seine Zeitgenossen, die es aber – wie Paul Ferdinand Schmidt bemerkt –²⁸ damit auch nicht viel weiter brachten als mit der Graphik der originalen Meister des 17. Jahrhunderts.
Auch Bach bezieht sich mit dieser Zeichnung auf eine Druckgraphik von Kobell und weicht nur in wenigen Details der Tierstaffage von dessen Vorlage ab.²⁹ Ansonsten überträgt er das radierte Liniengespinst der Vorlage geschickt in das flächigere Helldunkel der Pinselzeichnung. Vermutlich sind dieses Blatt und sein Pendant Z 12 Schülerarbeiten, die sein Dresdner Lehrer Klengel ihm nahegelegt hatte, um Kobells Kompositionsweise zu studieren.
Mit dieser spätbarock-bewegten Landschaftsauffassung, bei der sich die hintereinander aufgeworfenen Volumina von Vorder- und Mittelgrund durch Helligkeit wie durch scharfe Konturen deutlich voneinander abheben, unterscheiden sich Klengels Arbeiten und die seiner Schüler von Oesers weicherer, räumlich oft weniger konkret zu bestimmenden Darstellungsweise.
Beim Übertragen aus einem linien- in ein flächenbetontes Medium und zurück – z.B. wenn Bach Vorzeichnungen für radierte Vignetten schuf wie in Z 3 bis Z 6 – lernte der Künstler die unterschiedlichen Mittel beherrschen, um auf dem Bildträger den Eindruck von Tiefenräumlichkeit zu erzeugen

---

25   Siehe Schulze Altcappenberg 1987.
26   Vgl. Christoph Nathe, Hochgebirgslandschaft mit Ziegenhirten, Feder in Schwarz, 12,2 × 16,5 cm, Staatliche Kunstsammlungen Dresden, Kupferstich-Kabinett, Inv. Nr. C 1981–69.

27   Vgl. z.B. Ferdinand Kobell, Schlafender Hirte, Radierung, Staatliche Kunstsammlungen Dresden, Kupferstich-Kabinett, Inv. Nr. A 16354 und A 16564, siehe Stengel 1822, Nr. 89 und Nr. 91.

28   Paul Ferdinand Schmidt in: Thieme/Becker, Bd. 21, Leipzig 1928, S. 52.
29   Ferdinand Kobell, Schlafender Hirte in Felsenlandschaft, Radierung, Staatliche Kunstsammlungen Dresden, Kupferstich-Kabinett, Inv. Nr. A 16915, siehe Stengel 1822, Nr. 201.

und auf diese Weise seine landschaftlichen Bildwelten zu erschaffen.

Z 14
Baumgruppe mit Figurenstaffage

Unbez.
Pinsel in Braun und Grau, laviert, aquarelliert, über Graphit auf Bütten; 34,2 × 26,4 cm; fest aufgelegt, mehrere Einrahmungslinien
Albertina, Wien, Graphische Sammlung, Inv.Nr. 4989
Provenienz: Albert von Sachsen-Teschen (Lugt 174)
Literatur: Slg. Kat. Wien 1997, S. 23, Nr. 21 mit Abb.; Hübner 1998, S. 196

Einzeln stehende Baumgruppen sind ein scheinbar einfaches Motiv, welches – um das Interesse des Betrachters zu wecken – dennoch das Können des Zeichners herausfordert. Sicher hat Oeser, von dem ähnliche Darstellungen vollkommen gewachsener Bäume überliefert sind (Abb. 23, S. 76),[30] vom Schüler immer wieder aufs Neue diese Übung gefordert. Oft füllen die Kronen den größten Teil der Bildfläche, so dass die Darstellung des Wuchses von Ästen, Zweigen und bewegtem Laub das Hauptmotiv der jeweiligen Zeichnung bilden. Auch Zingg, Klengel, Mechau, Reinhart, Wehle oder z.B. Jakob Philipp Hackert setzten einzelne Bäume in immer wieder neuen Variationen gleichsam huldigend ins Bild. Dabei vollzog sich zum Ende des 18. Jahrhunderts eine Entwicklung von der Darstellung eines Stammes oder einer Gruppe vor einem Wald hin zur Vereinzelung und ornamentalen Monumentalisierung eines idealen Baumes in der Bildfläche.

In diesen Baumdarstellungen ging es nicht um botanische Exaktheit, wie es einige Jahrzehnte später zu Beginn des 19. Jahrhunderts der Fall sein sollte, sondern um die überzeugende Wirkung auf den Betrachter. In diesem Sinne war empfindsame Landschaftsmalerei gewissermaßen eine „impressionistische" Kunst, denn sie ermöglichte es, Impressionen, also Gefühlseindrücke, von einer landschaftlichen Szenerie zu empfangen. Das Hauptmittel dazu war in Oesers Schule das Helldunkel, wie es auch Bach hier angewendet hat. Immer wieder weisen zeitgenössische Autoren auf die Wichtigkeit der richtigen *Austheilung und Beleuchtung*[31] hin. Bei so wenigen Farben, wie Bach sie benutzte, war es *ihre Vereinigung, ihr Accord, ihre unmerkliche Verschießung*, auf die es ankam, denn sie *bildet das Ganze derselben; das Helldunkel setzet das seinige aus den Gruppen des Lichtes und Schattens, aus der Verbindung der Massen derselben zusammen.*[32]

Auch wenn die Zeichenweise zupackend ist, bleibt in diesem Fall doch die räumliche Situation hinten rechts unklar: Das Gelände steigt weich an, ohne dass durch Farbperspektive oder andere Mittel Raumtiefe angedeutet wäre. Darin ähnelt diese Darstellung noch Oesers Landschaften. Das ländliche Paar rechts vorn bietet einen Maßstab für die Größenverhältnisse und verleiht dem Ganzen eine erzählerische Note, ohne jedoch wirklich glücklich in „das Ganze" eingebunden zu sein, wie es die zeitgenössische Kunsttheorie forderte. So heißt es beispielsweise unter Gilpins *allgemeinen Grundsätze[n] von den Regeln der Malerey, in so weit sie die Kupferstiche betreffen*, dass die Zusammensetzung eines Gemäldes im engen Sinne die Kunst bedeutet, *die Figuren zu gruppiren, und einige Theile des Gemäldes mit einander zu verbinden. In diesem Verstande ist dies Wort einerley mit der Anordnung. (...) Das Ganze ist der Begriff, den ein Gemälde, überhaupt betrachtet, giebt.*[33]

---

[30] Johann Friedrich Bause nach Adam Friedrich Oeser, Gegend bei Weimar, 1777, Aquatinta in Punktiermanier, Staatliche Kunstsammlungen Dresden, Kupferstich-Kabinett, Inv. Nr. A 19226.

[31] Hagedorn 1762, S. 340 f.
[32] Heydenreich 1793–1795, Bd. 2, S. 195.

[33] „Erklärung / einiger Kunstwörter.", in: Gilpin 1768, S. 4–7.

Auch wenn diese Beschreibung ganz allgemein klingt, erschließt sich in Werken wie dem vorliegenden, in denen die Regeln nicht vollkommen beherrscht wurden, doch sofort ihre Wichtigkeit. Dass es sich bei dem Ganzen, der Zusammensetzung, Anordnung und Verbindung um zentrale ästhetische Begriffe in der Kunst des 18. Jahrhunderts handelt, zeigt ein Blick in andere zeitgenössische „Betrachtungen" wie die 1762 erschienenen von Hagedorn oder das 30 Jahre später von Heydenreich herausgegebene „Wörterbuch", in dem das Wissen der Epoche zusammengetragen wurde.[34]

Z 15
Felslandschaft mit Wasserfall,
Bauernhaus und Figurenstaffage

Unbez.
Pinsel in Braun und Rötlich, laviert, über Graphit auf Bütten; 15,0 × 22,8 cm; fest aufgelegt, mehrere Einrahmungslinien
Albertina, Wien, Graphische Sammlung, Inv. Nr. 4981
Provenienz: Albert von Sachsen-Teschen (Lugt 174)
Literatur: Slg.Kat. Wien 1997, S. 22, Nr. 13 mit Abb.; Hübner 1998, S. 195

Ein Motiv, das jedes Mal aufs Neue das Interesse der Betrachter beanspruchen konnte, waren Wasserfälle in gebirgigen Gegenden, die seit dem 17. Jahrhundert mit Jacob van Ruisdaels Namen verbunden waren. Die Kunstlehre setzte sie damit ausdrücklich den südlich-hellen, harmonisch-statischen, idealen Erfindungen eines Claude Lorrain entgegen. So äußerte noch Klengel zu Beginn des 19. Jahrhunderts gegenüber Carl Gustav Carus: *die Landschaft hat ja doch nur zwei Zielpunkte, der eine ist im Ruisdael, der andere im Claude! Man muß den einen oder den andern Weg gehen!*[35]
In Kaskaden wie dieser, die sich aus halber Höhe zwischen rundgewaschenen Felsen nach vorn ergießt, zeigte sich die dynamische, Leben spendende, aber auch ungezügelte Seite der Natur. Der scheinbar beständig rauschende Wasserfall, dem hier die etwas unbeholfen proportionierte Staffage in der rechten Bildhälfte wieder einiges von seiner Wirkung raubt, erinnert an eine Reihe verwandter Darstellungen sächsischer Maler, in denen das Aufeinanderprallen der Elemente, die gegensätzlichen „Materialien" wie Gestein, Vegetation und schäumende Gischt thematisiert sind. Seit dem Aufschwung der sächsischen Landschaftsmalerei in der Mitte des 18. Jahrhunderts stellten Künstler wie Christian Wilhelm Ernst Dietrich, Joseph Roos, Johann Georg Wagner, Mechau, Klengel, Wehle oder Carl Ludwig Kaaz eine Reihe solcher kräftig durchgeformter, gleichsam modellierter Felslandschaften mit sprühenden oder herabstürzenden Gewässern dar,[36] in denen im zeitgenössischen Verständnis die wilde Seite der Natur nachzuerleben war. Mit Bergen und Tälern, Seen und Flüssen, Wolken, Büschen, Bäumen sowie Architektur-, Vieh- und Figurenstaffage war das „Repertoire" eines Landschaftsmalers klar umrissen. Wollte ein Künstler des 18. Jahrhunderts die Natur nicht bloß porträtieren, sondern eine eigenständige schöpferische Leistung vollbringen, so bediente er sich dieser Bestandteile, vermied jedoch jene Zufälle, die nach zeitgenössischem Verständnis in der Natur nur unvollkommene Schönheit zuließen. Er komponierte, kombinierte und variierte sie, „verkettete" und verband sie miteinander und „erfand" auf diese Weise die Landschaft. Sein Werk stellte **eine** Ansicht, **einen** Aspekt der Natur dar, wie sie

---

[34] Hagedorn 1797 und Heydenreich 1793–1795.
[35] Carus 1882, S. 145.
[36] Christian Wilhelm Ernst Dietrich, Abendlandschaft, Öl auf Leinwand, 44,5 × 35,5 cm, Bayerische Staatsgemäldesammlungen München, Inv. Nr. 1681; Joseph Roos, Südliche Landschaft mit Wasserfall, 1870, Öl auf Leinwand, 76,5 × 83,5 cm, Staatliche Kunstsammlungen Dresden, Gemäldegalerie Alte Meister, Inv. Nr. 3576; Johann Georg Wagner, Felslandschaft mit Einsiedler, Radierung und Aquatinta, 9,5 × 14,2 cm, Stadt- und Bergbaumuseum Freiberg, Inv. Nr. 51/493; Jakob Wilhelm Mechau, Wasserfall bei Tivoli, Öl auf Leinwand, 1130 × 188 cm, Staatliche Kunstsammlungen Dresden, Gemäldegalerie Alte Meister, Inv. Nr. 3150; Johann Christian Klengel, Bergige Landschaft mit Wasserfall, 1809, Öl auf Leinwand, 74,0 × 91,5 cm, Privatbesitz Schweinfurt, Inv. Nr. MGS 1216; sowie Carl Ludwig Kaaz, Landschaft mit Wasserfall, 1800, Öl auf Leinwand, 81,0 × 98,0 cm, Staatliche Kunstsammlungen Dresden, Galerie Neue Meister, Inv. Nr. 757 (3814).

dem Maler erschienen war bzw. wie er sie zeigen wollte, und war demnach ein höchst künstliches Gebilde. Zwar ging es auf Naturbeobachtung zurück und setzte selbstverständlich künstlerisches Handwerk voraus, doch war es ein geistiges Produkt – wenn nicht eines individuellen Malers, so doch des Zeitgeistes wie im vorliegenden Beispiel.

Z 16
Hügelige Landschaft
mit Bäumen und Bauernhäusern

Unbez.
Auf dem Untersatz von fremder Hand in Graphit: „Jean Samuel [sic!] Bach."
Feder in Grau, Pinsel in Braun und Graugrün, laviert, über Graphit auf Bütten; 22,0 × 27,5 cm; fest aufgelegt, mehrere Einrahmungslinien
Albertina, Wien, Graphische Sammlung, Inv. Nr. 4990
Provenienz: Albert von Sachsen-Teschen (Lugt 174)
Literatur: Slg.Kat. Wien 1997, S. 23, Nr. 22 mit Abb.; Hübner 1998, S. 196

Es ist ungewöhnlich, wenn in einer Landschaft des 18. Jahrhunderts keine Figuren zu sehen sind. Von Bach ist dies nur zwei Mal überliefert (vgl. Z 22). Im vorliegenden Fall weist allein das am linken Bildrand angeschnittene strohgedeckte Bauernhaus auf die menschliche Gegenwart hin. Ansonsten sorgt in der Darstellung mit einzelnen Bäumen und einem Flüsschen im welligen Gelände vor allem der bewölkte Himmel für Bewegung.

Das Blatt zeigt, wie der Zeichner die Bildfläche in fünf verschiedene Zonen gegliedert hat, deren Grenzlinien in einem imaginären Punkt in der Bildmitte zusammenlaufen. Diese klar voneinander geschiedenen, radialsymmetrisch angeordneten Zonen werden allein durch die Stämmchen und Kronen der Bäume überspielt. Deren amorphe Struktur mildert die Strenge der Komposition, ohne sie vergessen zu machen. Doch vor allem versöhnt der weiche Pinselschlag, das durchsichtige, monochrom verwendete Graubraun mit diesem Bildmuster. Dabei geht der Pinsel ziemlich großzügig über die Details hinweg bzw. deutet sie durch rhythmisch gesetzte Tupfen eher summarisch an. Diese Malweise ließ der Phantasie des Betrachters viel Spielraum und galt deshalb im Verständnis des 18. Jahrhunderts als „geistreich". So heißt es im „Ästhetischen Wörterbuch" über die *compendiarische Manier, wo das Wenige für das Ganze gegeben, und dieses Wenige mit vieler Kunst angedeutet werden muß: Der Geist wird also in den Landschaften oft mit Erfolg angebracht werden, weil die Gegenstände in dieser Art von Nachahmung fast immer weit unter der natürlichen Größe sind. Um in einem kleinen Walde den gemahlten oder gezeichneten Baum, die Rinde, die Knoten, die Zweige, das Gelaube eines großen, natürlichen Baumes darzustellen, kommt es weit mehr darauf an, die allgemeine Ansicht als die Details der Natur auszudrücken, und dieser nothwendige Betrug gehöret zu dem, was man Geist nennt. Man könnte daher,* so fährt der Autor fort, *den Geist in der Sprache der Künste mit dem Talente, dasjenige weislich nur anzugeben, was man nicht ausdrückt, definieren.*[37]

Z 17
Felsige Landschaft mit einer Holzbrücke über einem Sturzbach und bäuerlicher Figurenstaffage

Unbez.
Auf dem Untersatz von fremder Hand in Graphit: „Jean Samuel [sic!] Bach."
Pinsel in Braun, laviert, aquarelliert, über Graphit; 16,1 × 22,3 cm; fest aufgelegt, mehrere Einrahmungslinien

---

[37] Heydenreich 1793–1795, Bd. 2, S. 289 f.

Albertina, Wien, Graphische Sammlung, Inv. Nr. 4986
Provenienz: Albert von Sachsen-Teschen (Lugt 174)
Literatur: Slg.Kat. Wien 1997, S. 23, Nr. 18 mit Abb.;
  Hübner 1998, S. 196

In der niederländisch beeinflussten sächsischen Landschaftsmalerei des 18. Jahrhunderts waren Flussüberquerungen ein häufig verwendetes Bildmotiv. Vom Knüppeldamm über rasch zusammengezimmerte Stege bis hin zu steinernen Bogenbrücken zeigten diese Bauwerke, wie der Mensch natürliche Hindernisse überwindet, ohne sie zu zerstören; damit passt er sich den Gegebenheiten an und stellt sich auf den jeweiligen Charakter der Gegend ein. Gerade auch für fragile Gebilde wie das dargestellte gab es seit dem 17. Jahrhundert Vorbilder in der niederländischen und französischen Malerei. Das Motiv wurde z.B. von Thiele, Dietrich und auch von Franz Kobell in ihren Gemälden und Radierungen aufgegriffen.[38] In Bachs Zeichnung allerdings lässt es jene Eleganz und sichere Gespanntheit vermissen, die solche luftigen Stege in den Werken ausgebildeter Meister auszeichnen.

Dieser Brückentypus kann Bach zuerst im Werk seines Lehrers Klengel begegnet sein, der die Konstruktion gern mit wuchernder Vegetation kontrastieren ließ. Außerdem stellte Klengel häufig auch Arbeiter mit Schubkarre sowie Bauernjungen mit Schlapphut dar.[39] Noch in seiner 1802 herausgebrachten „Zeichenschule" widmet er diesem Motiv eine großformatige Radierung als Vorlage für Schülerübungen.[40] Doch auch für andere Vertreter jener Landschaftsmaler-Generation war diese Art typisch, den Bildraum mittels Erdmassen, Böschungen, Stämmen, Geröll und Gewässer asymmetrisch zu strukturieren. Johann Georg Wagners sächsische Ansichten, die Johann Adolph Darnstedt, Friedrich Christoph Weisbrodt und Jacques Aliamet in Kupfer stachen,[41] oder auch die Landschaften des etwas jüngeren Friedrich Christian Klass weisen deshalb eine ganz ähnliche Ästhetik auf.[42]

Bachs Blatt ist demnach noch als eine abhängige Schülerarbeit anzusehen, mit der er sich das Repertoire niederländisch geprägter spätbarocker Landschaftsmalerei, vermittelt durch das Vorbild des Dresdner Akademielehrers, aneignete. Dass es dennoch in die Sammlung des Herzogs Albert von Sachsen-Teschen gelangte, spricht für die Wertschätzung, die jedem der wenigen hinterlassenen Blätter Bachs entgegengebracht wurde. In seiner von links abfallenden Komposition bildet es mit dem folgenden, Z 18, das nach rechts aufsteigt und nur geringfügig im Format abweicht, ein Paar von Gegenstücken.

Z 18
Landschaft mit Fuhrwerk auf einer Brücke und rastender Bauernfamilie

Unbez.
Pinsel in Braun und Grünlich, laviert, aquarelliert, über Graphit auf Bütten; 17,0 × 23,8 cm; fest aufgelegt, mehrere Einrahmungslinien
Albertina, Wien, Graphische Sammlung, Inv. Nr. 4987
Provenienz: Albert von Sachsen-Teschen (Lugt 174)
Literatur: Slg.Kat. Wien 1997, S. 23, Nr. 19 mit Abb.;
  Hübner 1998, S. 196

---

[38] Johann Alexander Thiele, Waldige Flusslandschaft bei Nacht, Öl auf Leinwand, 35,0 × 50,0 cm, Kulturhistorisches Museum Görlitz, Inv. Nr. 113–142, siehe Ausst.Kat. Sondershausen 2003, Nr. 49, S. 284 f. mit Abb.; Christian Wilhelm Ernst Dietrich, Kleine Winterlandschaft, Öl auf Holz, 17,9 × 23,1 cm, Staatsgalerie Stuttgart, Inv. Nr. 423, siehe Ausst.Kat. Sondershausen 2003, Abb. S. 164; derselbe, Der runde Turm, 1769, Radierung, 26,1 × 38,0 cm, siehe Linck 1846, Nr. 172; Franz Kobell, Landschaft mit Holzbrücke, Radierung, Staatliche Kunstsammlungen Dresden, Kupferstich-Kabinett, Inv. Nr. A 16936, siehe Stengel 1822, Nr. 214.
[39] Johann Christian Klengel, Landschaften mit Stegen, siehe Fröhlich 2005, Nr. Z 631 bis Z 640, S. 232 f. mit Abb.; außerdem: Steg mit Schubkarren, 1775, Radierung, 20,5 × 23,8 cm, siehe Fröhlich 2005, Nr. G 75, S. 329 mit Abb.
[40] Klengel o. J. [1802], 2. Teil. Vgl. Fröhlich 2005, Nr. G 417, S. 388 mit Abb.
[41] Johann Adolph Darnstedt nach Johann Georg Wagner, Drei Ansichten aus der Umgebung von Meißen in Sachsen, Kupferstiche, Lindenau-Museum Altenburg.
[42] Vgl. Friedrich Christian Klass, Dorflandschaft mit Bauern auf einem ansteigenden Weg, 1779, Feder in Schwarzgrau, grau laviert über Bleistift, 18,1 × 27,5 cm, Albertina, Wien, Graphische Sammlung, Inv. Nr. 4671.

Am linken Ufer eines Baches rastet eine Bauernfamilie. Rechts treibt ein Mann einen Ochsenkarren über eine Holzbrücke ans andere Ufer, wo ein mächtiger Baum aufragt. In diesem Blatt ist wie auch in seinem Pendant Z 17 kein großer Tiefenraum dargestellt, sondern die wenigen Figuren agieren auf geringer Fläche in einem nach hinten abgeschlossenen Vordergrund. War es dort eine bewachsene Sandböschung, auf die das Betrachterauge stieß, so halten hier undurchdringliches Gebüsch und dahinter aufragende Bäume den Blick fest. Waren dort ein kleines Gefährt, aber eine hohe Brücke zu sehen, so ist es hier ein Fuhrwerk mit großen Rädern, das über einen niedrigen Steg getrieben wird. Wie die dort ab- und die hier aufsteigende Komposition sind all diese Details somit aufeinander bezogen und ergänzen einander zu einem Bilderpaar. Auch die verhaltene Farbigkeit der weich getupften Pinselzeichnung, in der nur wenige Lokalfarben an den Kleidungsstücken der Figuren bemerkbar sind, schließt beide Blätter zu einer Einheit zusammen.

Z 19
Waldlandschaft mit Jägern

Unbez.
Pinsel in Braun, grau laviert, über Bleistiftspuren; 20,2 × 24,5 cm; fest aufgelegt, mehrere Einrahmungslinien
Albertina, Wien, Graphische Sammlung, Inv. Nr. 4982
Provenienz: Albert von Sachsen-Teschen (Lugt 174)

Literatur: Slg.Kat. Wien 1997, S. 22, Nr. 14 mit Abb.; Hübner 1998, S. 195

Zwei Jäger kehren mit erlegtem Wild nach der Jagd heim. Trotz der Undurchdringlichkeit des Gehölzes wirken die beiden unter schattigen hohen Bäumen geborgen. Der Betrachter hat hier eine eigentümliche, von Anthonie Waterloos Waldlandschaften inspirierte Variante der Idylle vor sich, die gänzlich ohne Attribute und antikisierendes Personal auskommt.

Es gab zu Bachs Zeiten durchaus unterschiedliche Wege, die Vorstellung eines idyllischen Verhältnisses zur Natur zu vermitteln. So erfand beispielsweise Bachs jüngerer Zeitgenosse Carl Wilhelm Kolbe mit seinen eigenwilligen Kräuterbildern einen ganz individuellen Ausdruck für die Geborgenheit im Schoß der Natur (siehe Abb. 19, S. 51).[43]

Die für Kolbe typische Spannung im Größenverhältnis zwischen kleinen Figuren und einer sie überwölbenden Vegetation entspricht der im vorliegenden Blatt von Bach. Beiden Künstlern ist gemein, dass ihre Darstellungen bei aller zuversichtlichen Beschütztheit auch ein der Idylle ebenfalls innewohnendes bedrängendes Moment zeigen: Der „locus amoenus" – der liebliche Ort – vermittelt zugleich auch schon eine Ahnung von Eingeengtsein, das üppige Wuchern der Pflanzen von der erschreckenden Übermacht der Natur.

Und wie anders als Bach sollte vier Jahrzehnte später Caspar David Friedrich dieses Motiv eines Menschen am Waldeingang gestalten! Während Bachs Figuren doch zuallererst vertrauensvolle Geruhsamkeit ausstrahlen, ist z.B. Caspar David Friedrichs „Chasseur im Walde" einer existenziellen Einsamkeit ausgesetzt.[44] Bachs Jäger streben einem Ziel im aufgehellten Hintergrund zu, Friedrichs Chasseur dagegen steht regungslos vor der dunklen Front der Stämme, von denen ein unheildrohender Sog auszugehen scheint. Dass das gleiche Motiv zum Ausdruck so gegensätzlicher seelischer Zustände geeignet war, ließ die Landschaftsmalerei zum Ende des 18. Jahrhunderts zu einer Hauptgattung innerhalb der Malerei aufsteigen. Auch die Idyllen erfuhren zu Beginn des 19. Jahrhunderts noch eine Wandlung, bei der sie sich von der Landschaftsmalerei entfernten und

---

43 Vgl. Carl Wilhelm Kolbe, Opferung an den Pan, Radierung, 42,0 × 53,0 cm, Staatliche Kunstsammlungen Dresden, Kupferstich-Kabinett, siehe Martens 1976, Nr. 97, Abb. 48.
44 Caspar David Friedrich, Der Chasseur im Walde, 1813/14, Öl auf Leinwand, 65,7 × 46,7 cm, Privatbesitz Deutschland, siehe Abb. in Ausst.Kat. Frankfurt/Main 1994, S. 472.

einen neuartigen Typus von Figurenbildern hervorbrachten, wie Philipp Otto Runges floral-ornamentale Tageszeiten-Darstellungen[45] oder Johann Heinrich Wilhelm Tischbeins pompejanisch beeinflusste „Oldenburger Idyllen"[46] zeigen.

Z 20
Waldlandschaft mit Kiepenträger

Unbez.
Pinsel in Braun, braun, rötlich und grünlich laviert über Graphit auf Bütten; 16,8 × 23,6 cm; ursprünglich schwarze Einrahmungslinie, ringsherum beschnitten
Kunstsammlungen der Veste Coburg, Kupferstichkabinett, Inv. Nr. Z 860
Provenienz: Unbekannt
Literatur: Ausst.Kat. Heidelberg 1980, S. 27, Nr. 2, Abb. 3, S. 8; Hübner 1998, S. 197; Fröhlich 2002, S. 425, Abb. 161

Es gibt wenig Gegenstände der Natur, die nicht mahlerisch werden könnten, durch gewisse Attituden, die man ihnen giebt, gewisse Beywerke, die man hinzufügt, einen gewissen Gesichtspunkt, aus dem man sie beleuchtet. (…) Ein leichter, scherzender, ragoutirender, zuweilen auch ein rauher (brutal) Pinsel, geistige, pikante Tuschen, geschickt angebrachte laissés, Drucker von Licht, absichtlich verlöschte Lichter, tief ausgehöhlte Schatten, tragen zum Mahlerischen der Ausführung bey.[47]

Fragt man sich heute angesichts der – nur an wenigen Stellen im Bild geringfügig vom vorherrschenden Braun abweichenden – weich getupften Pinselzeichnung, was zeitgenössische Betrachter an Blättern wie dieser Waldlandschaft reizvoll, bemerkenswert oder anrührend fanden, so hilft die Lektüre theoretischer Texte wie des „Ästhetischen Wörterbuches" weiter. Darin ist das zeitgenössische Wissen um die erlernbaren künstlerischen Fertigkeiten wie um die berechtigten Erwartungen des Publikums gebündelt. Je weniger Gegenstände auf der Bildfläche erscheinen, desto wichtiger, scheint es, war ihre *mahlerische* Ausführung. Da im vorliegenden Blatt außer den beiden Figuren kein Beiwerk auftaucht, war es in diesem Fall wohl ein leichter, scherzender, vermischender Pinsel sowie *geistige, pikante Tuschen*, die der ländlichen Gegend ihren Reiz verliehen. In diesem Fall sind es ein rötliches und ein grünliches Braun, Hell und Dunkel sowie getupfte und glatt lavierte Bildzonen, die sich abwechseln. Neben einem stillen Gewässer, das rechts vorn angeschnitten und von Schilf und Gebüsch umstanden ist, gehen links ein Kiepenträger und ein Kind bildeinwärts auf einen Wald zu, dessen Baumgruppen den Mittelgrund einnehmen. Auch diese Komposition mit der aus leichter Distanz gesehenen Baumgruppe auf einer geringen Anhöhe und mit zwei unscheinbaren, aber unerlässlichen Figuren geht auf einen Bildtypus von Anthonie Waterloo zurück.

Z 21
Waldinneres mit zwei Männern beim Fangen von Flusskrebsen

Unbez.
Auf dem Untersatz von fremder Hand in Graphit: „Jean Samuel [sic!] Bach."

---

[45] Philipp Otto Runge, Die Zeiten – Der Morgen. Der Mittag. Der Abend. Die Nacht. 1803, jeweils Feder in Schwarz über Spuren von Graphit, 4 Kupferstichvorlagen, Hamburger Kunsthalle, siehe Betthausen 1980, Nr. 34–37, S. 132, Abb. S. 38–41.
[46] Johann Heinrich Wilhelm Tischbein, Oldenburger Idyllen, 1817–1820, Öl auf Leinwand, Öl auf Holz, Landesmuseum Oldenburg, siehe Ausst.Kat. Frankfurt/Main 1994, Nr. 231–275, S. 369–375.
[47] Heydenreich 1793–1795, Bd. 3, S. 465 f.

Pinsel in Braun über schwarze Kreide; 33,0 × 46,0 cm; fest aufgelegt, mehrere Einrahmungslinien
Albertina, Wien, Graphische Sammlung, Inv. Nr. 4993
Provenienz: Albert von Sachsen-Teschen (Lugt 174)
Literatur: Slg.Kat. Wien 1997, S. 24, Nr. 25, Farbabb. S. XXIII; Hübner 1998, S. 196; Fröhlich 2003, S. 361, Abb. 1

Dicht wuchernder Wald scheint den Betrachter wie die beiden unscheinbaren Figuren zu umfangen. Von links neigen sich die Äste auf fast ornamentale Weise nach innen und bilden so einen natürlichen Binnenraum. Im Hintergrund lichtet sich der Wald etwas, doch nur schemenhaft wird auf einer Anhöhe eine Ruine sichtbar. Die Wirkung der Landschaft geht von der Stimmung dieser Waldeinsamkeit aus, die ohne das erzählerische Detail der beiden Krebsfänger fast schon beklemmend wirken würde. Dabei hat Bach großen Wert auf die Vielfalt im Wuchs der Laubbäume gelegt, die sich hier spannungsvoll und straff, als würden sie einer inneren Notwendigkeit folgen, voneinander abheben. So empfahl es auch die Tradition der Landschaftsmalerei, die Heydenreich in seinem „Ästhetischen Wörterbuch" aufgreift: *Jeder Baum sucht die Luft, die die Erhalterin seines Lebens ist. (...) Die Kunst muß daher auch der Vertheilung der Zweige, des Astwerks, der Blätter, diese Liebe, diese Neigung zur Freiheit, die sie charakterisiert, ausdrücken. Sie müssen sich hier in der Darstellung gleichsam zu fliehen scheinen, sie müssen sich voneinander entfernen, und nach verschiedenen Seiten hinrichten. Nichts muß hier eine überlegte und getroffene Anordnung bemerken lassen, und die Abwechselung, die man hier wahrnimmt, sie muß einem Spiele des Zufalles, des Ohngefährs, einer Laune der Natur gleichen, die uns so oft eigensinnig zu seyn scheint, ob sie gleich niemals ohne Ursache handelt.*[48]

Auch wenn Bachs Blatt ein gelungenes Beispiel für die Darstellung des *Ohngefährs, einer Laune der Natur* ist, überließ auch er selbstverständlich nichts dem Zufall, sondern ordnete überlegt und treffend an. Dies sieht man, wenn man die Werke anderer Künstler wie z.B. Christoph Nathes, Johann Philipp Veiths oder etwa Christian August Günthers hinzuzieht, die bei ihren Waldlandschaften die Regeln auf ähnliche Weise befolgten.[49] Darin war die Landschaftsmalerei der zeitgenössischen Parkgestaltung verwandt, die ebenfalls Wert auf eine zufällig und natürlich anmutende, dabei sorgsam bedachte Abwechslung der nebeneinander stehenden Bäume legte.

In der Geschichte der Landschaftsmalerei taucht das Motiv der Waldeinsamkeit seit dem Wirken der Maler der Donauschule (frühes 16. Jahrhundert), vor allem Albrecht Altdorfers, immer wieder auf. In Sachsen hat es mit den Gemälden Ludwig Richters – seiner „Genofeva in der Waldeinsamkeit" oder seinem „Brautzug im Frühling"[50] – eine ganz eigene Ausprägung erfahren, die bis ins frühe 20. Jahrhundert zu den Gemälden von Urwäldern oder „Waldeinsamkeiten" des „Malers des deutschen Waldes", Eduard Leonhardi, fortwirken sollte.[51]

Z 22

Flüsschen zwischen Bäumen

Unbez.
Pinsel in Braun, aquarelliert; 26,0 × 31,2 cm; schwarze Einrahmungslinie
Staatliches Museum Schwerin, Kupferstichkabinett, Inv. Nr. 1562 Hz
Provenienz: Unbekannt
Literatur: Slg.Kat. Schwerin 1980, S. 72; Hübner 1998, S. 198

Gänzlich menschenleere Landschaften sind selten in Bachs Werk (vgl. Z 16). Offenbar

---

48 Heydenreich 1793–1795, Bd. 3, S. 27 f.
49 Vgl. z. B. Christoph Nathe, Wald bei Lauban, 1779, Pinsel in Grau, aquarelliert, 16,6 × 23,4 cm, Regensburg, Museum Ostdeutsche Galerie, Inv. Nr. P 4345; Johann Philipp Veith, Waldinneres mit Bachlauf und Trauerweiden, 1793, Pinsel in Braun über Graphit, 21,1 × 26,7 cm, Albertina, Wien, Graphische Sammlung, Inv. Nr. 6700, siehe Slg.Kat. Wien 1997, Nr. 913, S. 270 mit Abb.; Christian August Günther, Hirte mit Nymphen und weidenden Schafen in einer Waldlichtung mit Wasserfall, Feder in Schwarz, aquarelliert, über Graphit, 37,0 × 53,3 cm, Albertina, Wien, Graphische Sammlung, Inv. Nr. 14692, siehe Slg.Kat. Wien 1997, Nr. 173, S. 68 mit Abb.
50 Ludwig Richter, Genofeva in der Waldeinsamkeit, 1839/40, Öl auf Leinwand, Hamburger Kunsthalle, siehe Ausst.Kat. Dresden 2004, Abb. 2., S. 216; Brautzug im Frühling, 1847, Öl auf Leinwand, 93 × 150 cm, Staatliche Kunstsammlungen Dresden, Galerie Neue Meister, Inv. Nr. 2230, siehe Ausst.Kat. Dresden 2004 Nr. 36, S. 238 f. mit Abb.
51 Eduard Leonhardi, Urwald, 1885/86, Öl auf Leinwand, 210 × 162 cm, Dresden, Leonhardi-Museum, Inv. Nr. LM 1997/9, siehe Ausst.Kat. Dresden 1998, Nr. 126, S. 86 mit Abb. S. 62; Waldeinsamkeit, 1887, Öl auf Leinwand, 223 × 173 cm, Staatliche Kunstsammlungen Dresden, Galerie Neue Meister, Inv. Nr. 2769, siehe Ausst.Kat. Dresden 1998, Nr. 130, S. 87 mit Abb.

Werkverzeichnis – Frühe Landschaften in holländischer Manier

studierte er hier allein die Wirkung der unterschiedlichen, gegeneinander abgesetzten Laubmassen mit einzelnen Stämmen, zwischen denen ein Wiesenweg schräg nach rechts hinten in eine nicht näher bestimmte Bildtiefe führt. Es ist ein Frieden und Stille verheißender „angenehmer Ort" im Sinne des idyllischen „locus amoenus", der hier – da er nicht durch Figuren besetzt ist – einen besonders deutlichen Sog auf die Vorstellungskraft des Betrachters ausübt.

Bach hat die erste Regel für Landschaftsmaler angewendet, die reale Natur nicht einfach wiederzugeben, sondern aus ihr zur Darstellung nur das auszuwählen, was – gemessen an den besten Gemälden älterer Meister – als schön gelten kann, und dabei doch den Anschein der Natürlichkeit zu wahren. Der Maßstab waren also menschliche Kunst-

werke; und das Ergebnis ist im vorliegenden Beispiel eine parkähnlich bereinigte, durch Büsche und Laub scheinbar gepolsterte, überschaubare Binnenwelt, in der keine anderen Reize als die abwechselnden Baumgruppen die Sinne ablenken oder anregen. Solche Blätter können in ihrer unspektakulären Harmlosigkeit als Fingerübungen für jene Gemälde angesehen werden, in denen der Künstler den Betrachter in reizvoll-harmonische Ideallandschaften entführt, in vollkommene Gegenwelten, die eine Ahnung eines Jenseitserlebnisses gestatten. Zugleich sind solche Arbeiten auf Papier eigenständige Kunstwerke:[52] Die kleine Form erlaubte in der Reduktion auf einen nah gesehenen, intimen Bildraum eine Kühnheit in der Reduktion, wie sie im offiziellen Medium des Gemäldes in dieser Entschiedenheit erst im 19. Jahrhundert möglich werden sollte.

Z 23
Mühle am Bach

Unbez.
Pinsel in Braun, laviert; 15,1 × 21,2 cm; schwarze Einrahmungslinie
Staatliches Museum Schwerin, Kupferstichkabinett, Inv. Nr. 1563 Hz
Provenienz: Unbekannt
Literatur: Slg.Kat. Schwerin 1980, S. 72; Hübner 1998, S. 198

Wie Brücken oder Brunnen weisen auch Mühlen als markante Bauwerke an Gewäs-

sern auf die menschliche Gegenwart in der Natur hin. Seit dem 16. und 17. Jahrhundert tauchten sie als unverzichtbares Motiv in Gemälden und Druckgraphik auf, so dass die angehenden Landschaftsmaler sie als Staffage einzusetzen lernten, um die *angenehme Idee des ruhigen und schuldlosen Lebens des Landvolkes* zu wecken, wie es im „Ästhetischen Wörterbuch" heißt. Solche *Gebäude, mit welchen man die Landschaften staffiret (...) kann der Künstler sehr geschmackvoll mit jenen mannigfaltigen Geschirren darstellen, welche die Landleute gewöhnlich vor ihren Wohnungen lassen, und er kann hier Leitern, Kübel, Bottige, Fässer, Tröge, Wägen oder auch den Pflug anbringen. Immer werden aber diese Hütten um so viel mehr ein mahlerisches Ansehen haben, je mehr er ihnen den Charakter des Alters giebt.*[53] Auch auf Mühlen schien dies zuzutreffen, wie Beispiele von Anthonie

---

[52] Vgl. z.B. Christoph Nathe, Waldwiese in Abendstimmung, Pinsel in Braun, 27,5 × 31,3 cm, Kulturhistorisches Museum Görlitz, Graphisches Kabinett, Inv. Nr. H 217, Kat. 202.

[53] Heydenreich 1793–1795, Bd. 3, S. 21 f.

Waterloo und Allaert van Everdingen oder von Dietrich, Kobell und Reinhart zeigen.[54] Nach Bachs Zeichnung schuf Juliane Wilhelmine Löhr, geborene Bause, eine seitenverkehrte Radierung (vgl. G 18). Auch Bach selbst schuf hiernach ein seitenverkehrtes und in den meisten Details übereinstimmendes Gegenstück (Z 24); doch stellte er dort statt des Knaben und des Mannes mit dem geschulterten Sack eine Frau mit Tragkiepe in Begleitung eines Mädchens dar.

Z 24
Mühle am Waldrand

Unbez.
Pinsel in Braun und Graugrün, laviert, über Rötel und Graphit auf Bütten; 14,0 × 20,4 cm; fest aufgelegt, mehrere Einrahmungslinien
Albertina, Wien, Graphische Sammlung, Inv. Nr. 4983
Provenienz: Albert von Sachsen-Teschen (Lugt 174)

Literatur: Geiringer 1954, Abb. XXVI; Stechow 1961, S. 433, Anm. 35; Ausst.Kat. Heidelberg 1980, S. 36; Slg.Kat. Wien 1997, S. 22, Nr. 15 mit Abb.; Hübner 1998, S. 195

Schon Stechow bemerkte die Ähnlichkeit mit der von Juliane Bause radierten „Mühle im Walde" (G 18), Klaus Stichweh dagegen wies auf die Unterschiede hin.[55] Offenbar kannten beide Autoren das Schweriner Blatt Z 23 nicht.

Z 25
Die Brettmühle zu Markkleeberg bei Leipzig

Unbez.
Verso: Vermerke in Graphit von mehreren Händen
Pinsel in Braun, braun und grünlich laviert, Spuren von Rot und Blau, über Spuren von Graphit auf Bütten; 16,9 × 23,1 cm; an allen Rändern beschnitten
Bach-Archiv Leipzig, Inv. Nr. Graph. Slg. 12/5

---

[54] Vgl. Anthonie Waterloo, Die Mühle, 1670er Jahre, Radierung, 29,0 × 23,5 cm, Staatliche Kunstsammlungen Dresden, Kupferstich-Kabinett, Inv. Nr. A 48673, siehe Hollstein 1949 ff., Nr. 119; Allaert van Everdingen, Der Wasserfall bei der Wassermühle auf der Höhe, Radierung, siehe Drugulin 1873, Nr. 106, Abb., sowie Ausst.Kat. Frankfurt/Main 1994, S. 110;

Christian Wilhelm Ernst Dietrich, Die Mühle mit hohem Gerinne, 1742, Radierung, 8,4 × 13,9 cm, Staatliche Kunstsammlungen Dresden, Kupferstich-Kabinett, Inv. Nr. A 15778; Ferdinand Kobell, zwei Landschaften mit Mühlen, Radierungen, Staatliche Kunstsammlungen Dresden, Kupferstich-Kabinett, Inv. Nr. A 16839 und A 16840, siehe Stengel 1822, Nr. 134 und Nr. 133;

Provenienz: 1994 aus einer Münchner Privatsammlung erworben; Sammlerstempel „hk" (vielleicht auch „hek" oder „hlk")
Literatur: Ausst.Kat. Leipzig 1998, o. S., mit Abb.; Hübner 1998, S. 189, 196, 198, Abb. S. 199

An einem Flussufer steht die strohgedeckte, verfallene Wassermühle, in deren Innerem das Mahlwerk sichtbar ist. Mit dem Kahn links und dem hohen, ins Bild hineinragenden Baum am rechten Rand gewinnt die Komposition an Stabilität. Zugleich greift der Zeichner damit bewährte Muster auf, um die Bildwelt nach innen zu öffnen, doch auch zum Betrachter hin abzuriegeln. Der Baum nimmt die Stellung eines sogenannten „Repoussoirs" ein. Der Begriff stammt aus der barocken Theatermalerei und bezeichnet eine seitliche Kulisse, die als natürlicher Rahmen der Bühne die Illusion von Raumtiefe ermöglicht.
Die Landschaft liegt hell erleuchtet unter dunklem Wolkenhimmel und wirkt dadurch bewegt; eine gewisse Steife in der Komposition wird dadurch überspielt.
Unter den nicht gerade zahlreichen überlieferten Werken Bachs gibt es mehrere Fälle von Repliken, und auch dieses Motiv, das als Brettmühle bei Markkleeberg überliefert ist, hat Bach zweimal gezeichnet. Demnach muss es ihm gelungen erscheinen sein. Die

Christian Reinhart, Die Mühle bei dem großen Eichbaum, 1788, Radierung, 44,9 × 58,7 cm, Staatliche Kunstsammlungen Dresden, Kupferstich-Kabinett, Inv. Nr. A 17419.
[55] Stechow 1961, S. 433, Anm. 35, sowie Ausst.Kat. Heidelberg 1980, S. 36.

beiden Versionen unterscheiden sich bei allem Anschein von Spontaneität allein in der Pinselführung und im Kolorit: Während das vorliegende Blatt weich und feucht getupft und laviert ist, weist das andere (Z 26) etwas intensiveres Rötlichbraun und Grüngrau auf, dort wurde der Pinsel entschiedener geführt. In einer weiteren Darstellung platzierte Bach eine solche Wassermühle als spielzeuggroßes Versatzstück im Vordergrund (vgl. Z 34).

Z 26
Die Brettmühle zu Markkleeberg bei Leipzig
(Replik des Blattes Z 25)

Unbez.
Auf dem Untersatz von fremder Hand in Graphit: „Johann Samuel [sic!] Bach."
Pinsel in Braun und Grünlich, laviert, aquarelliert, über Graphit auf Bütten; 17,2 × 24,1 cm; fest aufgelegt, mehrere Einrahmungslinien
Albertina, Wien, Graphische Sammlung, Inv. Nr. 4988
Provenienz: Albert von Sachsen-Teschen (Lugt 174)
Literatur: Geiringer 1954, Fußnote 40, Abb. 25; Slg. Kat. Wien 1997, S. 23, Nr. 20 mit Abb.; Hübner 1998, S. 196

Elblandschaften

Innerhalb von Bachs Schaffen bilden seine Ansichten der Elbe in Böhmen und Sachsen eine klar umrissene, stilistisch einheitliche Werkgruppe. Sie sind vermutlich alle im Jahre 1775 entstanden, auf das das Blatt Z 31 datiert ist. Zu dieser Zeit lebte der junge Künstler schon im zweiten Jahr in Dresden, wo er bei dem Landschafts- und Tiermaler Johann Christian Klengel studierte. Zu den Grundsätzen dieses Lehrers gehörte es, die Schüler zum Studium in die freie Natur zu schicken, so wie er es selbst bis ins hohe Alter hinein praktizierte. Darin war Klengel selbst von seinem älteren Akademiekollegen Adrian Zingg angeregt worden, der mit seiner großen Anzahl von Zeichnungen und Radierungen aus Sachsen, Böhmen, der Oberlausitz und angrenzenden Landstrichen berühmt geworden war. Zinggs stilistischer Einfluss schlug sich auch in Bachs vorliegenden Blättern nieder. Nicht nur wählte dieser z. T. die gleichen Motive wie Klengel, Zingg und dessen Schüler, sondern er übernahm dabei auch eine bestimmte Sichtweise auf die reale Natur, barocke Kompositionsmuster, die in der Bildtradition überliefert waren. Dazu gehörte die gestaffelte Anordnung von Vorder-, Mittel- und Hintergrund, kulissenartig platzierte Bäume an den Bildrändern, die den Blick ins Zentrum lenken, und jeweils ein Felsen, eine Ortschaft, eine Ruine, Burg oder wenigstens eine Mühle als Hauptsehenswürdigkeit, die den Blick auf sich zog.

In einem Punkt bewahrte Bach jedoch seine Eigenständigkeit gegenüber diesem Meister: Die für Zingg typische Manier der klar konturierten Binnenformen, die seine ganze Schule auszeichnet, übernahm Bach nicht, sondern behielt seine im Grün-Braun-Spektrum bleibende, tupfende Pinselführung bei, die er sich bereits in Leipzig zu Eigen gemacht hatte. Indem er stabile Kompositionen und weichen Farbauftrag miteinander vereinte, knüpfte Bach an das Erfolgskonzept Thieles an. Selbst Hagedorn, der reale Landschaftsschilderungen als unkünstlerisch ablehnte, hatte dessen Gemälde in seinen „Betrachtungen über die Mahlerey" bescheinigt: *Wie der heitre Hermann Sachtleben an den Ufern des Rheinstroms die Berge nachzubilden versuchte, die mit den schönsten Thälern abwechseln, so zeiget uns Thiele den nicht minder angenehmen Elbstrom, oft mit ganzen Landstrichen, soweit das geschärfte Auge reicht. Ihn hatte die Natur wirklich zum Landschafter erkoren.*[56]

Ein erwünschter Effekt des feucht lavierenden und nach hinten blasser werdenden Farbauftrags, wie Bach ihn bei Oeser gelernt hatte, war der Eindruck der Dunstigkeit. Mittels der dargestellten Luftfeuchtigkeit die Illusion von räumlicher Tiefe und der Entfernung der Bildgegenstände untereinander herzustellen und sie zugleich zu nutzen, um diese Gegenstände zu einer koloristischen Bildeinheit zusammenzuschließen, war

---

[56] Hagedorn 1762, S. 385.

ein ernst genommenes Thema in der zeitgenössischen Kunsttheorie: *Die mehr oder weniger beträchtliche Zwischenstellung der Luft, beraubt sie eines Theils ihres Glanzes, dessen Lebhaftigkeit oft das Organ des Gesichts beleidigen würde, wenn sie nicht gemildert würde. Diese Wirkung der Luft entscheidet mit mehr oder weniger Wahrheit die Apparenz der Gegenstände, in Beziehung auf den Plan, welchen sie einnehmen.*[57]

Die geringen Farbkontraste üben eine besänftigende Wirkung aus. Um dies zu erreichen, wurden sie durch das Eintönen mit einem Grund-Farbton gemildert: *Man mildert die Farben auf zweierlei Weise, einmal, indem man ihren Glanz, ihre Stärke schwächt, dann indem man sie so geschickt und fein in Uebereinstimmung setzt, dass sie für das Auge eine möglichst harmonische Wirkung hervorbringen. Die Mittel der Kunst für diesen Zweck sind, Verbindungen der Töne, Übergänge, gebrochene Farben, Abstufungen unmerklicher Nüancen, auch die Auswahl der Farben, die man einander näher bringt.*[58] Vor allem diese einander näher gebrachten Farben, die sich schließlich nur noch zwischen Braun, Grün und Grau bewegen, führen bei Bachs Blättern zu einem gewissen Wiedererkennungseffekt.

Z 27

Schandau und der Lilienstein
an der Elbe

Bez. u. r. mit Feder in Braun: „Aussicht von Schandau u. / Lilienstein"
Auf dem Untersatz von fremder Hand in Graphit: „vue Schandau"
Pinsel in Braun und Grau, laviert, aquarelliert, über Graphit auf Bütten; 27,5 × 38,9 cm; fest aufgelegt, mehrere Einrahmungslinien
Albertina, Wien, Graphische Sammlung, Inv. Nr. 6845
Provenienz: Albert von Sachsen-Teschen (Lugt 174)
Literatur: Slg.Kat. Wien 1997, S. 24, Nr. 26 mit Abb.; Hübner 1998, S. 196

In dieser Zeichnung führt Bach den Blick vom linken Elbufer, an dem ein Hirtenpaar mit einem Wagen und drei Rindern unter einem Baum rastet und wo ein einzelnes Fachwerkhaus steht, über den Fluss zu der sonnenbeschienenen Ortschaft Schandau im Mittelgrund. Dahinter erhebt sich der Lilienstein.

Dieser markante Berg galt seit dem Beginn der sächsischen Landschaftsmalerei gleichsam als pars pro toto für das ganze Elbsandsteingebirge. Immer wieder aus neuen Blickwinkeln und unter dem Einfluss wechselnder künstlerischer Strömungen stellten ihn u.a. Johann Alexander Thiele, dessen Schüler Christian Benjamin Müller und Johann Gottlieb Schön, Zingg und dessen zahlreiche Nachfolger einschließlich Ludwig Richter, Friedrich Christian Klass sowie Klengel und dessen Schüler wie Traugott Faber oder Christian Gottlob Hammer dar – bis weit ins 19. Jahrhundert hinein, als schließlich die Fotografie erfunden wurde und an Bedeutung gewann.

In dieser machtvollen Bildtradition fand eine Variante der Landschaftsmalerei ihre Form, die „Prospekt" oder „Vedute" genannt wurde. Diese Ansichten, bei denen es um Genauigkeit und gute Sichtbarkeit aller Einzelheiten der realen Welt ging, galten gegenüber den erfundenen Landschaften bloß als Konterfei einer Gegend, in das keine schöp-

---

[57] Heydenreich 1793–1795, Bd. 3, S. 51.
[58] Heydenreich 1793–1795, Bd. 3, S. 475 f.

ferische Erfindungskraft eingeflossen war. Dennoch waren sie unerlässlich, und schon Thiele bewies, dass man die Ansicht einer realen Landschaft so wiedergeben konnte, dass sie den Betrachter durch ihren Stimmungsgehalt auch emotional ansprach. Zugleich prägten Landschaftsinventionen wie die der niederländischen Vorbilder des 17. Jahrhunderts auch den Blick auf die reale Natur. Mit den ländlichen Staffagefiguren und der Konzeption des Blattes als Pendant zum folgenden Z 28 knüpft Bach bewusst an solche niederländischen Vorbilder an.

Z 28
Die Elbe zwischen Aussig und Lowositz

Unbez.
Auf dem Untersatz von fremder Hand in Graphit: „J. Samuel [sic!] Bach. / vue [... unleserlich]' Elbe entre Aussig et Lowositz."
Pinsel in Braun, laviert, über Spuren von Graphit auf Bütten; 19,4 × 26,2 cm; fest aufgelegt, mehrere Einrahmungslinien

Albertina, Wien, Graphische Sammlung, Inv. Nr. 6846
Provenienz: Albert von Sachsen-Teschen (Lugt 174)
Literatur: Slg.Kat. Wien 1997, S. 25, Nr. 27 mit Abb.; Hübner 1998, S. 196

Zusammen mit der Ansicht des Liliensteins Z 27 bildet diese Elbansicht ein Paar von Pendants, in dem die Ähnlichkeiten auf spielerische Weise spiegelsymmetrisch sichtbar gemacht worden sind. Während der Blick dort durch den Fluss nach links gelenkt wird, wird er hier nach rechts geführt; dort begrenzt links, hier rechts ein Baum bis an den oberen Bildrand die Darstellung. Die Zeichen sind diskret, doch nicht zu übersehen. Damit knüpft Bach an eine Traditionslinie der Flusslandschaften an, die zwar reale Gegenden zeigen oder zumindest von der Realität inspiriert sind, jedoch eher wegen ihres ästhetischen Eigenwerts als wegen ihrer topographischen Brauchbarkeit gemalt wurden. Der geschickteste Künstler auf diesem Gebiet in Sachsen war sicher Johann Christian Vollerdt, ein weiterer Schüler des alten Thiele, dem die Elbe oder der Rhein zwar Anregungen boten, der sie jedoch in ganz eigenständigen Bildpaaren schilderte, deren malerischer Reiz ihn zu seiner Zeit über die Landesgrenzen hinweg berühmt machte.[59]

Z 29
Steilfelsen an der Elbe
zwischen Pirna und Wehlen

Bez. u. r. mit Feder in Braun schwach lesbar: „J. S. Bach"

Bayerische Staatsgemäldesammlungen München, Inv. Nr. 5536; derselbe, Landschaft am Ufer eines Flusses,

Auf dem Untersatz von fremder Hand in Graphit: „J. Samuel [sic!] Bach. / Vüe des carrieres de Piere bondant l' Elbe entre Pirna et Wehlen."
Pinsel in Grau und Braun, laviert, aquarelliert, über Spuren von Graphit auf Bütten; 28,4 × 39,7 cm; fest aufgelegt, mehrere Einrahmungslinien
Albertina, Wien, Graphische Sammlung, Inv. Nr. 6847
Provenienz: Albert von Sachsen-Teschen (Lugt 174)
Literatur: Slg.Kat. Wien 1997, S. 25, Nr. 28 mit Abb.; Hübner 1998, S. 196

Diese das Bild bestimmende Sandsteinformation beherrscht heute wie eh und je die Elbe zwischen Pirna und Wehlen. In einer gewissen Spannung zu dem nackten Felsen steht die Szene vorn in der diagonal entgegengesetzten Bildecke, wo vier Männer damit beschäftigt sind, einen Kahn mit Gesteinsquadern zu beladen. Kleinteilig gebauschte Vegetation und der senkrecht aufragende massive Stein, die natürliche Ressource und ihre Verwertung durch den Menschen, dunkler Himmel und im Licht liegende Landschaft bilden die Kontraste, die dem Blatt seinen Reiz verleihen. Die ma-

---

59 Z.B. Johann Christian Vollerdt, Brennendes Dorf am Ufer eines Flusses, Öl auf Holz, 39,0 × 47,0 cm, Öl auf Holz, 39,0 × 40,0 cm, Bayerische Staatsgemäldesammlungen München, Inv. Nr. 5535.

lerische Gruppe der Steinbrecher nimmt hier die Stelle der Hirten, Fischer, Köhler, Holzhacker und Kiepenträger ein, die sonst als ländliche Staffage den Charakter von Landschaftsansichten prägen. Somit ist Bachs Zeichnung ein Zeugnis für den Übergang zwischen traditionell nach niederländischem Vorbild komponierten Werken und Ansichten, die der realen Umgebung abgelauscht sind, jedoch noch die alten Bildmuster befolgen.

Das Motiv des Steinbruchs wurde gelegentlich schon zu Beginn des 18. Jahrhunderts gezeichnet, so von Christian Benjamin Müller.[60] Allerdings wurde es noch lange nicht in der offiziellen Form des Ölgemäldes dargestellt. Während die Künstler in der kleinen, privaten Form auf dem Papier ungewohnte Motive aufnehmen und neuartige Sichtweisen ausprobieren konnten, blieben sie in der aufwendigeren Malerei konservativer und stärker an den Publikumserwartungen orientiert. Es war ein heute kaum noch vorstellbarer Prozess des Sehenlernens damit verbunden, ehe z.B. Klengel erstmals lediglich eine Steinwand frontal zum Betrachter ins Bild platzierte oder Traugott Faber die Eroberung der Felsen durch den eleganten Bürger zeigte.[61] Schließlich kam in der zweiten Hälfte des 19. Jahrhunderts der Moment, wo Ernst Erwin Oehme den rohen Steinbruch ins Großformat erhob; und Anfang des 20. Jahrhunderts erkor schließlich Robert Sterl die Steinbrecher zum beherrschenden Bildmotiv.[62]

Z 30
Schloss Tetschen in Böhmen, 1775

Bez. u. r. mit Feder in Schwarz: „J. S. Bach. Inv. 1775."
Auf dem Untersatz von fremder Hand in Graphit: „Vüe du Chateau de Tetschen en Bohéme / J. S. Bach."
Pinsel in Braun und Graugrün, laviert, aquarelliert, über Graphit auf Bütten; 29,4 × 39,7 cm; fest aufgelegt, mehrere Einrahmungslinien
Albertina, Wien, Graphische Sammlung, Inv. Nr. 6848
Provenienz: Albert von Sachsen-Teschen (Lugt 174)
Literatur: Slg.Kat. Wien 1997, S. 25, Nr. 29 mit Abb.; Hübner 1998, S. 196

Im Grunde waren es erstaunlich wenige Gegenden der realen Natur, die von den Landschaftsmalern wiedergegeben wurden: Bestimmte Blickrichtungen nahmen sie immer wieder aufs Neue ein und boten sie in ihren Werken den Betrachtern zum Nachvollzug an. Dies mochte mit vorausgesetzten Seherwartungen zusammenhängen – solange ein Künstler für den Broterwerb arbeitete, konnte er die Vorstellungen des Publikums nicht ignorieren.

Es sagt jedoch auch einiges über den Einfluss schon vorhandener Bilder auf die Wahrnehmung aus: Gesehen wurde nur, was bereits im kollektiven Bildwissen gespeichert war, und sei es die Konstellation einer Burg über einem Flusstal. Dem Zeichner erschien demnach darstellungswürdig, was schon einmal gesehen worden war oder was zu sehen erwartet wurde. Die individuelle künstlerische Leistung lag im 18. Jahrhundert in graduellen Verschiebungen, mit denen den Betrachtern bekannte Gegenstände aus neuen Blickwinkeln oder unbekannte Gegenden nach einem vertrauten Sehmuster angeboten wurden.

Im böhmischen Teil des Elbsandsteingebirges war das das Elbtal beherrschende Schloss Tetschen (heute Děčín) ein solches bevorzugtes Bildmotiv.[63] Schon Thiele hatte

---

[60] Christian Benjamin Müller, Steinbrüche bei Liebethal ohnweit Pirna, 1757, Pinsel in Braun über Graphit, Kulturhistorisches Museum Görlitz, Graphisches Kabinett, Inv. Nr. 201–81, siehe Fröhlich 2002, Abb. 23, S. 370.

[61] Johann Christian Klengel, Landschaft in der Sächsischen Schweiz, Öl auf Leinwand, 52 × 75 cm, Städtische Kunstsammlungen Chemnitz, Inv. Nr. 449, siehe Fröhlich 2005, Nr. M 149, S. 118, Abb. Tafel 57; Karl Gottfried Traugott Faber, Die Bastei im Elbsandsteingebirge, Öl auf Leinwand auf Holz, 37,3 × 46,7 cm, Stiftung Pommern Kiel, Inv. Nr. B 1018/17484, siehe Slg.Kat. Kiel 1982, S. 65 f. mit Abb.

[62] Ernst Erwin Oehme, Steinbruch in der Sächsischen Schweiz, 1860, Öl auf Leinwand, 141,0 × 106,5 cm, Staatliche Kunstsammlungen Dresden, Galerie Neue Meister, Inv. Nr. 1207, siehe Slg. Kat. Dresden 1987, Nr. 1207, S. 244 mit Abb.; Robert Sterl, Steinbruch mit Arbeitern, 1908, Öl auf Pappe, 22,0 × 92,5 cm, Staatliche Kunstsammlungen Dresden, Galerie Neue Meister, Inv. Nr. 1665, siehe Slg. Kat. Dresden 1987, Nr. 1665, S. 302 mit Abb.

[63] Vgl. Steinová 1999.

es im Jahre 1740 in einem großformatigen Gemälde dargestellt, und noch Carl Anton Graff schilderte es 1821 in einem biedermeierlich-getreuen Prospekt.[64]

Vom linksseitigen Elbufer aus, an dem Boote landen und vertäut sind und wo drei Männer um ein Feuer lagern, geht der Blick über den Fluss zu dem auf einer Halbinsel liegenden Felssporn, auf dem das Schloss errichtet ist. Am rechten Ufer sind Gärten mit Häuschen und eine Kapelle zu sehen. Am linken Bildrand stehen am Fuße steil aufragender Felsen zwei Häuser, an denen eine Straße dicht vorbeiführt.

Obwohl in der folgenden Zeichnung Z 31 vermutlich ein ganz anderes Schloss dargestellt ist, gleichen sich die Blätter im Bildaufbau mit dem Bauwerk auf einem Felsen links und einem Fluss rechts bis hin zu Einzelheiten wie den Männern am Feuer mit dem aufsteigenden Rauch. Ein Muster eignete sich also zur Darstellung verschiedener konkreter Gegenden, was nicht nur das Überblicken der Bildwelt erleichterte, sondern auch ein rationelles Arbeiten bedeutete. Dieses Prinzip ist nicht neu: Danach waren schon in Hartmann Schedels „Weltchronik" dieselben Holzschnitte zur Darstellung verschiedener Städte verwendet worden. Zugleich wandelte Bach das Motiv ab, indem er gegensätzliche Tageszeiten schilderte: Während das Flusstal dort von dem Licht des Vollmonds erhellt wird, brechen hier breite Strahlen der verdeckten Sonnenscheibe durch die Wolken.

Z 31

Flusslandschaft mit Burganlage im Mondlicht, 1775

Bez. u. r. mit Feder in Schwarz: „J. S. Bach inv. 1775"
Pinsel in Braun und Grünbraun, Rosa und Deckweiß über Graphit auf Bütten; 25,5 × 39,3 cm; schwarze Einrahmungslinie
Kunstsammlungen der Veste Coburg, Kupferstichkabinett, Inv. Nr. Z 858
Provenienz: Unbekannt
Literatur: Ausst.Kat. Coburg 1970, S. 38, Nr. 74, Abb. 80; Ausst.Kat. Heidelberg 1980, S. 28, Nr. 7, Abb. 22, S. 21; Hübner 1998, S. 197

Am linken Ufer eines Flusses liegen in einer Bucht zwei Boote. In dem vorderen haben zwei Männer ein loderndes Feuer entzündet, dessen Rauch hell aufsteigt. Dahinter sieht man einen Schuppen sowie am Fuße eines Felsens in einem Garten ein Haus mit gotischen Giebeln. Auf dem Felsen erhebt sich die Burg mit mehreren Gebäudeteilen. Der Fluss wird von einer steinernen Bogenbrücke überspannt, das rechte Ufer ist dicht bewaldet. Die ganze Landschaft ist hell erleuchtet vom Licht des Vollmonds.

Sicher hat Johann Christian Klengels Interesse für das charakteristische Licht der unterschiedlichen Tageszeiten, für Regen, Wolken, Sonnen- und Mondlicht auch seinen Schüler beeinflusst. Die vorliegende Arbeit Bachs und die ihr verwandte Darstellung des Tetschener Schlosses (Z 30) erscheinen in diesem Zusammenhang als tageszeitliche Pendants – als hätte der Künstler die unterschiedliche Wirkung des Sonnen- wie des Mondlichtes in ähnlichen Szenerien studiert. Während die Umgrenzung der Sonnenstrahlen in Z 30 in ihrer präzisen Trockenheit an die Darstellungsweise der Zingg-Schule erinnert, ist die Art, wie hier das Mondlicht die Ränder der Wolken aufleuchten lässt, sehr einfühlsam wiedergegeben. Arbeiten wie diese sensibilisierten das Empfinden für den Stimmungsgehalt der Natur und bereiteten die Betrachter auf die Wolkenhimmel der romantischen Maler vor. Hier scheint Johan Christian Clausen Dahls Darstellung des Elbtals mit Dresden unter einem hohen Nachthimmel Jahrzehnte vorweggenommen zu sein.[65]

Juliane Wilhelmine Bause fertigte von dieser Zeichnung eine Kopie an, die ihr Vater

---

[64] Johann Alexander Thiele, Nordböhmische Landschaft bei Tetschen und Aussig, 1740, Öl auf Leinwand, 105 × 152 cm, Staatliche Kunstsammlungen Dresden, Gemäldegalerie Alte Meister, Gal.Nr. 3606, siehe Ausst.Kat. Dresden 2002, Nr. 10, S. 126f. mit Abb;

Carl Anton Graff, Schloss Tetschen in Böhmen, 1821, Öl auf Leinwand, 71,0 × 104,5 cm, Städtische Galerie Dresden, Inv. Nr. 1965/46, siehe Slg.Kat. Dresden 2005, S. 28 mit Abb.

[65] Johan Christian Clausen Dahl, Blick auf Dresden im Mondschein, 1849, Öl auf Leinwand, 27,0 × 42,0 cm, Städtische Galerie Dresden, Inv. Nr. 1978/k 158, siehe Slg.Kat. Dresden 2005, S. 35 mit Abb. Dahl verwendet dieses Motiv mehrfach.

Johann Friedrich Bause als Vorlage für sein seitenverkehrtes Aquatintablatt „Der Sommerabend" wählte (siehe G 16).

Z 32
Kirche an der Elbe
zwischen Aussig und Lowositz, 1775

Bez. u. r. mit Feder in Braun: „J. S. Bach inv. 1775."
Auf dem Untersatz von fremder Hand in Graphit: „Vue d' un Village entre Aussig et Lowositz / J. S. Bach 1775."
Pinsel in Braun und Grau, laviert, aquarelliert, über Graphit auf Bütten; 27,5 × 38,9 cm; fest aufgelegt, mehrere Einrahmungslinien
Albertina, Wien, Graphische Sammlung, Inv. Nr. 6849
Provenienz: Albert von Sachsen-Teschen (Lugt 174)
Literatur: Slg.Kat. Wien 1997, S. 25, Nr. 30 mit Abb.; Hübner 1998, S. 196

Ein parallel zum unteren Bildrand dargestellter vollbesetzter Kahn, von einem Mann mit einem Staken abgestoßen, riegelt die Bildwelt zum Betrachter hin ab. Damit war das Problem des Vordergrundes schon einmal gelöst – das Gewässer konnte bis an den unteren Rand reichen, ohne den Eindruck zu erwecken, aus dem Bild zu laufen. Da sich dieses Gestaltungselement als formales Mittel bewährte, griff Bach auch in weiteren Ansichten des Elbtals darauf zurück (vgl. Z 33, Z 35, Z 36 und Z 37).

Was von dem heutigen Betrachter als liebenswürdig-erzählerisches Detail wahrgenommen wird, ist demnach zugleich ein Hinweis auf die Schwierigkeiten, die ein angehender Landschaftsmaler zu lösen hatte: Welchen Blickpunkt soll der Betrachter einnehmen? Wie wird der Vordergrund mit den hinteren Gründen verbunden? Wie werden die Ecken gefüllt? Wie wird die Darstellung sehenswert, ohne in Einzelheiten auseinanderzufallen; und wie verleiht man ihr eine harmonische Ausstrahlung, ohne dass sie an Spannung und Reiz verliert? Was regt die Phantasie des Betrachters an; was spricht zu seinem Gefühl? Bei einem vollendeten Kunstwerk braucht sich der Betrachter nicht bewusst zu werden, dass der Künstler auf unmerkliche Weise zahlreiche Regeln, Gesetze und Kunstgriffe anwendet, um ihm ein künstlerisches Seherlebnis zu verschaffen. Bleibt die Anwendung jedoch noch nicht gänzlich unmerklich wie in Bachs Fall, so gestattet dies einen höchst interessanten Einblick in die Werkstatt der Landschaftsmaler, die für ihre bildnerischen Probleme pragmatische Lösungen suchten.

Im vorliegenden Blatt geht der Blick vom linksseitigen Elbufer, wo eine Frau mit Bündel und einem Kind unterwegs ist, über den Fluss zu der kleinen Kirche und einigen bescheidenen Gebäuden zwischen Bäumen am Fuße eines Felsmassivs. In der folgenden Darstellung Z 33 sind die Sehenswürdigkeiten auf ganz ähnliche Weise, nur spiegelsymmetrisch, angeordnet – das Uferstück mit den Landleuten ist dort am rechten Bildrand zu finden, vor dem Berg stehen Hütten statt eines Kirchleins, auf dem Gipfel eine Ruine statt eines Kreuzes. Auch in diesem Fall zeigt sich Bachs Sinn für den rationellen Einsatz von Bildideen. Offensichtlich probierte er in seiner Folge von Elbtal-Ansichten mehrere Möglichkeiten aus, die in der Variation eines einzigen Kompositionsmusters lagen.

Z 33
Die Ruine Schreckenstein an der Elbe

Unbez.
Auf dem Untersatz von fremder Hand in Graphit: „Jean Samuel [sic!] Bach. / Vüe du Chateau de Schöckenstein sur d' Elbe."
Pinsel in Braun, aquarelliert, über Spuren von Graphit auf Bütten; 28,6 × 41,6 cm; fest aufgelegt, mehrere Einrahmungslinien
Albertina, Wien, Graphische Sammlung, Inv. Nr. 6850
Provenienz: Albert von Sachsen-Teschen (Lugt 174)
Literatur: Slg.Kat. Wien 1997, S. 25, Nr. 31 mit Abb., Farbabb. S. XXVIII; Hübner 1998, S. 196

Wer denkt bei diesem Titel nicht sofort an Ludwig Richters „Überfahrt am Schreckenstein",[66] ein „Signalbild" der romantischen Landschaftsmalerei in Dresden, wie es Gerd Spitzer bezeichnete?[67] Beide Darstellungen weisen die Ruine auf dem Felsen, den voll besetzten Kahn und auch im Hintergrund weitere markante Erhebungen auf. Dennoch könnte der Unterschied zwischen dem kleinteilig zusammengesetzten, erzählerischen Blatt in verhaltenem Kolorit von Bachs Hand und Richters 60 Jahre später entstandenem, auf wenige Formen reduzierten, im strahlenden Abendlicht als „Lebensschiff" symbolisch überhöhten Gemälde nicht größer sein. Erst der Vergleich mit Werken der Vorgänger und Nachfolger, in diesem Falle mit Richters ambitioniertem Gemälde, ermöglicht es, der Eigenart von Bachs noch spätbarock aufgefasster Pinselzeichnung gerecht zu werden.

Sie ist als spiegelsymmetrisches Pendant zu der vorangegangenen Zeichnung Z 32 angelegt. Der Betrachterblick wird nach oben gelenkt, wo hinter der Burgruine dunkle Wolken heraufziehen – eine Sicht auf die Ruine, in der ihr ein früheres Gemälde von Richters Hand gleicht.[68] Der Sandsteinfelsen und die Häuser am Fuße des Berges liegen in gleißendem Licht und beschwören eine Gewitterstimmung, in der die Ruine um so erhabener und unnahbarer in die Höhe ragt.

Z 34
Die Ruine Schreckenstein an der Elbe, flussabwärts gesehen

Unbez.
Pinsel in Braunschwarz, aquarelliert, über schwarze Kreide, auf Bütten; 28,6 × 40,0 cm
Bach-Archiv Leipzig, Inv. Nr. Graph. Slg. 12/24
Provenienz: Erworben 2001 von der Kunsthandlung Arnoldi-Livie, München
Literatur: Verk.Kat. München 2000, Nr. 11 mit Abb.

Anders als in dem elbaufwärts gesehenen Blatt Z 33 ist die Ruine hier von hinten dargestellt. Dadurch kann der Betrachter in der Vorstellung den Bergrücken zu ihr hinauf steigen, wobei sein Blick von einer Sehenswürdigkeit – einer Figur, Hütte oder Pflanze – zur anderen gelenkt wird. All diese Bildgegenstände sind ein wenig unbekümmert um die Größenverhältnisse ins Bild gesetzt. So erscheint die Mühle links als ein Versatzstück, das Bach auch schon in anderen Blättern dargestellt hatte (vgl. Z 24, Z 25 und Z 26), das hier jedoch, verglichen mit dem Hirten und der rastenden Mutter mit Kind, zu klein wirkt.

Zwischen den Hügeln am linken Ufer und dem Felsen rechts wird der Blick zügig in die Bildtiefe gezogen, wobei die kleiner werdenden Segelboote und das Kirchlein die rasante Entfernung verdeutlichen. Darin klingen ältere Bildmuster an wie die im 18. Jahrhundert noch sehr beliebten Fluss- und Gebirgslandschaften eines Jan Griffier mit ihrer großen Tiefenerstreckung.

Z 35
Elblandschaft am Lilienstein mit Fähre

Bez. u. r. mit Feder in Braun: „Bach del."
Pinsel in Grau, leicht aquarelliert auf Bütten; Wasserzeichen Lilie; 27,2 × 38,9 cm
Privatbesitz Seeheim-Jugenheim
Provenienz: Aus der Sammlung Dr. Friedrich Klinkhardt
Literatur: Bisher unveröffentlicht

---

[66] Ludwig Richter, Überfahrt am Schreckenstein, 1837, Öl auf Leinwand, 116,5 × 156,5 cm, Staatliche Kunstsammlungen Dresden, Galerie Neue Meister, Inv. Nr. 2229.

[67] Spitzer 1998, S. 5.

[68] Ludwig Richter, Der Schreckenstein bei Aussig, 1835, Öl auf Leinwand, 88,0 × 115,3 cm, Museum der Bildenden Künste Leipzig, Inv. Nr. 199, siehe Ausst. Kat. Karlsruhe 1991, Nr. 174, S. 306, Abb. S. 119.

Wie bedeutsam dem jungen Künstler die Landschaften aus dem Elbtal waren, zeigt die Tatsache, dass er die Ansicht des mit Mensch und Vieh besetzten Bootes auf der Elbe vor dem Hintergrund der Gebirgskulisse relativ unverändert gleich drei Mal gestaltete, wobei dieses und das folgende Blatt Z 36 einander bis hin zur Bezeichnung der Wolken und des Lokalkolorits an den Kleidungsstücken der Figuren besonders ähnlich sind. Erst in der Ansicht Z 37 erkennt man schließlich eindeutig, dass es sich bei dem markanten Felsen im Hintergrund um den Lilienstein handelt.

Z 36
Elblandschaft am Lilienstein mit Fähre (siehe Z 35)

Bez. laut Karteikarte u. r.: „J. S. Bach. [kaum lesbar]"
Pinsel in Braun und Hellrot über Graphit; 28,1 × 39,5 cm; schwarze Einrahmungslinie
Staatliche Kunstsammlungen Dresden, Kupferstich-Kabinett, Inv. Nr. C 2539
Provenienz: 1825 aus Johann Christian Klengels Nachlass erworben

Literatur: Hübner 1998, S. 198

Z 37
Elblandschaft am Lilienstein mit Fähre

Unbez.
Pinsel in Braun und Braungrau, leicht aquarelliert, über Graphit; 27,2 × 38,9 cm; fest passepartouriert
Museum der Bildenden Künste Leipzig, Graphische Sammlung, Inv. Nr. NI 65 („Waldige Gebirgslandschaft mit See")
Provenienz: Ehemals Gehlersche, später Dörriensche Sammlung Leipzig
Literatur: Wustmann 1909, S. 307; Ausst.Kat. Heidelberg 1980, S. 36; Ottenberg 1982, Abb. S. 190; Hübner 1998, S. 198

Während das linke Ufer aus schroff abfallenden Felsen besteht, die nur spärlich mit Bäumen bestanden sind, steigt das rechte, tannenbewachsene Ufer gemächlicher an. Dort sind einige Bauernhäuser inmitten ihrer Gärten zu sehen. Der Kahn wird von zwei Männern gestakt, die zwei Bauern mit zwei Rindern und eine Frau mit Kiepe befördern. Die Komposition dieser Ansicht ähnelt jener der beiden Zeichnungen Z 35 und Z 36, doch wirken hier die Größenverhältnisse der Details untereinander stimmiger und erscheint die Darstellung deshalb gefasst und monumental. Der Felsen, der auch dort den Hintergrund bildet, ist hier durch seine charakteristische Gestalt nun als Lilienstein zu erkennen.

Dass diese scheinbar selbstverständliche Wiedererkennbarkeit eine solide Kunstfertigkeit voraussetzte, wird in den folgenden Zeilen des Gartentheoretikers Christian Cay Lorenz Hirschfeld deutlich: *Man wage es, eine Ebene, ein Thal zu beschreiben. Wenn man ihre Länge oder Breite, ihre Erhöhung oder Vertiefung, ihre Bekleidung oder die Nachbarschaft der angränzenden Gegenstände angeben soll: wird es möglich seyn, durch Worte eine so genaue, eine so feste Idee zu erwecken, daß man gerade diese Ebene, gerade dieses Thal besonders erkenne, so wie es ist, ohne Verwechselung mit einem ähnlichen, das man gesehen, oder einem andern, das die Phantasie unterschiebt? Man beschreibt einen Hügel; sein Fuß, seine Seiten, sein Gipfel sind seine vornehmsten Theile. Allein wird diese Zergliederung hinreichen? Welche Mannigfaltigkeit liegt nicht in dem zugerundeten, verlängerten, verengten, niedergedrückten, ausschweifenden, zusammengepreßten, wieder ausgewickelten Formen! Und wo sind alle die Wörter, die zur bestimmten Bezeichnung dieser Formen erfordert würden?*[69]

---

[69] Hirschfeld 1779–1785, 1. Bd., 2. Abschnitt, S. 186.

Z 38
Schloss Moritzburg bei Dresden inmitten der Moritzburger Teichlandschaft

Unbez.
Pinsel in Braun und Graubraun über Spuren von Graphit; 28,2 × 46,5 cm; fest montiert
Museum der Bildenden Künste Leipzig, Graphische Sammlung, Inv. Nr. NI. 64
Provenienz: Aus der Sammlung Johann Gottlieb von Quandts, Dresden; Dörriensche Sammlung Leipzig
Literatur: Wustmann 1909, S. 307; Stechow 1961, S. 140, Abb. 4 und S. 433, Anm. 33; Ausst.Kat. Heidelberg 1980, S. 36; Ausst.Kat. Leipzig 1998, o. S.; Hübner 1998, S. 197

Auch wenn Bach das Motiv der Fischer im Kahn mehrmals verwendete (etwa in Z 32, Z 33, Z 35, Z 36 und Z 37), so weist es in diesem Fall doch auf eine konkret durchgestaltete Kulturlandschaft hin – hier formte die Teichwirtschaft die Umgebung des Jagdschlosses Moritzburg in der Nähe von Dresden. Am linken Ufer steht ein Fischer mit Kescher bei einem sitzenden Hirten, dessen Rinder weiter hinten weiden, unter einer ausladenden Weide. Das rechte Ufer ist mit Bäumen, einigen toten Stämmen und Schilf bestanden. Somit erzählt die Landschaft im Vordergrund eine eigene Geschichte, ehe der Blick zum Schloss im Hintergrund vordringt. Das Blatt ist keine „porträtgenaue" Ansicht, die etwa die Details der Vierflügelanlage zeigen würde, wie der Kupferstich von Johann August Corvinus oder die Zeichnung aus Thieles Zeit.[70] Die Proportionen der Bauteile sind sogar eher im Unklaren gelassen. Auf der formalen Ebene scheinen Baumkronen, Gewässer und Himmel weit wichtiger zu sein. Doch durch das Jagdschloss im Hintergrund erlangen sie gleichsam ihre Berechtigung in dieser Darstellung.
Dieses Kompositionsschema mit der natürlichen Rahmung und der Blicklenkung zur Sehenswürdigkeit hinein in die Bildtiefe geht auf Johann Alexander Thiele zurück. Dessen sogenannte „Vaterländische Prospekte" zeigen sächsische Schlösser, Burgen und Ortschaften auf dieselbe Weise in die Natur eingebettet. Auch hatte Thiele dieses Jagdschloss der sächsischen Kurfürsten schon dargestellt,[71] das die Landschaftsmaler seitdem immer wieder als Motiv gewählt haben. Sein Blick von erhöhtem Standpunkt durch die rahmenden Bäume hindurch auf die Schlossanlage scheint es gewesen zu sein, den Bach in seiner Pinselzeichnung aufgegriffen und zitiert hat.

Z 39
Landschaft mit Baumgruppe und Gewässer im Mondschein

Unbez.
Pinsel in Dunkelbraun und Grünbraun, leicht aquarelliert; 16,0 × 22,8 cm; fest passepartouriert
Museum der Bildenden Künste Leipzig, Graphische Sammlung, Inv. Nr. NI 66
Provenienz: Dörriensche Sammlung Leipzig
Literatur: Ausst.Kat. Leipzig 1965, Nr. 7; Ausst.Kat. Heidelberg 1980, S. 36; Ausst.Kat. Leipzig 1998, o. S.; Hübner 1998, S. 196; Fröhlich 2002, S. 424, Abb. 158; Fröhlich 2003, S. 361, Abb. 2

Wie Leitmotive ziehen sich einige Bildgegenstände und Kompositionsideen durch Bachs schmales Werk. Dazu gehört neben dem Kahn im Vordergrund auch die Konstellation mit dem nächtlich-dunklen Dickicht links und dem Vollmond am bewölkten Himmel über einem Gewässer rechts (vgl. Z 31 und Z 40). Im vorliegenden Blatt sitzt links vorn ein Mann in dem Boot, das ein anderer

---

[70] Johann August Corvinus, Prospect des Königl. Polnischen und kurfürstl. Sächsischen Lustschlosses Moritzburg, um 1725, Kupferstich, Staatliche Kunstsammlungen Dresden, Kupferstich-Kabinett, siehe Ausst.Kat. Moritzburg 1992, S. 10 mit Abb.; Johann C. Uhlinger zugeschrieben, von Johann Alexander Thiele bezeichnet, Ansicht vom Schloss Moritzburg, Feder, laviert auf blauem Papier, 23,5 × 39,1 cm, Staatliche Kunstsammlungen Dresden, Kupferstich-Kabinett, Inv. Nr. C 1906–32.

[71] Johann Alexander Thiele, Schloss Moritzburg mit Jagdgesellschaft, 1733, Öl auf Leinwand, 106 × 154 cm, Staatliche Kunstsammlungen Dresden, Gemäldegalerie Alte Meister, Inv. Nr. Mo 2150, siehe Ausst.Kat. Moritzburg 1992, Abb. S. 38.

durch eine Enge stakt. In der Mitte, wo einige Boote am Ufer vertäut sind, glänzt der Wasserspiegel im Widerschein des Vollmonds. Am jenseitigen Ufer stehen einige Hütten, hinter denen in der Ferne ein Höhenzug den Horizont bildet.

Auch wenn der mondhelle Nachthimmel aus heutiger Sicht eine romantische Naturauffassung vorwegzunehmen scheint, bezog sich Bach mit diesen Darstellungen selbstverständlich auf ältere Vorbilder, z.B. Aert van der Neer im 17. Jahrhundert mit seinen hellen nächtlichen Flusslandschaften,[72] Thiele und Vollerdt in der Mitte – und vor allem Klengel am Ende des 18. Jahrhunderts.[73] Bachs Dresdner Lehrer war dafür berühmt, dass er immer wieder die Wirkung von Sonne und Mond, das unterschiedliche Kolorit bei Tageslicht und im fahlen Licht des Mondes studierte. Damit leiteten diese Künstler von der spätbarocken Landschaftsmalerei mit ihrem eher sachlichen Interesse an koloristisch vermittelten Stimmungswerten zur romantischen Kunstauffassung z.B. von Carl Gustav Carus, Philipp Otto Runge oder Johan Christian Clausen Dahl über, die in diesen Naturansichten Gleichnisse für wechselnde Zustände der menschlichen Seele fanden. Eine andere Richtung schlug ein Maler wie Heinrich Theodor Wehle ein, der in den neunziger Jahren des 18. Jahrhunderts das Konzept der arkadischen Landschaft mit der Darstellung des Mondhimmels zu einem Ideal der Empfindsamkeit verschmolz.[74]

Sicher ohne sich über diese Entwicklung im Klaren zu sein und dennoch an den Strömungen des Zeitgeistes teilhabend, nahm Bach bereits zwanzig Jahre zuvor das Motiv der Mondscheinlandschaft auf. Mit seinen zu einem *Akkord*[75] vereinten gedeckten Farben und der weichen Pinselführung fand er dafür seinen eigenen künstlerischen Ausdruck.

Z 40
Die Festung Sonnenstein bei Pirna im Mondlicht

Unbez.
Pinsel in Braun und Grau, laviert, aquarelliert, über Spuren von Graphit; 19,3 × 30,3 cm; fest passepartouriert
Museum der Bildenden Künste Leipzig, Graphische Sammlung, Inv. Nr. NI 68
Provenienz: Ehemals Gehlersche, später Dörriensche Sammlung Leipzig
Literatur: Wustmann 1909, S. 307; Stechow 1961, S. 140, Abb. 5, und S. 433; Ausst.Kat. Heidelberg 1980, S. 36; Ottenberg 1982, Abb. S. 191; Ausst.Kat. Leipzig 1998, o. S.; Hübner 1998, S. 197; Fröhlich 2002, S. 425, Abb. 159

Ähnlich aufgebaut wie die vorangegangene Landschaft Z 39, handelt es sich bei dieser Ansicht doch mit großer Wahrscheinlichkeit um ein anderes Motiv, nämlich die Festung Sonnenstein bei Pirna. Links vorn verbindet eine zum Armbrustschießen geeignete Vogelstange die Bildebenen miteinander, während das von hinten monddurchschienene Segel am Elbufer an Aert van der Neers nächtliche Flusslandschaften erinnert. Offenbar hat Bach hier die Festung wie in Z 38 das Jagdschloss Moritzburg in ihren Details zusammengefasst und vereinfacht. Demnach scheint es ihm weniger um architektonische Exaktheit im Sinne einer Vedute gegangen zu sein, wie sie beispielsweise Bernardo Bellotto zu seinem Stil erhoben hatte,[76] sondern

---

[72] Vgl. Aert van der Neer, Mondschein am Fluss vor der Stadt, um 1650, Öl auf Eichenholz, Staatliche Kunstsammlungen Dresden, Gemäldegalerie Alte Meister, Gal. Nr. 1552.
[73] Johann Alexander Thiele, Felsige Flusslandschaft im Licht des Vollmonds, Öl auf Blech, 26,2 × 24,6 cm, Sondershausen, Schlossmuseum, Inv. Nr. Kb 27, siehe Ausst.Kat. Sondershausen 2003, Nr. 37, S. 260 f. mit Abb.; Johann Christian Vollerdt, Die Nacht, 1843, Öl auf Holz, 34,4 × 43,0 cm, Museum der Bildenden Künste Leipzig, Inv. Nr. 1274; Johann Christian Klengel, Ein nächtlicher Mondschein, über eine schöne fruchtbare Gegend, welche allen nur möglichen Reiz einer kühlen Sommernacht gewährt, Meusel 1804, S. 108 f.
[74] Heinrich Theodor Wehle, Südliche Landschaft im Licht des Vollmonds, Feder in Schwarz, dunkelblau laviert, 55,4 × 78,7 cm, Warschau, Muzeum Narodowe Warszawie, Inv. Nr. Rys. Nm. XIX 1651 oder Parklandschaft mit zwei badenden Mädchen im Mondlicht, Feder in Schwarz, laviert, 54,0 × 77,8 cm, Warschau, Inv. Nr. Rys. Nm. XIX 1652, siehe Ausst.Kat. Bautzen 2005, Nr. Z 41 und Z 42, S. 190, Abb. S. 138 und 143.
[75] Zu diesem Begriff vgl. Heydenreich 1793–1795, Bd. 2, S. 195.
[76] Vgl. Bernardo Bellotto, gen. Canaletto, Pirna von Niederposta mit der Landstraße nach Copitz, 1754/65, Öl auf Leinwand, 136 × 242 cm, Staatliche Kunstsammlungen Dresden, Gemäldegalerie Alte Meister, Gal. Nr. 619, siehe Slg.Kat. Dresden 2005 II, Nr. 104, S. 110 mit Abb.

Z 41
Ansicht von Dresden vom Neustädter Ufer

Bez. u. l. mit Pinsel in Braun (halb verdeckt): „Joh. Seb. Bach"

Feder und Pinsel in Grau, grau laviert, aquarelliert und mit der Feder in Braun akzentuiert, über Spuren von Graphit; 20,5 × 29,4 cm; fest passepartouriert

Museum der Bildenden Künste Leipzig, Graphische Sammlung, Inv. Nr. NI 63

Provenienz: Ehemals Gehlersche, später Dörriensche Sammlung Leipzig

Literatur: Wustmann 1909, S. 306; Ausst.Kat. Heidelberg 1980, S. 36; Slg.Kat. Leipzig 1990, S. 387, Nr. 462; Hübner 1998, S. 196

vielmehr um die räumliche Einbindung des Bauwerks in die umgebende Landschaft. So nahm der Künstler den konkreten Ort als Anlass für die Darstellung einer speziellen Stimmung im nächtlichen Elbtal.

Ein himmlischer Zauber liegt auf der Scene, die man von der Elbbrücke, oder von den Kirchthürmen Dresdens überschaut. Alles passt zueinander. Ins Grosse hat die Natur hier nicht gearbeitet, und die Menschen hüteteten sich, diesen Wink zu übersehen. Kein London, kein Paris, kein Wien entstand an den Ufern der Elbe, aber den Genuss, welchen am Arno Florenz den Reisenden darbietet, diesen findet er, auch in einer nördlichen Gegend, an den Ufern der Elbe, in Dresden, für sich bereitet. Der Fluß hat weder die Tiefe noch die Breite wie bei Hamburg, keine dreimastigen Seeschiffe liegen hier an seine Ufer gebunden. Er fliesst in stiller Ruhe, aber feierlich daher.[77]

Mit seiner sorgfältig ausgeführten Pinselzeichnung scheint Bach Heinrich Rittners Beschreibung „Dresden mit seinen Prachtgebäuden und schönsten Umgebungen" aus den Jahren 1807–1808 vorwegnehmend illustriert zu haben. Er zeigt hier den Blick vom Neustädter Ufer Dresdens über die Elbe mit der Augustusbrücke zur Frauenkirche, zur Katholischen Hofkirche und zum sogenannten Hausmannsturm des Dresdener Schlosses. Im Vordergrund sind Männer an einem Verladeplatz sowie ein angelegter Kahn zu sehen.

Damit knüpft Bach an eine lange Reihe von Vorgängern an, welche die sächsische Residenzstadt ebenfalls von diesem Standpunkt aus darstellten. Er zeigt jene Ansicht, wie sie der venezianische Maler Bernardo Bellotto, genannt Canaletto, 1750/51 in sogenannten „Veduten" festgehalten hat. Bellotto stellte darin das Panorama der barocken Residenz dar, wie es sich zur Elbe hin präsentierte;[78] heute wird dies der „Canaletto-Blick" genannt.[79] Doch schon ein im 16. Jahrhundert entstandener Kupferstich nach einer Federzeichnung von Hendrick III. van Cleve zeigt,[80] wie die Brücke und das Schloss das Bild beherrschen. Von wechselnden Standpunkten aus schufen auch Johann Alexander Thiele sowie dessen Schüler Christian Wilhelm Ernst Dietrich, genannt Dietricy, und Johann Christian Vollerdt in der ersten Hälfte des 18. Jahrhunderts repräsentative Ansichten der Elbe-Residenz.[81]

Dresden-Ansichten haben Künstler wie Betrachter über die Jahrhunderte hinweg immer wieder gereizt, wobei sich zwischen

---

[77] Rittner 1807–1808, o. S., im Vorwort.

[78] Bernardo Bellotto, Dresden vom rechten Elbufer unterhalb der Augustusbrücke, 1751/52, Öl auf Leinwand, 133,0 × 237,0 cm, Staatliche Kunstsammlungen Dresden, Gemäldegalerie Alte Meister, Gal.Nr. 606; ders., Blick auf Dresden vom Neustädter Brückenkopf, 1765, Öl auf Leinwand, 99,5 × 134,0 cm, Karlsruhe, Staatliche Kunsthalle, Inv. Nr. 2518.

[79] Siehe A. Fröhlich, Der „Canalettoblick" – Dresdens Silhouette im öffentlichen Gedächtnis. In: Groß/John 2006, S. 191–195.

[80] Kupferstich von Philipp Galle mit der Stadtansicht von Dresden nach Hendrick III. van Cleve, 17,3 × 24,2 cm (Platte verschnitten), Städtische Galerie Dresden, Graphische Sammlung, Inv. Nr. 1978/k 196.

[81] Johann Alexander Thiele, Ansicht von Dresden mit der Augustusbrücke, 1746, Öl auf Leinwand, 104,0 × 153,0 cm, Staatliche Kunstsammlungen Dresden, Gemäldegalerie Alte Meister, Gal.Nr. 3660; Christian Wilhelm Ernst Dietrich, Blick auf Dresden, um 1735, Öl auf Leinwand, 63,0 × 80,0 cm, Nationalmuseum Stockholm, Inv. Nr.NM 263; Johann Christian Vollerdt, Dresden vom rechten Elbufer aus gesehen, 1756, Öl auf Leinwand, 61,0 × 75,5 cm, Freies deutsches Hochstift, Frankfurter Goethe-Museum, Frankfurt am Main, Graphische Sammlung, Inv. Nr. IV/1644.

ihnen eine Übereinkunft in der Darstellungstradition herausbildete: Die Silhouette steht darin für die ganze Stadt. In jeder Generation setzten sich die Künstler erneut mit ihrer Darstellung auseinander. So übernahmen Christian August Günther, Christian Gottlob Hammer, Johan Christian Clausen Dahl oder Christian Friedrich Gille Bellottos Konzept der Stadtdarstellung in der Totalen, wobei sie die Perspektiven verschoben und die Stadt nach hinten in die Bildtiefe versetzten oder einen leichten Draufblick ermöglichten.[82] Die unverkennbaren Türme, die als Wahrzeichen in der Landschaft aufragen, spielen eine Hauptrolle. All diese Beispiele bezeugen die Breite und Qualität der Veduten- und Landschaftsmalerei, die in Dresden vor allem vom Ende des 18. bis ins späte 19. Jahrhundert hinein ausgeübt wurde.

Mit seinem Blatt, zu dem es noch ein Pendant gegeben haben muss, wie Brauers Kupferstich „Premiere Vue de Dresde.", G 19, zeigt, hat sich Bach demnach in eine große Tradition eingereiht, ohne dem Thema der Stadtvedute jedoch einen wirklich neuen Aspekt hinzuzufügen.

---

[82] Christian August Günther, Blick auf Dresden mit dem Japanischen Palais, der Augustusbrücke und der Altstadt, 1784–85, Feder, aquarelliert, 48,8 × 64,6 cm, Albertina, Wien, Graphische Sammlung, Inv. Nr. 15046; Christian Gottlob Hammer, Allgemeine Ansicht der Stadt Dresden und ihrer Lage, 1807, Feder und Pinsel in Braun, 15,6 × 22,8 cm, Albertina, Wien, Graphische Sammlung, Inv. Nr. 5427; Johan Christian Clausen Dahl, Blick auf Dresden bei Vollmondschein, 1839, Staatliche Kunstsammlungen Dresden, Galerie Neue Meister, Inv. Nr. 250; sowie ders., Blick auf Dresden im Mondschein, 1849, Öl auf Leinwand, 27,0 × 42,0 cm, Städtische Galerie Dresden, Graphische Sammlung, Inv. Nr. 1978/k 158; Christian Friedrich Gille, Blick auf Dresden vom rechten Elbufer, um 1830/35, Graphit, schwarze Kreide, Tusche, laviert, weiß gehöht, auf bräunlichem Papier, 33,7 × 50,1 cm, Staatliche Kunstsammlungen Dresden, Kupferstich-Kabinett, Inv. Nr. C 1937-517; sowie ders., Das Altstädter Ufer in Dresden, um 1835/40, Öl auf Papier, auf Pappe, 22,0 × 32,8 cm, Freital, Städtische Kunstsammlungen im Haus der Heimat, Inv. Nr. V V/ 63/639.

Idyllische Landschaften

Aus heutiger Sicht erscheinen Bachs idyllische Landschaften als Kern seines überlieferten künstlerischen Werkes. Mit ihnen bezieht er sich mehrfach auf die Dichtungen des Schweizer Malers und Dichters Salomon Geßner, der diese Gattung zu ihrem Höhepunkt entwickelt hatte. Geringe motivische „Akzent"-Verschiebungen genügten, um den Charakter heiterer Geborgenheit ins Elegische und damit die Idylle in eine arkadische Landschaft zu verwandeln.

Z 42
Die Zephyre, 1772

Unbez.
Verso von fremder Hand mit Feder in Braun: „Die Zephyre ein Gedicht von Gesner"; darunter mit Bleistift: „gezeich von Bach; Joh. Samuel Bach, Sohn des Tonkünstlers K. Ph. E. Bach"; u. l. in Bleistift, unterstrichen: „BB"

Pinsel in Grau und Schwarz, laviert, über Graphit; 28,8 × 38,8 cm; schwarze Einrahmungslinie
Hamburger Kunsthalle, Kupferstichkabinett, Inv. Nr. 40378
Provenienz: Erworben 1907 von der Kunsthandlung Woldemar Kunis, Dohna/Sachsen
Literatur: Verk.Kat. Dohna o. J. II, S. 4, Nr. 8; Verk.Kat. Hamburg 1818, S. 2, Nr. 19; Stechow 1961, S. 433, Abb. 141, Abb. 7; Slg.Kat. Hamburg 1967, S. 34f., Nr. 51, Abb. 49; Ausst.Kat. Heidelberg 1980, S. 27, Nr. 5, S. 24, Abb. 17; Hübner 1998, S. 197; Fröhlich 2002, S. 205, Anm. 469

Bach bezieht sich mit dieser Zeichnung auf die 1756 erschienenen „Idyllen" des Schweizer Dichters und Malers Salomon Geßner. Er hält den Moment fest, als sich ein mildtätiges Mädchen dem Haus einer armen Witwe nähert und von zwei geflügelten Windgöttern beobachtet wird. An dieser Stelle führen sie folgendem Dialog:

Erster Zephyr: Was flatterst Du so müßig hier im Rosenbusch? Komm, flieg mit mir ins schattichte Tal; dort baden Nymphen sich im Teich.
Zweiter Zephyr: Nein, ich fliege nicht mit dir. Fliege du zum Teich, umflattere deine Nymphen; ein süßeres Geschäft will ich verrichten. Hier kühl ich meine Flügel im Rosentau und sammle liebliche Gerüche.
Erster Zephyr: Was ist denn Dein Geschäft, das süßer ist, als in die Spiele froher Nymphen sich zu mischen?
Zweiter Zephyr: Bald wird ein Mädchen hier den Pfad vorübergehn, schön wie die jüngste der Grazien. Mit einem vollen Korb geht sie bei jedem Morgenrot zu jener Hütte, die dort am Hügel steht. Sieh, die Morgensonne glänzt an ihr bemooster Dach; dort reicht sie der Armut Trost und jeden Tages Nahrung; dort wohnt ein Weib, fromm, krank und arm; zwei unschuldsvolle Kinder würden hungernd an ihrem Bette weinen,

wäre Daphne nicht ihr Trost. Bald wird sie wieder kommen, die schönen Wangen glühend und Tränen im unschuldvollen Auge; Tränen des Mitleids und der süßen Freude, der Armut Trost zu sein. Hier wart' ich, hier im Rosenbusch, bis ich sie kommen sehe. Mit dem Geruche der Rosen und mit kühlen Schwingen flieg' ich ihr dann entgegen; dann kühl' ich ihre Wangen und küsse Tränen von ihren Augen. Sieh, das ist mein Geschäft.
Erster Zephyr: Du rührest mich! Wie süß ist Dein Geschäft! Mit dir will ich meine Flügel kühlen, mit dir Gerüche sammeln, mit Dir will ich fliegen, wenn sie kömmt. Doch – sieh, am Weidenbusch herauf kömmt sie daher; schön ist sie wie der Morgen; Unschuld lächelt sanft auf ihren Wangen, voll Anmut ist jede Gebärde. Auf, da ist sie, schwinge deine Flügel; so schöne Wangen hab' ich noch nie gekühlt![83]

Das Licht, in dem die Hütte liegt, bildet einen starken Kontrast zu der dunklen Wolke und zu den Bäumen rechts im Mittelgrund. Die Komposition wirkt nicht ganz homogen, sondern mit den vielen gleichrangig behandelten Materialen unruhig. Eine Landschaft mit Sehreizen zu überladen, die nur die Schaulust bedienen sollen, anstatt das Bild zu vervollkommnen, war für einen jungen Künstler eine naheliegende Gefahr, die auch dem Kunstschriftsteller Hagedorn bewusst war. In seinem Kapitel über „Gesperrte Landschaften, Wasserfälle und Hirten-Scenen" warnt er deshalb: *Auch die Habsucht kann den Geschmack des Liebhabers unterdrücken, wenn er für die Belohnung, die er an neue Kunstwerke zu wagen gedenket, zu viel auf einmal sehen, und wohl, in den eigentlichsten Schäferstücken, oder auch bey einem in der gebirgigen Landschafte herrschenden Wasserfalle, die weiteste Ferne erblicken will. (…) Gegen die Unterordnung giebt es keinen Reichtum in irgend einem Gemählde und nur durch sie kann der Künstler der Natur eine glückliche Nachahmung auf einer blossen Fläche, wie seine Tafel ist, abgewinnen.*[84]

Wolfgang Stechow bemerkt zwischen diesem und dem folgenden Blatt einen Stilwechsel, ja sogar einen Bruch mit Geßners Stil; er ist der Ansicht, Bach sei mit Z 43 über Geßners Einfluss hinausgelangt.[85]

Z 43
Die Zephyre

Unbez.
Pinsel in Grünbraun über Rötel; 15,7 × 21,4 cm; fest passepartouriert
Museum der Bildenden Künste Leipzig, Graphische Sammlung, Inv. Nr. NI 67
Provenienz: Ehemals Gehlersche, später Dörriensche Sammlung Leipzig, u. r. Prägestempel des Städtischen Museums Leipzig

Literatur: Wustmann 1907, S. 307; Stechow 1961, S. 142, Nr. 10, S. 433; Ausst.Kat. Leipzig 1965, S. 25, Nr. 8; Ausst.Kat. Heidelberg 1980, S. 24 (Abdruck des Gedichtes); Ausst.Kat. Leipzig 1998, o. S.; Hübner 1998, S. 189, 197; Fröhlich 2002, S. 426, Nr. 162; Fröhlich 2003, S. 361, Abb. 2

Die Darstellung ist vom räumlichen Aufbau her einem Blatt von Adam Friedrich Oeser sehr ähnlich, das einen Arbeiter mit Schubkarre vor einem Bauernhof zeigt.[86] Vor allem aber schuf Oeser eine Zeichnung, in der Baum, Hütte und die Figuren mit Bachs „Zephyren" weitreichend übereinstimmen; lediglich die räumlichen Verhältnisse weichen etwas voneinander ab (Abb. 24, S. 106).[87] Auch wenn es naheliegt, darin eine Kopie des Schülers nach dem Lehrer zu vermuten, könnte es in diesem Fall auch anders herum gewesen sein, da Oeser große Stücke auf Bachs Talent hielt. Dass fast jeder begabte-

---

[83] Geßner 1772, S. 34 ff. oder Geßner 1980, S. 110 f.
[84] Hagedorn 1762, S. 349.
[85] Stechow 1961, S. 435.

[86] Adam Friedrich Oeser, Landschaft mit Bauernhof, Pinsel in Rötlich- und Grünlichbraun über Rötel, 20,2 × 27,5 cm, Hamburger Kunsthalle, Kupferstichkabinett, Inv. Nr. 41916.

[87] Adam Friedrich Oeser, Szene nach Geßners „Die Zephyre" (Familienszene vor einem Bauernhaus), Pinsel in Braun über Graphit, 16,3 × 24,1 cm, Museum der Bildenden Künste Leipzig, Inv. Nr. NI. 1954–73.

re Schüler der Leipziger Akademie dieses Blatt nach der Geßnerschen Textvorlage kopierte,[88] darunter auch Christoph Nathe und Juliane Wilhelmine Bause, die diese Zeichnung als Vorlage für ihre Radierung G 17 wählte, bemerkt Wilhelm Schulze.[89] Dies mag an dem Interesse liegen, das der Akademiedirektor selbst für dieses Motiv hegte: Vier Varianten des Themas sind von Oeser in Leipziger Museums- bzw. in Privatbesitz überliefert, darunter ein hochformatiges Gemälde, in dem ebenfalls die beiden geflügelten kindlichen Zephyre über der Szene schweben.[90] Und auch schon Geßner schuf eine radierte Vignette mit den beiden Zephyren, die ein Medaillon halten, in dem das Mädchen mit dem Korb zu der Mutter mit den Kindern tritt.[91]

Bach selbst nutzte die hier verwendete kompositorische Idee mit der Hütte unter dem Baum links und dem Vorplatz noch einmal für eine Szene von ganz anderem Charakter (Z 44). Darin zeigt sich erneut der pragmatische Umgang mit Bildideen, die – für sich genommen wertfrei – erst durch Kleidung, Gestik und Ausdruck der Figuren ihren spezifischen Charakter verliehen bekamen. Die Zeichnung Z 42, in der die Zephyre als Jünglinge dargestellt sind, zeigt jedoch, dass Bach auch für dieselbe Textstelle eine zweite Illustration komponierte, wenn ihm das Thema lohnend erschien.

Z 44
Idyllische Landschaft mit vor einem Grabmonument kniender verschleierter Frau

Unbez.
Feder und Pinsel in Braun über Spuren von Graphit, braun laviert; 24,4 × 33,5 cm; mit mehreren schwarzen Tuschlinien umrandet
Kunsthandel Lempertz, Köln
Provenienz: Unbekannt
Literatur: Auktion Lempertz, 874. Auktion am 21. Mai 2005, Köln 2005, Los-Nr. 852

Auf einem stillen Platz vor einer Hütte, über die links ein Baum ragt, kniet bei einem Vasendenkmal eine verschleierte Frau. Die Szenerie ist dieselbe wie in Bachs Zeichnung der Zephyre Z 42; das Bild ist offensichtlich im engen Austausch mit Oeser entstanden (siehe Abb. 24, S. 106). Das Blatt ist ein Beispiel für den rationellen Umgang mit be-

deutungsoffenen, mehrfach verwendbaren Bildideen. Zugleich kann man daran ermessen, welchen Einfluss die Staffage auf den Charakter einer Landschaft hat. Während die Gegend in der Zephyr-Darstellung still und verschwiegen wirkt, durch die Anwesenheit des Mädchens und der geflügelten Kinderfiguren jedoch auch eine gewisse entspannte Heiterkeit ausstrahlt, erscheint hier die niedergesunkene Trauernde geradezu als eine Verkörperung der Melancholie. Auch dieser Gemütszustand wohnt den idyllischen Landschaften inne, denn auch hier ist der Tod zugegen. Damit ist dieses Blatt eine verhaltenere und zugleich deutlichere Variante des Sujets „Et ego in Arcadia", wie es auch Bach gestaltete (vgl. Z 50 und Z 51).

Wie pragmatisch das Repertoire zur Erweckung bestimmter Emotionen angewendet wurde, zeigt Johann Daniel Preißlers gleichsam katalogartige Aufzählung in seiner „Gründliche[n] Anleitung welcher man sich im Nachzeichnen schöner Landschaften oder Prospecten bedienen kann ...": *Ferner kann man auch zur Auszierung derselben sehr annehmlich sehen lassen Gräber, Aschen=Krüge, Todes=Mahle, Grenz= Steine, zerbrochene Säulen, die entweder Capitälgen oder ein Fußgestell haben, Obeliscen und Pyramiden (...) und was dergleichen unzehlig mehr ist; zu meinem Vorhaben aber viel zu weitläufftig, alles*

---

[88] Geßner 1772, S. 34 ff.
[89] Schulze 1940, S. 46.
[90] Adam Friedrich Oeser, Zephire beobachten ein mildtätiges Mädchen vor der Hütte der Armut, 1772/80, Öl auf Leinwand, 138,0 × 72,0 cm, oben abgerundet, Stadtgeschichtliches Museum Leipzig, Inv. Nr. IV/43, siehe Ausst.Kat. Karlsruhe 1991, Nr. 142, S. 294, Abb. S. 102.
[91] Geßner o. J., 2. Bd., o. S. [Blatt 10 oben].

zu erwehnen.[92] In dieser erstmals 1728/31 erschienenen Anleitung lieferte der namhafte Nürnberger Kupferstecher zugleich gestochene Zeichenvorlagen für die Schüler, die dabei vom Einfachen zum Schwierigen fortschritten. Darunter waren auch Übungen für die erwähnten Versatzstücke zur Ausschmückung einer Landschaft. Preißlers „Anleitung" war weit verbreitet und wurde mehrfach nachgeahmt, darunter auch noch von Klengel mit seiner fast ein Jahrhundert später gedruckten Zeichenschule.[93]

Z 45
Landschaft mit zwei Frauen und einem Kind an einem Brücklein, das zu einem offenen Gartentor führt, 1775

Bez. u. l.: „J. S. Bach. inv. 1775."
Pinsel in Grau; 17,0 × 23,1 cm; dreistreifige Einrahmung

Kunstmuseum Basel, Kupferstichkabinett, Inv. Nr. Bl. 378.2.UU
Provenienz: Unbekannt
Literatur: Bisher unveröffentlicht

Während seiner Ausbildung zum Landschaftsmaler in Dresden übte sich Bach in verschiedenen Disziplinen: Niederländisch beeinflusste ländliche Gegenden und reale Ansichten waren ebenso darunter wie ideale Inventionen, die als höchste Form der Landschaftsmalerei galten. Bei Klengel erwarb er sich dazu das jeweilige künstlerische Handwerkszeug – schließlich verfügte dieser Meister selbst mit pragmatischer Gewandtheit über die entsprechenden künstlerischen Mittel für jede Bildaufgabe. So waren Unterschiede in „gesperrten" und „offenen" Landschaften sowie im heroischen und landmäßigen Stil zu beachten,[94] ferner die Anordnung der Erdmassen, der Bäume – in den kunsttheoretischen Anleitungen ein beinahe unerschöpfliches Thema – sowie Kolorit und Kontrast.

In Klengels arkadischen Landschaftsgemälden konnte der Schüler lernen, wie eine angenehme, aber noch neutrale Landschaft durch die passende Staffage zusammen mit einer architektonischen Reminiszenz an die Antike in einen idyllischen Sehnsuchtsort verwandelt wurde.

Das Gebiet idyllischer Landschaftserfindungen war es schließlich auch, auf dem Bach als Künstler seine eigenständigsten Leistungen erbrachte. Obwohl das „Vokabular", auf das er zurückgriff, mit Flüssen und Brücken, Vasen, Büsten und Grabmälern sowie mit antik gewandeten jugendlichen Gestalten überschaubar und überhaupt nicht neu war, schuf er damit andere Bildwelten als seine Kollegen: Erst im Vergleich mit deren Werken wird offensichtlich, wo z.B. die Hintergründe ins Zart-Nebelhafte übergehen können wie bei Oeser; wo die Szenerien deutlich tiefräumiger angelegt und mit kleineren Figuren staffiert sind und ein durchgeformteres Erdreich mit entsprechend bewegterer Horizontlinie aufweisen wie bei Klengel;[95] oder wo rahmende Baumkronen zusammen mit energischem Helldunkel den Blick zwischen antiken Bauwerken hindurch tief in eine vorgestellte Vergangenheit führen wie in Heinrich Theodor Wehles Blättern.[96]

Bachs Bildräume befinden sich dagegen näher an der Bildfläche und damit am Betrachterauge; sie sind durch Büsche und Bäume nach hinten abgeschlossen und deshalb überschaubar, das Gelände unter heiteren Himmeln ist kaum bewegt, die Vegetation üppig, doch nicht wild wuchernd – wie im vorliegenden Blatt. All dies waren Voraussetzungen dafür, dass der Betrachter sich entspannen und die Szenerie als zeitlosen Ort der Unschuld und Geborgenheit jenseits des bürgerlichen Alltags wahrnehmen konnte.

---

[92] Preißler 1747, o. S.
[93] Klengel o. J. [1802].
[94] Hagedorn 1762, S. 345 und S. 358 ff.
[95] Siehe Fröhlich 2005, Nr. M 42 bis M 64, S. 95–101 und Z 471 bis Z 496, S. 206–210.
[96] Ausst.Kat. Bautzen 2005, Nr. Z 41 bis Z 56, S. 190 f.

WERKVERZEICHNIS – IDYLLISCHE LANDSCHAFTEN

Z 46
Landschaft mit zwei Frauen
und einem Kind vor Postament mit Vase,
1776

Bez. u. r. mit Feder in Schwarz: „J. S. Bach inv. 1776"
Pinsel in Wasserfarben auf bräunlichem Papier; 17,6 ×
24,1 cm; doppelte schwarze Einrahmungslinie
Hamburger Kunsthalle, Kupferstichkabinett, Inv. Nr.
1938-2. Verso Stempel der Kunsthalle und des Vereins für Hamburgische Geschichte.
Provenienz: 1938 Geschenk des Vereins für Hamburgische Geschichte
Literatur: Stechow 1961, S. 434 f., Abb. 9; Ausst.Kat.
Heidelberg 1980, S. 28, Nr. 8, Abb. 12, S. 20; Slg.
Kat. Hamburg 1989, S. 80, Nr. 35, mit Abb.; Ausst.
Kat. Leipzig 1998, o. S.; Hübner 1998, S. 197; Fröhlich 2002, S. 206

Bach erfand diese idyllische Landschaft noch in Dresden, wie die Datierung 1775 des Baseler Blattes Z 45 zeigt. Sie war ihm offenbar gelungen erschienen, so dass er sie während seines Hamburger Aufenthaltes noch einmal wiederholte – vermutlich für einen Hamburger Interessenten, aus dessen Besitz es in den Hamburger Geschichtsverein und schließlich in die Kunsthalle gelangt ist. Auch von der folgenden Bildidee gibt es zwei Ausführungen (Z 47 und Z 48).
Die Zeichenweise wirkt frisch und fast brillant. Das im Licht glänzende Laub wird durch den leer gelassenen Papierton dargestellt. Durch die dichten Tupfen ergibt sich ein homogener Bildraum, die Darstellung gemahnt in ihrer porzellanenen Feinheit an Miniaturen. Bach ist demnach als Landschaftsmaler im Vollbesitz seiner handwerklichen Fähigkeiten und hätte in den folgenden Jahren aus dem Vollen schöpfen können, wenn ihn Krankheit und allzu früher Tod nicht daran gehindert hätten.

Z 47
Idyllische Flusslandschaft mit Hermesbüste,
umringt von einer Gruppe von Hirten

Unbez.
Pinsel in Graubraun; 16,4 × 23,2 cm; Einrahmungslinie
Kunstmuseum Basel, Kupferstichkabinett, Inv. Nr. Bl.
378.68.UU
Provenienz: Unbekannt
Literatur: Bisher unveröffentlicht

Hermes, dem Gott des Handels und der Diebe, welcher der Legende nach Apoll die Rinderherden des Admetos stahl und als Beschützer der Herden galt, war diese Büste gewidmet. Das Kultmal des bärtigen Gottes wurde in der Antike zugleich als Fruchtbarkeitssymbol und als Schutzzeichen an Landstraßen, Wegkreuzungen und Flurgrenzen errichtet. Die vierkantige, sich nach unten verjüngende Form wurde später auch für andere Götter- und Porträtbüsten verwendet.
Im 18. Jahrhundert ist die Büste des Hermes – neben Statuen seines Sohnes, des bocksbeinigen Naturgottes Pan, des Weingottes Bacchus, des doppelgesichtigen Janus oder der Flora – ein unverkennbares Attribut idyllischer Landschaften. So hat Adam Friedrich Oeser seine Landschaft mit Hirten bei einer Janusherme ganz ähnlich aufgebaut und dabei das Kultbild zum Zentrum der Komposition erhoben (Abb. 25, S. 111).[97]
Auch Bach hat in seinem Blatt der Büste eine bildbestimmende Stellung eingeräumt. Dabei ist weder in diesem Bild noch in seiner

---

[97] Adam Friedrich Oeser, Landschaft mit Hirten bei einer Janusherme, Pinsel in Braun, 23,5 × 16,0 cm, Klassik Stiftung Weimar, Graphische Sammlung, Inv. Nr. KK 4095.

Replik Z 48 eindeutig zu bestimmen, ob es sich bei dem bärtigen Kopf um Hermes als Hirtengott handelt oder um Bacchus als Gott des Weines. Auf letzteres könnte das Tamburin als Instrument im Gefolge des Bacchus hinweisen; auch erinnert die Gestalt des sitzenden Musikanten an Silen aus Bacchus' Gefolge. Folgt man Heydenreichs Bemerkung im „Ästhetischen Wörterbuch", so hat Bach hier eher Hirten als Silenen dargestellt, denn dort heißt es: *Silen, Pflegevater des Bacchus, oder im allgemeinen, die alten Satyrn, welche man Silene nannte, haben in ernsthaften Stücken, nicht den Ausdruck der Fröhlichkeit. Es sind schöne Gestalten, in der ganzen Reife des Alters ...*[98] – während es sich in diesem Fall wohl doch eher um eine jugendliche Gruppe handelt.

Die Büste steht an einem im Sonnenlicht liegenden Wiesenufer vor dichtem Buschwerk und ist von einer malerischen Gruppe von Hirtinnen bei dem Flötenspieler umlagert. Dabei fällt ein bei der Büste stehender nackter Hirte auf: Er verkörpert gleichsam die Anmut der ihrer selbst kaum bewussten, glücklichen Bewohner der arkadischen Gefilde. Für den Betrachter wird diese anmutige, unschuldige Geisteshaltung dadurch sichtbar, dass der Jüngling mit gelösten Gliedern eine „gefällige Stellung" einnimmt.

Gilpin hat die Wirkung der Grazie auf den Körper eingehend beschrieben; u.a. bemerkt er, dass die Grazie besonders auf dem Kontrast *eine[r] gute[n] Entgegenstellung der Theile unter einander* und der natürlichen Leichtigkeit der Körperhaltung beruhe: *In Ansehung des Körpers, besteht der Kontrast darin, wenn man ihm eine leichte natürliche Wendung giebt, und die einwärts gebognen Teile den auswärts laufenden entgegen stellt; (...) In Ansehung der Glieder, besteht er in der Abwechslung der ausgestreckten Glieder mit den verkürzten. (...) Endlich entsteht auch ein Kontrast aus der Stellung des Kopfes, welcher von der Wendung des Nackens in Ansehung der Linie, die der Körper macht, herrührt. (...) Man kann dem Körper eine Wendung geben, man darf ihn aber deswegen nicht verzerren. Alle gezwungenen Stellungen sind zu vermeiden, und nur solche Bewegungen zu wählen, welche sich in der Natur, die das Leichte, Ungezwungene liebt, finden.*[99]

Doch auch Stämme, Laub, Erdreich und Gewässer hat Bach mit Leichtigkeit getupft und laviert, und zwar auf eine Weise, dass sie sich vor den Augen des Betrachters zu ineinander überleitenden Formen zusammenschließen. Lediglich die Figuren und die Ranken hinter der Büste treten durch die Konturierung mit schmaleren, dunkleren Linien hervor. Bis hin zu den Zweigen rechts vorn genau auf dieselbe Weise gestaltete Bach auch die Replik Z 48. Die Komposition der Landschaft mit der nach rechts zum Gewässer hin abfallenden Horizontlinie verhält sich spiegelsymmetrisch zu jener „Waldlandschaft mit Diana" Z 49 im selben Format (und in derselben Sammlung) – beide Blätter hat Bach also offenbar als Paar von Pendants angelegt.

Z 48

Idyllische Flusslandschaft mit Hermesbüste, umringt von einer Gruppe von Hirten (siehe Z 47)

Unbez.
Pinsel in Braun und Graugrün, laviert, über Graphit; 15,9 × 22,7 cm; fest aufgelegt, mehrere Einrahmungslinien
Albertina, Wien, Graphische Sammlung, Inv. Nr. 4985
Provenienz: Gottfried Winckler, Leipzig, Albert von Sachsen-Teschen (Lugt 174)
Literatur: Slg.Kat. Wien 1997, S. 23, Nr. 17; Hübner 1998, S. 195

Z 49

Waldlandschaft mit Diana, die mit ihren Gefährtinnen auf der Jagd an einem Waldteich ruht, 1775

Bez. u. l.: „J. S. Bach. inv. 1775."
Pinsel in Graubraun; 16,8 × 23,0 cm; dreistreifige Einrahmung
Kunstmuseum Basel, Kupferstichkabinett, Inv. Nr. Bi. 378.1.UU
Provenienz: Unbekannt
Literatur: Bisher unveröffentlicht

---

[98] Heydenreich 1793–1795, Bd. 2, S. 418 f.

[99] Gilpin 1768, S. 22 ff.

WERKVERZEICHNIS – IDYLLISCHE LANDSCHAFTEN

Als Gegenstück zur Idyllischen Flusslandschaft mit Hermesbüste (Z 47) komponiert, steigt hier das Gelände von dem Gewässer links zum Laubwald nach rechts an. Auf einer Uferlichtung, die ihre Entsprechung in einer Uferwiese des Pendants findet, sind die Göttin der Jagd und zwei Gefährtinnen mit ihren Hunden bei einem erlegten Hirsch dargestellt. Die Szene spielt auf die Legende von Aktäon an, der die keusche Göttin beim Bad beobachtet und diesen Frevel mit seiner Verwandlung in einen Hirsch und mit dem Tode bezahlt – er wird von der eigenen Hundemeute zerrissen. Doch gemahnt kaum noch etwas an das blutige Geschehen: Die leicht bekleideten Gestalten erinnern eher an Nymphen, und die Vegetation vermittelt die unbewegte Stille einer heißen Mittagsstunde. *Die Faunen, und die Dryaden und das rege Gefolge der Göttin der Jagd lässt der Mahler dem Dichter nicht allein,* schreibt Hagedorn in seinen „Betrachtungen über die Malerei". *Er bevölkert damit seine Landschaften, die er, wie Geßner seinen Daphnis und seine Idyllen, aus der schönsten Natur und aus den unschuldsvollen Zeiten wählet und zusammensetzet.*[100] Hier erscheint wieder das Thema der Auswahl und der Kombination geeigneter Bildgegenstände, um die erwünschte Wirkung zu erzielen. Zugleich spricht der Autor an, was auch Salomon Geßner selbst ein wichtiges Anliegen war: dass Poesie und Dichtung einander die Themen und Motive leihen und einander beflügeln sollten. So hat Bach hier das mythologische Thema aus dem antiken Götterhimmel in einen geruhsam-idyllischen Binnenraum geholt und ermöglicht dem Betrachter, was Aktäon nicht gestattet war: den Blick auf die sich unbeobachtet wähnenden Göttinnen.

Z 50
Arkadische Landschaft mit Hirten bei einem Grabmal

Bez. u. r. mit Pinsel in Braun: „J. S. Bach fec."; o. r.: „83."
Auf dem Untersatz von fremder Hand in Graphit: „Jean Samuel [sic!] Bach."
Grabmalsinschrift: „ΚΑΙ ΕΓΩ ΕΝ ΑΡΚΑΔΙΑ"
Pinsel in Braun und Grün über Graphit und Rötel, mit Feder in Braun übergangen, auf Bütten; 34,3 × 49,2 cm; fest aufgelegt, mehrere Einrahmungslinien
Albertina, Wien, Graphische Sammlung, Inv. Nr. 4984
Provenienz: Albert von Sachsen-Teschen (Lugt 174)
Literatur: Slg.Kat. Wien 1997, S. 22, Nr. 16; Hübner 1998, S. 195

In dieser Zeichnung konzentriert sich Bach auf eine Figurengruppe mit Flötenspieler bei einem Sarkophag, deren Idee auf Oeser zurückgeht. Der Überlieferung nach fügte dieser die Hirten und Mädchen in Bachs Zeichnung Z 51 ein. Bach hat ihre Anordnung hier wiederholt und dabei seinen Lehrer bei der Gestaltung ihrer Gliedmaßen und Gewänder durchaus überflügelt.
Somit „formulierte" Oeser gleichsam die *ausdrucksvolle, geistreiche Idee,* die Bach in der großräumiger angelegten Zeichnung Z 51 in *das Ganze* eines größeren kompositorischen Zusammenhangs einfügen sollte. Der Begriff des *Ganzen* ist in diesem Zusammenhang nicht beliebig, sondern gehört zu jenen Eintragungen in das „Ästhetische Wörterbuch", mit denen die Autoren das Wissen um ästhetische und künstlerische Gesetzmäßigkeiten in ein wissenschaftliches System zu bringen versuchten.[101]

---

[100] Hagedorn 1762, S. 38 f.
[101] Heydenreich 1793–1795, Bd. 2, S. 261 ff.

Z 51
Arkadische Landschaft mit Hirten
bei einem Grabmal

Bez. u. r. unter der äußersten Einrahmungslinie mit Feder in Dunkelbraun: „Bach und Oeser fec."
Inschrift auf dem Sarkophag: „KAI EΓΩ HNEN [sic] / APKAΔIA"
Pinsel in Braun über Graphit, weiß gehöht; 30,3 × 39,6 cm; mehrfach braun gerahmt, alt montiert
Klassik Stiftung Weimar, Goethe-Nationalmuseum, Inv. Nr. KK 314
Provenienz: Johann Friedrich Rochlitz, 1839 Großherzog Carl Friedrich von Weimar
Literatur: Ausst.Kat. Leipzig 1965, S. 25, Nr. 5, Abb. 19; Ausst.Kat. Heidelberg 1980, S. 36; Hübner 1998, S. 198

Rechts steht in einer zwischen Bäumen gelegenen Felsenhöhle ein steinerner Sarkophag mit einer massiven Vase darauf. Davor sitzen ein Flöte spielender Hirte auf einem Stein sowie etwas abgewandt vorn ein Paar. Links führt ein geschwungener Weg unter einem geneigten toten Baum hindurch zu einem Tal in der Ferne. Die Gruppe der Figuren vor dem Sarkophag stammt von Oesers Hand. Bach hat ihre Anordnung in seine Pinselzeichnung Z 50 übernommen.

Ueberhaupt hat die Natur gewissen Oertern den Charakter der Munterkeit, der Traurigkeit, der Ehrfurcht, der Andacht, der Furcht oder des Schreckens, recht sichtbar eingedrückt. Dem geschickten Künstler kömmt es zu, sich dieses zu nutze zu machen. Wählet der Landschaftsmahler solche Gegenden, und bringt er darinne eine dem Charakter des Orts gemäße Handlung an, so wird er gewiß das Herz rühren. Von dieser Art ist das Gemälde des Poussin, von welchem der Abt du Bos redet, wo man in einer sehr reizenden Landschaft das Grabmal eines jungen Mädchens mit der Aufschrift erblicket: et ego in Arcadia. Die Dichter und die Romanschreiber haben solche Gegenden wohl benuzet.[102] Was Johann Georg Sulzer hier in einem Aufsatz über die den Kunstwerken innewohnende „Energie" als Beispiel anführt, lässt sich in Bachs Zeichnung beobachten. Offenbar gestaltete er einen Ort der Traurigkeit oder der Andacht: Die Komposition mit der das Bild beherrschenden Vase, dem Musiker im Zentrum, der überlegten Platzierung der Bäume und den kontemplativen Rückenfiguren rechts unten strahlt verhaltenes Pathos aus. Ähnlich wie in den arkadischen Landschaften Z 53, Z 54 und Z 55 ist hier ein tiefer Bildraum mit mehreren untereinander verbundenen Binnenräumen angelegt, der durchaus auch für ein größeres Format und das „offizielle" Medium des Ölgemäldes geeignet gewesen wäre. Vergleicht man ihn mit einer ganz ähnlich „gebauten" Landschaft Oesers, die ebenfalls von einer Vase in einer Felsnische rechts dominiert wird, fällt die entschiedenere zeichnerische Qualität bei Bach ins Auge (Abb. 26, S. 116) – der Schüler begann den Lehrer zu überflügeln.[103] Ein anderes Blatt von Oesers Hand drückt mit seiner Unterschrift aus, was das Ziel dieser Darstellungen war: *Hier Unsterblichkeit fühlen und Geister ahnen – wer kann's nicht?*[104]

Vor dem Flötenspieler stehen drei Mädchen und ein Kind, die einander in ausdrucksvollen Gesten auf die Grabmalinschrift hinweisen. In dieser Inschrift „KAI EΓΩ HNEN [sic] APKAΔIA" drückt sich in der zeitgenössischen Denkweise der – einer arkadischen Landschaft zugrundeliegende – Gedanke aus, die *eine große, tiefe, ausdrucksvolle, geistreiche Idee, welche sich in einem Gemählde findet*. So heißt es im „Ästhetischen Wörterbuch" unter diesem Stichwort weiter: *Zwei Arkadische Liebende, die von Lieb' und Freude in ein Gehölze gehen, und ein Grabmahl mit der Aufschrift finden: Auch ich wurd' in Arkadien gebohren, sind ein Gedanke, welcher zu tiefen Betrachtungen leitet.*[105]

---

[102] Sulzer 1773, S. 140.
[103] Adam Friedrich Oeser, Arkadische Waldlandschaft, Pinselzeichnung, 33,4 × 41,6 cm, Klassik Stiftung Weimar, Graphische Sammlung, Inv. Nr. KK 4071.
[104] Adam Friedrich Oeser, Arkadische Waldlandschaft mit Hirten am Sarkophag, Pinselzeichnung, Klassik Stiftung Weimar, Graphische Sammlung, Inv. Nr. KK 4002.
[105] Heydenreich 1793–1795, Bd. 2, S. 275.

Dass als Beispiel für den „Gedanken" eines Gemäldes eine arkadische Landschaft mit Grabmal herangezogen wurde, zeigt, wie verbreitet diese Bildidee in der zweiten Hälfte des 18. Jahrhunderts war, und zwar auch in Frankreich, woher die ursprünglichen Autoren des ins Deutsche übertragenen „Wörterbuchs" stammten; der Autor dieses Beitrags war Pierre Charles Levesque. Ja, die arkadischen Landschaften bildeten neben „idyllischen" oder „heroischen" Landschaften, die ebenfalls den erfundenen idealen Landschaften zuzuordnen sind, eine Untergruppe der sich ausdifferenzierenden Bildgattung der Landschaftsmalerei.

In Sachsen war es Adam Friedrich Oeser, der mit seiner ausdrücklichen Affinität zu diesem Thema für dessen Verbreitung sorgte.[106] So sind auch von Zingg,[107] Nathe,[108] Reinhart,[109] und Wehle[110] und eben von Bach solche Landschaften überliefert, in denen sich Gefühle der heiteren Harmonie, welche die Ruhe ausstrahlende, in die Antike verlagerte Natur weckt, mit ernsteren Empfindungen angesichts des Todes vermischen.

Z 52
Landschaft mit Rinderherde an einem steinernen Brunnen

Unbez.
Verso u. von fremder Hand mit Bleistift: „Johann Samuel Bach, Sohn des Componisten Ph. Emanuel Bach"
Pinsel in Braun und Grünbraun, Rötel; 21,2 × 31,1 cm; schwarze Einrahmungslinie
Hamburger Kunsthalle, Kupferstichkabinett, Inv. Nr. 40379
Provenienz: Erworben 1907 von der Kunsthandlung Woldemar Kunis, Dohna/Sachsen
Literatur: Verk.Kat. Dohna o. J. I, S. 3, Nr. 7; Jahresbericht Hamburg 1907, S. 15; Ausst.Kat. Heidelberg 1980, S. 15, Nr. 3, und S. 22, Abb. 22; Hübner 1998, S. 197

An einem im Schatten lagernden Hirtenpaar vorbei erblickt der Betrachter eine Lichtung, die durch keine sichtbaren Pfade mit anderen Gegenden innerhalb der Bildwelt verbunden ist: Er hat damit gleichsam Anteil an der Ruhe dieses abgeschiedenen, im Sonnenlicht liegenden Ortes. Ein steinerner Brunnen beherrscht den Platz. Das rechteckige Becken mit der Abflussrinne vorn, einem Stierkopf an der Stirnseite, aus dem das Wasser rinnt, sowie Voluten rechts und links davon geht auf einen Typus zurück, der z.B. durch die Radierungen Salomon Geßners bekannt geworden war.[111]

Auf dem Brunnen hockt – von dem anlehnenden Hirten scheinbar ungesehen – mit übergeschlagenen Bocksbeinen der antike Hirtengott Pan. Dem Naturgott von halb tierischem Wesen, der von den Satyrn und Silenen nicht immer klar unterschieden war, wurden seit der Antike wechselnde Bedeutungen zugesprochen. Im 18. Jahrhundert gehörte er zu den unverzichtbaren Attributen idyllischer Landschaften. Der Legende nach bläst er zur Mittagsstunde die Syrinx, seine Panflöte, und versetzt die Hirten damit in „panischen Schrecken". Doch hat es

---

[106] Adam Friedrich Oeser, Arkadische Landschaft mit Figuren, Pinsel in Braun, weiß gehöht, über Graphit, Klassik Stiftung Weimar, Graphische Sammlung, Inv. Nr. KK 314; derselbe, ET IN ARCADIA EGO, zwischen 1767 und 1777, Öl auf Leinwand, 38,5 × 46,0 cm, Niedersächsische Landesgalerie Hannover.
[107] Adrian Zingg, Große Arkadische Landschaft mit Altar, Feder und Pinsel in Braun, 63,3 × 87,5 cm, Dessau, Staatliche Galerie, Schloss Georgium, Inv.Nr. Z 974, Ausst.Kat. Zürich 1991, S. 198, Nr. 129, Abb. S. 28.
[108] Christoph Nathe, Landschaft mit zerbrochenem Sarkophag, Pinsel in Braun und Grün, laviert, 25,5 × 19,5 cm, Kulturhistorisches Museum Görlitz, Graphisches Kabinett, Inv. Nr. H 296/51, Kat. 506; derselbe, Arkadische Landschaft mit Hirtenpaar vor einem Grabdenkmal, Feder und Pinsel in Braun und Schwarz, aquarelliert, über schwarze Kreide auf Bütten, 42,5 × 56,0 cm, Albertina, Wien, Graphische Sammlung, Inv. Nr. 14849.
[109] Johann Christian Reinhart, Auch ich war in Arkadien, Feder in Braun, laviert, 1785, Privatbesitz Winterstein, München, Ausst.Kat. München 1997, Nr. 4, S. 44 f.
[110] Heinrich Theodor Wehle, Arkadischer Hain mit einem antik gekleideten Figurenpaar vor einem Monument, auf dem vorn ein Relief und oben eine efeuumrankte Vase angebracht ist; Pinsel über Spuren von schwarzer Kreide, 61,9 × 73,9 cm, Kunstsammlungen der Veste Coburg, Kupferstichkabinett, Inv. Nr. Z-1950, vgl. Ausst.Kat. Bautzen 2005, Z 43, S. 190 mit Abb.
[111] Geßner o. J., 1. Bd., o. S. [Blatt 11]; siehe auch Ausst.Kat. Heidelberg 1980, Kat. 29/1, S. 21, Abb. 13.

Bach hier vorgezogen, die Stille des Ortes nicht mit solchen erzählerischen Details zu stören, sondern den Betrachter einen zeitlosen Moment erfahren zu lassen.

Z 53
Arkadische Landschaft mit Aquädukt und Tempel auf einer Anhöhe, 1775
(vgl. die seitenverkehrten Zeichnungen Z 54 und Z 55 sowie das Gemälde M 56)

Bez. u. r. mit Pinsel in Braun: „J. S. Bach inv. / 1775."
Pinsel in Braun über Spuren von Graphit; 34,7 × 49,8 cm; braune Einrahmungslinie
Klassik Stiftung Weimar, Graphische Sammlung, Inv. Nr. KK 315
Provenienz: Johann Friedrich Rochlitz, 1839 Großherzog Carl Friedrich von Weimar
Literatur: Pauli 1925, Abb. S. 316; Ausst.Kat. Leipzig 1965, S. 25, Nr. 6; Ausst.Kat. Heidelberg 1980, S. 36; Hübner 1998, S. 196, 198

Von einer Anhöhe geht der Blick über die spiegelnde Wasserfläche eines Flusses, dessen Ufer aus baumbestandenen Sandbänken bestehen. Links spazieren zwei Figuren vor einem hell beschienenen Felsmassiv, auf dem sich eine Tempelanlage befindet. Dort sind zwischen Bäumen ein Portal, eine Ruine, gestürzte Säulen, eine Pyramide und vor allem der Tempel zu sehen, dessen Tympanon auf vier Säulen ruht. Links davon ergießt sich ein Wasserfall in den Fluss. Frauen und Mädchen kommen links vorn eine Treppe herab zu der Statue einer Flora, der sie Blumen und ein Opferfeuer darbringen. Der rechts angeschnittene berankte Baum ist mit dieser Szene im schattigen Vordergrund verbunden und bildet zusammen mit dem Tempel auf dem Felsen ein Oval um die im Sonnenlicht liegende Flusslandschaft.

Dieses Blatt scheint als erstes jener drei Repliken entstanden zu sein, von denen Z 54 und das Gemälde M 56 1776 datiert und Z 54 und Z 55 seitenverkehrt ausgeführt sind. Bach hat diese Landschaftserfindung demnach noch in Dresden unter Klengels Einfluss geschaffen. Offensichtlich war dem Künstler bewusst, dass ihm damit ein besonderer Wurf gelungen war, weshalb er diese Komposition während seines Hamburger Aufenthaltes wiederholte, sogar als einziges Werk auch in Öl. Das verschollene Blatt ZL 128 „Das Monument in Arkadien" – Aussicht von Lichtenwalde, 1776, scheint einer Oeserschen Beschreibung nach mit diesen Zeichnungen ebenfalls in motivischem Zusammenhang zu stehen.[112]

In der Zeichnung herrscht – um in der Terminologie des reflektierenden späten 18. Jahrhunderts zu bleiben – ein edler Zug. Wie sich *Das Aedle* in einem Kunstwerk äußert, hat Heydenreich in seinem „Ästhetischen Wörterbuch" folgendermaßen beschrieben: *Von diesem Gefühle geleitet giebt er [der Künstler] seiner Komposition bis auf die kleinsten Theile, Zweckmäßigkeit, vermeidet alles Triviale, entfernt jeden Zug, welcher die Harmonie des Ganzen unangenehm stöhren, und Gefühle hervorbringen würde, die der Hauptwirkung widersprächen. Ein in diesem Geiste gearbeitetes Werk muss man bewundern; denn in dem ganz Vollendeten ist wahre Hoheit; zugleich aber kann man ihm ein Gefühl der Liebe nicht versagen.*[113] Diesen Eindruck weckte der Zeichner bewusst durch die Auswahl der architektonischen Staffage, an welcher, um erneut mit dem Herausgeber des „Ästhetischen Wörterbuchs" zu sprechen, *ein regelmäßiger und edler Styl beobachtet ist.*[114]

---

[112] Hagedorn 1797, S. 294.
[113] Heydenreich 1793–1795, Bd. 3, S. 45.
[114] Heydenreich 1793–1795, Bd. 3, S. 21.

Z 54

Arkadische Landschaft mit Aquädukt
und Tempel auf einer Anhöhe, 1776
(vgl. die Zeichnungen Z 53 und Z 55 sowie
das Gemälde M 56)

Literatur: Ausst.Kat. Heidelberg 1980, S. 36, Abb. 10;
  Slg.Kat. Hamburg 1989, S. 482, Nr. 479; Hübner
  1998, S. 196 f.; Fröhlich 2002, S. 426, Nr. 163;
  Ausst.Kat. Bautzen 2005, Abb. 1, S. 12

M 56

Südliche Ideallandschaft, 1776
(vgl. die Zeichnungen Z 53–55)

Bez. u. r. mit Pinsel in Braun: „J. S. Bach inv. 1776"
Pinsel in Braun und Grün über Graphit und Rötel auf
  Bütten; 34,3 × 49,2 cm; fest aufgelegt, mehrere Ein-
  rahmungslinien
Albertina, Wien, Graphische Sammlung, Inv. Nr. 4992
Provenienz: Albert von Sachsen-Teschen (Lugt 174)
Literatur: Slg.Kat. Wien 1997, S. 24, Nr. 24; Hübner
  1998, S. 196; Fröhlich 2003, S. 362, Abb. 4

Z 55

Arkadische Landschaft mit Aquädukt
und Tempel auf einer Anhöhe, 1776
(vgl. die Zeichnungen Z 53 und Z 54 sowie
das Gemälde M 56)

Bez. u. l. mit Feder in Braun: „J. S. Bach inv. 1776"
Pinsel in Grau und Schwarz, Grüngrau aquarelliert;
  32,2 × 45,7 cm; Wasserzeichen
Hamburger Kunsthalle, Kupferstichkabinett, Inv. Nr.
  40377
Provenienz: Erworben 1904 vom Kunstauktionshaus
  Richard Jacobson, Berlin

Aus koloristischer Sicht ist diese Zeichnung unter den drei Varianten auf Papier Bachs attraktivstes Blatt: Während er in der ein Jahr vorher geschaffenen Zeichnung Z 53 den Effekt einer lebhaft-braunen Aquatinta vorwegnahm und in Z 54 ein schwach schattiertes Sepiabraun verwendete, nutzte er hier den warm-braunen und einen kühl-grünlichen Farbton, um der Darstellung Leben, Tiefe und Plastizität zu verleihen und dabei Vorder- und Mittelgrund sorgsam gegeneinander abzusetzen. So entsteht der Eindruck jenes silbrigen Lichtes, wie es – neben dem warmgoldenen – in den Ideallandschaften Claude Lorrains bewundert wurde, jenes in Rom tätigen französischen Landschaftsmalers des 17. Jahrhunderts, der 200 Jahre lang unangefochtenes Vorbild aller Künstler auf seinem Gebiet war.

Bez. u. r.: „J. S. Bach 1776"
Öl auf Leinwand; 46,0 × 58,5 cm
Hamburger Kunsthalle, Kupferstichkabinett, Inv. Nr.
  448
Provenienz: Stiftung C. F. Gaedechens, 1889
Literatur: Stechow 1881, S. 141, Abb. 8; Pauli 1925,
  S. 316; Sitte 1925, Abb. 4; Slg.Kat. Hamburg 1956,
  S. 18, Nr. 448 mit Abb.; Ausst.Kat. Heidelberg 1980,
  S. 36; Kolneder/Jürgens 1984, Abb. Nr. 153; Hübner
  1998, S. 91, 196 ff.; Friesenhagen 2000, Abb. S. 135;
  Geek 2003, Abb. S. 136

Merkwürdigerweise ist nur dieses eine Gemälde von Bachs Hand überliefert. Nur ein weiteres ist bekannt, jedoch nicht mehr vorhanden, vgl. ML 140. Hierin greift er die Komposition einer lieblichen, in die Antike verlegten Ideallandschaft auf, die ihm offenbar so gelungen erschien, dass er sie gleich in mehreren Zeichnungen wiederholte (vgl. die seitenverkehrten Zeichnungen Z 54 und Z 55 sowie das Blatt Z 53). Möglicherweise steht auch das Blatt ZL 128 mit diesen Kompositionen im Zusammenhang oder bildete gar die Vorlage für die Repliken. Die Ausführung in Öl diente dem jungen Künstler also dazu, die einmal entwickelte und für gut befundene Idee in dem repräsentativen und haltbaren Medium des Gemäldes auf den Punkt zu bringen. Dabei übertrug er die Technik des Tupfens mit dem Pinsel in das Medium der pastosen Ölfarben. Vor allem im Vordergrund musste dies mit dem Relief der aufgetragenen Farbschichten einen völlig anderen Effekt hervorrufen als die Wasserfarben, die flüssig in den Bildträger eindrangen. Dennoch gelingt ihm der Eindruck von Luftigkeit und Tiefenräumlichkeit. Der Pinselduktus zur Darstellung des Laubes, das goldgelbe Licht und die Komposition des Vorder-, Mittel- und Hintergrundes verweisen auf Bachs Dresdner Lehrer im Landschaftsfach, Johann Christian Klengel.

Bach hat in diesem Gemälde Gesetzmäßigkeiten der Landschaftsmalerei angewendet, die zu seiner Zeit so allgemein verbreitet und in der Literatur präsent waren, dass man heute davon ausgehen kann, dass er sie, vermittelt durch seine Lehrer, genauestens kannte. Dazu trug besonders die persönliche Bekanntschaft Oesers mit Hagedorn bei, in dessen „Betrachtungen über die Mahlerey" ein ausführlicher Abschnitt der Landschaftsmalerei gewidmet war.[115] Ein anderer, für diese Bildgattung wichtiger und auch in Deutschland populärer Autor war William Gilpin, dessen 1768 in Leipzig auf Deutsch erschienener „Abhandlung von Kupferstichen, worinn die allgemeinen Grundsätze von den Regeln der Malerey, in so weit sie die Kupferstiche betreffen, abgehandelt" man entnehmen kann, was bei dem kompositorischen Aufbau eines Gemäldes als wesentlich galt. Darin geht er am Anfang kurz auf Grundregeln der Landschaftskomposition ein, darunter auf den wichtigen Begriff der Harmonie und ihr spannungsreiches Gegenteil, den Kontrast: *Man sagt von einem Gemälde, dass es ruhig sei, wenn in dem Ganzen Harmonie herrscht, und nichts weder in den lichten noch in den dunklen Partien, noch im Kolorit, zu sehr hervorsticht. (…) Kontrast, ist die Entgegenstellung des einen Theils gegen den andern.*[116] Ferner weist er auf die Bedeutung des Kolorits hin – eine wichtige Klippe für junge Landschaftsmaler, die zunächst hauptsächlich gezeichnet und höchstens in Braun, Grün und Grau laviert hatten, wie es bei Bach der Fall war. Bei Gilpin heißt es darüber: *Eine kluge Anordnung von harmonirenden Tinten rührt auch ein unverständiges Auge. Die Wirkung eines Gemäldes hängt hauptsächlich von einer Haupttinte, die sich über das Ganze verbreitet, ab. Zuweilen fällt sie ins purpurfarbene, zuweilen ins gelbe, oder braune; und bey einigen Gegenständen schickt sich die grünlichte Farbe am besten. Von dieser allgemeinen oder Haupttinte, sie mag nun von einer Farbe seyn, von welcher sie will, bekömmt ein jeglicher Theil eines Gemäldes in gewissen Maaße etwas.*[117]

Z 57
Idyllische Landschaft mit Tempelruine, 1776

Bez. u. halblinks mit Feder in Braun: „J. S. Bach inv. 1776"
Pinsel in Grau und Schwarz, graugrün aquarelliert über Spuren von Rötel am rechten Rand; 32,2 × 45,6 cm; Wasserzeichen
Hamburger Kunsthalle, Kupferstichkabinett, Inv. Nr. 1914-285
Provenienz: Vermächtnis Alfred Lichtwark
Literatur: Stechow 1961, S. 434; Ausst.Kat. Heidelberg 1980, S. 36, Abb. 16; Hübner 1998, S. 197

Natur und Kultur scheinen sich in dieser Landschaft die Waage zu halten: Eine Ruine beherrscht die Szenerie von einem Gipfel, ihre Fundamente sind aber selbst schon von Ranken überwuchert. Auf ebensolche Weise beherrscht ein mächtiger Baum die andere Bildhälfte, unter dem wiederum Hirtinnen

---

[115] Hagedorn 1762.

[116] „Erklärung /einiger Kunstwörter", in: Gilpin 1768, S. 4–7.

[117] Gilpin 1768, S. 15 f.

und Hirten zu Füßen einer Bacchus- oder Hermesbüste musizieren. Die Komposition mit der bildbeherrschenden Ruine folgt einem Muster, das auch Oeser, Klengel oder Wehle wählten.[118]

Die Komposition der Landschaft und der Staffagefiguren scheint einem Blatt zu ähneln, das Bach zwei Jahre später geschaffen hat und das sein Vater in seinem Nachlassverzeichnis folgendermaßen beschreibt (vgl. ZL 114): *N. 64. Eine der schönsten römischen gebürgigten Land= und Wasser-Gegenden. Zur Linken sieht man den Dianen-Tempel. Im Vordergrunde sitzen und liegen Nymphen nebst einem Pfaun, eine davon tanzet, indem sie auf dem Tambour mit Schellen dazu spielt. Diese Zeichnung ist die ausführlichste und herrlichste, die von diesem großen Künstler in seiner Art, zu sehen ist. Sie ist braun in braun, mit der größten Freyheit, lavirt. In fein vergoldeten geschnittenen Rahmen. Marq. J. S. Bach fec. Romae, 1778. Hoch, 20 Zoll, breit 27½ Zoll.*[119]

An dieser Zeichnung lässt sich beispielhaft ein Grundsatz der Landschaftserfindungen des späten 18. Jahrhunderts beobachten, nämlich die Gruppierung der Staffagefiguren, ihre Unterordnung unter das Interesse, das ein einziger Gegenstand hervorruft, bzw. ihre Versammlung zu einer einzigen Handlung wie hier die Opferung an Bacchus. Dies war in der Landschaftsmalerei des 16. und 17. Jahrhunderts noch anders gewesen, wo verstreut einzelne Figuren zu finden sind, die häufig unabhängig und gleichsam ohne Wissen voneinander vom Betrachter in der Bildwelt aufgefunden werden können.

Bach ist dieses Prinzip der älteren niederländischen Maler bewusst gewesen, wie seine Landschaft Z 30 in deren Stil zeigt. In seinen übrigen Flusslandschaften fasst er seine Figuren oft etwas gezwungen in einem Boot zusammen und erreicht auf diese Weise, was im klassischen Sinne angebracht erschien, nämlich die *Einheit des Interesses*, wie es im „Ästhetischen Wörterbuch" genannt wird: *Die Einheit des Interesses endlich verlangt, dass die Personen eines Gemäldes an der Handlung Theil nehmen, und dass sie folglich nicht zerstreut seyen. Sie verlangt, dass die Handlung ganz unter das Auge des Betrachters gebracht und zusammengestellt werde, und dass er nicht eine von den dabei interessierten Personen nach der andern einzeln zusammen suchen müsse. Die ganze Welt kennt Landschaftsgemälde, auf welchen zerstreute Personen dargestellt sind, die in keiner Verbindung mit einander stehen; sie flößen dem Betrachter kein anderes Interesse ein, als das, welches sie von der treuen Nachahmung der Natur nehmen.*[120]

In diesen Zeilen wird zum wiederholten Male offenbar, dass nicht die naturgetreue Nachahmung, sondern ein „verschönertes", kompositorisch bereinigtes Bild von der Natur als interessant und schöpferisch galt.

Z 58

Ideale Flusslandschaft mit Rundtempel

Unbez.
Verso von fremder Hand: „Bach fec."
Pinsel in Braun, Grau und Blau; 61,3 × 89,1 cm
Goethe-Museum Düsseldorf, Anton-und-Katharina-Kippenberg-Stiftung
Provenienz: Unbekannt
Literatur: Ausst.Kat. Heidelberg 1980, S. 27, Nr. 6 und Titelbild

Alle Details einer idealen arkadischen Landschaft sind in dieser Pinselzeichnung vereint: antik gewandete Hirtinnen mit einem Korb

---

[118] Vgl. Adam Friedrich Oeser, Arkadische Landschaft, Pinsel in Graugrün über Graphit, 53,3 × 79,9 cm, Klassik Stiftung Weimar, Graphische Sammlung, Inv. Nr. KK 258, siehe Ausst.Kat. Weimar 1997, Nr. 1, S. 34 f. mit Abb.; Johann Christian Klengel, Bewaldete Hügellandschaft mit einem Rundtempel, 1776, Feder in Grau, laviert, über Graphit, Städelsches Kunstinstitut und Städtische Galerie, Frankfurt am Main, Graphische Sammlung, Inv. Nr. 1456, siehe Fröhlich 2005, Nr. Z 500, S. 211 mit Abb.; Heinrich Theodor Wehle, Klassische Idealandschaft mit einem Tempel und einem Aquädukt, 1799, Feder in Braun, Pinsel in Braun und Grau, laviert, über Spuren von Graphit, 60,6 × 80,2 cm, Albertina, Wien, Graphische Sammlung, Inv. Nr. 17365, siehe Ausst.Kat. Bautzen 2005, Nr. Z 44, S. 190, Abb. S. 141.
[119] NV 1790, S. 141 f., Nr. 64; abgedruckt auch in Miesner 1940–1948, S. 167, Nr. 64.
[120] Heydenreich 1793–1795, Bd. 2, S. 406 f.

und ihrem Vieh, andere, die einer Statue opfern, eine Wäscherin, ein Greis, ein Kind; und außer dem bildbestimmenden Baum links und dem Fluss, den eine Bogenbrücke überspannt, rechts vorn auch ein Wasserfall, baumbestandene Ufer und darüber die berankte Ruine des so genannten Nymphäums der Minerva Medica. Dieses antike Bauwerk gehörte neben dem Rundtempel der Sibylla Tiburtina über den Wasserfällen von Tivoli (Anklänge daran in Z 57), der Cestius-Pyramide, den antiken Wasserleitungen und Brücken wie der Porta Sebastiano zu den am häufigsten dargestellten Bauwerken Roms. *Die Antike, diesen Leitfaden der größten Künstler, nicht nach Würden zu schätzen, oder ihn, wie ohne Verbindung mit der immerblühenden Natur, blindlings verehren zu wollen, heißt in beyden Fällen die Augen wo nicht gar verschliessen doch den Sinn der Alten verfehlen,* mahnte Hagedorn in seinen „Betrachtungen".[121] Indem Bach die bekannte Ruine aus ihrem realen topographischen Zusammenhang herauslöst und in eine erfundene Landschaft einfügt, symbolisiert sie das mit Sehnsucht betrachtete Italien und zugleich die idealisierte, wieder zum Leben erweckte Antike. Diese freie

Umgangsweise mit den realen Zeugnissen der römischen Vergangenheit konnte Bach schon bei seinem Dresdner Lehrer Klengel oder auch in Vorlagen von dessen Lehrer Dietrich gesehen haben. Aus eigener Anschauung lernte Klengel selbst diese Ruinen sogar erst 15 Jahre nach Bach kennen.[122] Doch vor allem ähnelt diese Ideallandschaft einem Werk von Oeser.[123]

Z 59
Flusslandschaft mit badenden Hirten, rechts vorn weidende Rinder

Bez. verso u. l. in Graphit: „Lpz ds f gort // C. Bach"
Pinsel in Hellgrau und Braun über Graphit; 17,5 × 23,4 cm (Blatt); Einrahmungslinie

Kunstsammlungen der Georg-August-Universität Göttingen, Inv. Nr. H 1980/8
Provenienz: Stiftung Ursula und Wolfgang Stechow, 1980
Literatur: Bisher unveröffentlicht

Ein typisches Werk Bachs: rechts vorn nehmen im Schatten wachsende Stauden und Bäume die Stelle eines barocken „Repoussoirs" ein, links dahinter liegt eine Uferlichtung im Sonnenlicht, die von undurchdringlich dichten Bäumen eingerahmt ist. Auf dieselbe Weise ist z. B. auch die Landschaft mit der Rinderherde am steinernen Brunnen (Z 52) komponiert, und selbst die tiefräumigen arkadischen Landschaften (Z 53 bis Z 55 und M 56) weisen noch diesen Blick von leicht erhöhtem Augenpunkt auf. Wieder einmal hatte Bach eine Komposition für gut genug befunden, in verschiedenen Zusammenhängen angewendet zu werden. Im vorliegenden Blatt sind hierbei die weidenden Rinder und die sich entkleidenden und badenden Jünglinge nicht besonders hervorgehoben; auf der formalen Ebene spielen sie keine wichtigere Rolle als das Pflanzenreich um sie her. Gibt es ein anschaulicheres Mittel, um ihre Zugehörigkeit zu dieser natürlichen vegetativen Welt sichtbar zu machen?

---

[121] Hagedorn 1762, S. 86.
[122] Johann Christian Klengel, Landschaft mit der Ruine des sogenannten Tempels der Minerva Medica in Rom, Öl auf Leinwand, 57, 0 × 175, 5 cm, Staatliche Kunstsammlungen Dresden, Gemäldegalerie Alte Meister, Inv. Nr. 71/01, Gal.Nr. 3796, siehe Fröhlich 2005, Nr. M 28, S. 93; oder ders., Ruinen des Tempels der Minerva Medica bei Rom, 1793, Aquarell über schwarze Kreide, 42,6 × 62,8 cm, München, Sammlung Winterstein, siehe Fröhlich 2005, Nr. Z 517, S. 214.

[123] Adam Friedrich Oeser, Arkadische Landschaft, Pinsel in Graugrün über Graphit, 55,5 × 79,9 cm, Klassik Stiftung Weimar, Graphische Sammlung, Inv. Nr. KK 258.

Italienische Landschaften

Die Anforderungen an Landschaftsmaler waren hoch, ohne dass man ihnen ihre Kunstfertigkeit anmerken sollte, wie die folgende Bemerkung Heydenreichs ahnen lässt: *Man kann in Hinsicht dieses ganzen Gegenstandes den Artisten zurufen: Wenn die richtige und feine Nachahmung der Wirkungen der Luft eurem Gemälde nicht Tiefe giebt, und die Idee einer platten Oberfläche zerstöhrt, um an ihre Stelle die eines Raumes zu stellen, wenn die Luft nicht um jede Figur und um jeden Gegenstand zu circulieren scheint, den ihr isolirt darstellt, so thut ihr nichts, als dass ihr ausgeschnittene Bilder an einander klebt, und habt keine Idee von der Kunst, die ihr ausübt.*[124] Bewegliche, immaterielle oder amorphe „Gegenstände" wie Licht, Luft, Dunst und Wasser darzustellen, ja eigentlich eher Zustände zu zeigen, klimatische Bedingungen, unter denen sich eine Landschaft ausbreitet, und dies von so sinnlicher Präsenz, dass der Betrachter die in der realen Natur dadurch hervorgerufenen Empfindungen selbst spürte – das war die hohe Kunst. Doch erst durch den Vergleich, durch das Studium fremder Gegenden konnte sich das Bewusstsein für die Eigenart vertrauter Landschaften entwickeln. Dies zeigen Bachs Elbtalansichten, in denen sich bei aller topographischen Genauigkeit noch eher die niederländischen Bildmuster als unmittelbare Beobachtung auszudrücken scheinen (vgl. Z 27 bis Z 38).

Um so wünschenswerter war für einen jungen Künstler die Reise in den Süden. Abgesehen von den Bildwerken und Ruinen der Antike und den für vollkommen gehaltenen Gemälden seit der Renaissance zogen die anders geformte Erdoberfläche, die südliche Architektur und Vegetation Italiens und vor allem das trockene Licht unter dem südlichen Himmel die Maler in Scharen nach Rom.

---

[124] Heydenreich 1793–1795, Bd. 3, S. 52.

Z 60
Italienische Landschaft

Unbez.
Pinsel in Braun; 23,3 × 35,5 cm; schwarze Einrahmungslinie
Staatliche Kunstsammlungen Dresden, Kupferstich-Kabinett, Inv. Nr. C 1949-75
Provenienz: 1949 erworben aus der Sammlung Ernst Sigismund, Dresden
Literatur: Hübner 1998, S. 198

Dieses Blatt ist eines der wenigen Zeugnisse aus Bachs römischer Zeit. Dem Nachlassverzeichnis seines Vaters nach zu urteilen, hatte er sich in Italien stärker akademischen Figurenstudien zugewandt;[125] so blieb ihm offenbar nur wenig Zeit, Landschaften unter freiem Himmel zu studieren. Hier blickt er von erhöhtem Standpunkt über eine ländliche Gegend, deren Reiz in der warmen Beleuchtung des Gehöftes mit den Mauern und den dichten Bäumen sowie in dem Eindruck der nach hinten dunstiger werdenden Luft liegt.

Z 61
Italienische Felslandschaft mit Wasserfall

Unbez.; Datierung laut Karteikarte 1777
Pinsel in Grüngrau über Graphit; 19,7 × 31,2 cm; schwarze Einrahmungslinie
Staatliche Kunstsammlungen Dresden, Kupferstich-Kabinett, Inv. Nr. C 1949-76
Provenienz: 1949 erworben aus der Sammlung Ernst Sigismund, Dresden, davor in den Sammlungen Adam Friedrich Oeser, Leipzig, und H. Lempertz, Köln
Literatur: Hübner 1998, S. 198

Unter den Autoren zur Landschaftsmalerei des 18. Jahrhunderts spielte der Gartentheoretiker Christian Cay Lorenz Hirschfeld eine wesentliche Rolle, denn gärtnerische Gestaltung und künstlerische Darstellung von Landschaften bedienten dasselbe Bedürfnis nach komponierter, im Hinblick auf das menschliche ästhetische Empfinden gestalteter Natur. Dieser Autor rät: *So merke man bey einer nicht zu sehr eingeschränkten Reise in den heitern Monaten des Jahres auf sich selbst; man sey ohne Zerstreuung, geneigt, sich den Eindrücken der Gegenden, die nach und nach erscheinen, zu eröffnen. Man wird durch die innere Empfindung von den verschiedenen Kräften der Gegenstände und Lagen der Landschaft eben so zuverläßig versichert werden, als das Auge die Abwechselung der Formen und Farben wahrnimmt. Jedes ruhige und aufmerksame Umherwandeln unter abwechselnden Scenen des Landes wird diese Erfahrung wiederholen.*[126]
In dem skizzenhaft lavierten Blatt hat Bach einen Eindruck festgehalten, den er womöglich bei *aufmerksame[m] Umherwandeln* außerhalb Roms gewonnen hatte. Doch glaubt man gewisse Muster der Landschaftsmalerei wiederzuerkennen, die ihn vermutlich in der freien Natur angesprochen haben: die in langen Strängen herabrauschende Kaskade rechts, die Figuren auf einem sonnenbeschienenen Weg links und der Baum, der wie bei Wouverman im Bildzentrum platziert ist. Leider gehören diese wie auch die Zeichnung Z 60 nicht zu Bachs stärksten Werken, und es ist sehr zu bedauern, dass – außer dem auf die Historienmalerei verlagerten Interesse – Krankheit und früher Tod ihn gehindert haben, sich die Umgebung Roms ausführlich zu erschließen und diese Eindrücke auch in ambitionierte Ideallandschaften einfließen zu lassen, wie sie ihm z. B. mit dem Gemälde M 56 oder den Blättern Z 54 oder Z 57 gelungen sind.

---

[125] Siehe NV 1790, S. 131 ff., abgedruckt auch in Miesner 1940–48, S. 163 f.

[126] Hirschfeld 1779–1785, 1. Bd., 2. Abschnitt, S. 186.

Z 62
Italienische Landschaft
mit dem Nemisee, 1776

Bez. u. M.: „J. S. Bach inv. 1776"
Pinsel in Grüngrau und Braun über Graphit; u. M. und u. r. Kratzspuren; 29,6 × 38,6 cm; fest passepartouriert
Museum der Bildenden Künste Leipzig, Graphische Sammlung, Inv. Nr. NI 62
Provenienz: Dörriensche Sammlung Leipzig, u. r. Prägestempel des Städtischen Museums Leipzig
Literatur: Stechow 1961, Abb. 12 und S. 434; Ausst. Kat. Heidelberg 1980, S. 36; Ausst.Kat. Leipzig 1998, o. S.; Hübner 1998, S. 196

Links unter zwei hohen, oben angeschnittenen Bäumen kommen hinter einer Wegschleife Maultiertreiber hervor. Sie passieren dabei einen Wanderer, der sich am Wegesrand auf seinen Stock gestützt ausruht. Auf dem See ist ein einzelnes Boot zu sehen. Rechts auf dem von der Sonne beschienenen Felsen liegt das Dorf Nemi.
Friedrich Johann Lorenz Meyer beschreibt die Gegend in seinen „Darstellungen aus Italien" im Jahr 1792: *Den schönen See von Nemi übersieht man zuerst bei Gensano. Seine Gestalt ist länglichrund. Wie einen Krater, umschließen ihn waldige Hügel von mäßiger Höhe. Er ist kleiner an sich selbst, und seine Ufer nicht so reich an Fruchtbarkeit (...) wie der Albaner See; aber durch schöne Einfalt und Ruh seiner Form und der Gegend, anziehend und von gefälliger Wirkung (...) Vor Stürmen geschützt, scheint seine Wasserfläche unbeweglich zu sein. – Dieser eigenthümliche Charakter ward auch von den Alten schon gefühlt, und der See durch Mythen geheiligt. Man nannte ihn: 'Dianens Spiegel*). *)Speculum Dianae').*[127]
Dieser vulkanische Kratersee wie der größere Albaner See in den mittelitalienischen Albanerbergen wurde von den Landschaftsmalern in Rom häufig dargestellt. Neben seiner bevorzugten Lage war auch die Überlieferung, dass in der Antike die Wälder ringsherum Aufenthaltsort der Jagdgöttin Diana gewesen sein, ein Grund dafür: Hier deckten sich die südliche Landschaft und ihre antike Geschichte als Aufenthaltsort der heidnischen Götter, was für die Landschaftsmaler vor allem des 18. Jahrhunderts ihren Reiz erhöhte.
Es waren zunächst vornehmlich die englischen Künstler, die einen wesentlichen Beitrag zur Reisekultur und Reiseliteratur leisteten.[128] So sind allein von John Robert Cozens sechs Ansichten des Sees überliefert, darunter eine, die aus einer ähnlichen Perspektive wie Bachs Blatt aufgenommen worden ist; auch Thomas Jones wählte 1777 diese Ansicht.[129] Bach kann beiden während seines Aufenthaltes in Rom durchaus begegnet sein.
Einige Jahre nach ihnen malte Jakob Philipp Hackert, der sich seit 1768 in Rom aufhielt und 1769 am Nemisee weilte, die Gegend, indem er den See in den Hintergrund rückte und der Hirtenstaffage in der landschaftlichen Umgebung stärkeres Gewicht verlieh.[130] Damit näherte er sich dem Typus der Ideallandschaften im Stil Claude Lorrains an.
Carl Ludwig Kaaz schuf sein Gemälde des Nemisees mit Herden im Vordergrund.[131] Diese Komposition, die der von Bach nicht

---

[127] Meyer 1792, S. 308.
[128] Vgl. Ausst.Kat. Hildesheim 1992, S. 34.
[129] John Robert Cozens, Der Nemi-See mit dem Blick nach Genzano, Aquarell, 36,0 × 52,8 cm, The Whitworth Art Gallery, University of Manchester; sowie Thomas Jones, Ansicht des Nemi-Sees mit Genzano, Graphit und Aquarell, 24,7 × 41,3 cm, The Whitworth Art Gallery, University of Manchester, siehe Ausst.Kat. Frankfurt/Main 1994, S. 444 f. mit Abb.
[130] Jakob Philipp Hackert, Landschaft mit dem Nemi-See, um 1800, Öl auf Leinwand, 66,5 × 91,5 cm, Klassik Stiftung Weimar, Graphische Sammlung, Inv. G 1186, siehe Slg.Kat. Weimar 1994 Nr. 44, S. 89 f. mit Abb. Hackert stellte den See noch mehrmals dar, u. a. in einem Aquarell, 78,3 × 104,6 cm, Klassik Stiftung Weimar, Goethe-Nationalmuseum, Inv. Nr. 283/1969, siehe Slg.Kat. Weimar 1997, S. 133, Nr. 11 mit Abb.
[131] Carl Ludwig Kaaz, Der Nemisee im Albanergebirge, 1805, Öl auf Leinwand, 65 × 88 cm, Staatliche Kunstsammlungen Dresden, Galerie Neue Meister, Inv. Nr. 3370.

unähnlich ist, verwendete in derselben Weise auch Johann Jakob Müller, genannt Müller aus Riga, in seinem Werk „Der Nemisee mit Apoll und Merkur".[132] Da beide Werke 1805 datiert sind und zudem beide Maler Schüler von Johann Christian Klengel in Dresden gewesen waren, ist diese Übereinstimmung in der Auffassung also kein Zufall. Mit der Einbeziehung von Dianas Bruder Apoll, der die Herden des Admet hütet, beziehen sie sich direkt auf den antiken Mythos.

Bachs Pinselzeichnung ist von dieser Art gelehrsamer Idealisierung der Landschaft weit entfernt. Obwohl er mit der tiefräumigen Darstellung seinen Sinn für den harmonischen Charakter dieser Landschaft beweist, wirkt sie doch ein wenig spannungslos. Die Staffage erinnert an niederländische Vorbilder. Mit seinem Blatt lieferte der Künstler nicht mehr und nicht weniger als eine Vedute – möglicherweise im Hinblick auf eine spätere Umsetzung in die Druckgraphik, wie Albert Christoph Dies und Johann Christian Reinhart sie in ihren „Malerisch Radierte[n] Prospekte[n] aus Italien" für den Nürnberger Kunsthändler Johann Friedrich Frauenholz schufen.[133]

Z 63
J. W. Mechau und J. S. Bach, nach J. P. Hackert
Tempel der Juno Lacinia in Agrigent auf Sizilien

Bez. o. l. mit Feder in Schwarz: „Tempio d' Ercole a Gergento d' apresso Hackert p. J. Mechau et Bach", das „et Bach" vielleicht von anderer Hand in hellerer Tinte
Feder in Grau, aquarelliert; 32,3 × 45,3 cm
Albertina, Wien, Graphische Sammlung, Inv. Nr. 5916
Provenienz: Albert von Sachsen-Teschen (Lugt 174)
Literatur: Slg.Kat. Wien 1997, S. 153, Nr. 509 mit Abb.

Wie Bach zusammen mit seinem Freund Friedrich Heinrich Füger, so war auch Jakob Wilhelm Mechau im September 1776 nach Rom gereist. Vermutlich kannten sie sich schon aus Leipzig, wo beide für denselben Verleger und Stecher Buchillustrationen entworfen hatten (Mechau allerdings weitaus mehr als Bach, vgl. Abb. 13, S. 41). In Rom freundeten sie sich näher an und suchten sich offenbar gemeinsame Studienaufgaben. Mit der vorliegenden Zeichnung bezogen sie sich auf eine Vorlage von Jakob Philipp Hackert, der bereits 1768 nach Rom gekommen war und von dort aus mehrere Reisen innerhalb Italiens unternommen hatte. Er war 1777 durch Sizilien gereist und schuf 1778 zwei Gemäldepaare mit sizilianischen Veduten, darunter „Die Tempel von Agrigent". Auf dieses Gemälde bezogen sich die beiden Freunde mit ihrer Arbeit.[134]

Dargestellt ist die nach dem Meer zu gelegene, damals sehr zerstörte südliche Längsseite des Tempels der Juno Lacinia, von der nur an der linken, westlichen Ecke noch zwei, durch einen Architrav miteinander verbundene Säulen erhalten geblieben sind.[135] Links dahinter befindet sich der Concordia-Tempel, rechts im Hintergrund angedeutet die Stadt Agrigent.

Welcher Anteil dabei von welchem Künstler stammt, ist nicht mehr klar zu trennen. Das kräftige Kolorit und die Komposition mit der freistehenden Ruine vor einem hohen, hellen Himmel bezeugen die neuen Impulse, die Bach in Rom empfing und die zu einer Abkehr vom Muster der niederländischen Vor-

---

[132] Johann Jakob Müller, genannt Müller aus Riga, Der Nemisee mit Apoll und Merkur, 1805, Öl auf Leinwand, 74,0 × 98,0 cm, Museum Ostdeutsche Galerie Regensburg, Inv. Nr. 14496, siehe Slg.Kat. Regensburg 1993, S. 16 mit Abb.
[133] Albert Christoph Dies, Lago di Nemi, 1792, Radierung, 27,6 × 37,1 cm, und Johann Christian Reinhart, See von Nemi, 1810, Radierung, 12,6 × 16,7 cm, jeweils seitenverkehrt, siehe Schmid 1998, S. 405, Abb. 68 und 69. Außerdem Johann Christian Reinhart, Der Nemisee, 1809, Radierung, ca. 15,0 × 19,0 cm, siehe Slg.Kat. London 1994, Nr. 97 b, S. 148 ff. mit Abb. Der vollständige Titel lautet: „Collection ou suite de vues pittoresques de l'Italie dessinées d'après nature et gravées à l'eau forte à Rome par trois peintres allemands A.C. Dies, Charles Reinhart, Jacques Mechau. Contenant LXXII planches. Publiée à Nuremberg chez Jean-Fréderic Frauenholz. MDCCIIC". Vgl. Verk.Kat. Nürnberg 1809, S. 20 ff. sowie S. 27–30.
[134] Vgl. Slg.Kat. Wien 1997, S. 153, Nr. 509.
[135] Vgl. Slg.Kat. Weimar 1997, S. 172.

bilder führte. Von Mechau sind noch weitere Blätter überliefert, in denen er mit einem anderen Künstler zusammenarbeitete.[136]
Offenbar hatte Hackert seine Darstellung des Tempels variiert, wie die nach 1786 entstandene Radierung „Restes du Temple de Junon Lucine à Girgenti" von Balthasar Anton Duncker nach einem Aquarell des Künstlers zeigt.[137] Dort erscheinen die Säulenreste aus einer gesteigerten Untersicht, was ihre Wirkung vor der sich in die Ferne erstreckenden Landschaft außerordentlich verstärkt. Bachs und Mechaus Arbeit zeigt die Ruine aus derselben Richtung, doch von einem höheren Augenpunkt aus, so dass das Gebälk keine so steil stürzende Linie ergibt.

Hackert war im Mai 1777 in Begleitung seines Schülers, des englischen Kaufmanns und dilettierenden Marinemalers Charles Gore und dessen Tochter sowie des Schriftstellers Richard Payne Knight durch Sizilien gereist, um die antiken Stätten zu zeichnen. Von Gore ist ein – Hackerts Ansicht ganz ähnliches – Aquarell überliefert.[138] Die dorischen Tempel interessierten die Reisenden dort besonders, wie auch die Darstellung des etwa 450 v. Chr. errichteten Juno-Tempels zeigt. Weitere dorische Überreste in der Nähe waren der Concordia- und der Jupitertempel, die damals größte bekannte dorische Tempelanlage; außerdem die Tempel von Kastor und Pollux, des Vulkanus und des Herkules. In der Würdigung des dorischen Stils in den siebziger Jahren des 18. Jahrhunderts zeichnete sich eine außerordentliche Nähe zur modernen Baukunst ab, wie Reinhard Wegner feststellte.[139] So beschrieb Hackerts Reisegefährte Knight: *Betrachtet man die Theile dieser Tempel in der Nähe, so erscheinen sie roh, massiv und schwer; aber in der gehörigen Entfernung gesehen, ist die allgemeine Wirkung groß, einfach, ja zierlich. Das Rohe erscheint dann als eine künstlerische Nachlässigkeit und das Schwerfällige verwandelt sich in eine gerechte und edle Festigkeit.*[140]

Z 64
Das Marcellus-Theater in Rom, 1778

Bez. u. r. mit Pinsel in Braun: „J. S. Bach fecit Romae. 1778."
Pinsel in Wasserfarben, mit Feder in Grau übergangen; ca. 33,0 × 44,5 cm; fest passepartouriert
Privatbesitz Berlin
Provenienz: Kunsthandel
Literatur: Bisher unveröffentlicht

Wenn gleich die Zeit über so vieles dieser Reste des Alterthums, hier so wohl wie in und um Rom, ein undurchdringliches Dunkel verbreitet hat, und die gänzliche Ungewissheit ihrer alten Bestimmung uns sehr oft hindert, sie der Aufmerksamkeit näher zu rücken; so lässt man sich dennoch von den neuern Geographen und Antiquaren dieses Landes unfreiwillig und gern in die Irrgänge verführerischer Traditionen mit fortziehen: denn auch da entdecken wir noch manche Spur der Wahrheit, die mit der Geschichte jener klassischen Gegenden zusammen trifft. – Diese sichtbaren Spuren des hohen Alterthums sind es, welche den Anschauer in eine wohlthätige Täuschung versetzen, worin die Szenen der bewunderten Vorzeit sich ihm wieder vergegenwärtigen. – Sie sind es, welche ihm nach hingeschwundenen Jahrtausen-

---

[136] Vgl. Slg.Kat. Wien 1997, S. 154, Nr. 510 und 511 mit Abb.
[137] Balthasar Anton Duncker, Blatt 5 aus der Folge „VUE DE LA SICILE – PEINES PAR JA. PH. HACKERT GRAVÈES PAR B. A. DUNKER", 15,8 × 20,6 cm (Platte), siehe Slg.Kat. Weimar 1997, S. 172 ff., Nr. 46 mit Abb. Mit der Radierung folgt Duncker akribisch Hackerts Aquarell Le Temple de Junon Lucine à Girgente, 1777, Ph. Hackert, British Museum, London, siehe Slg.Kat. Weimar 1997, S. 172.
[138] Charles Gore, Tempel der Juno mit Blick auf Agrigent, Pinsel in Wasserfarben über Graphit, 19,2 × 41,8 cm, British Museum, London, Inv. Nr. Oo.4-30, siehe Ausst.Kat. Frankfurt/Main 1994, S. 426, Nr. 293 mit Abb.
[139] Vgl. Seiler, Vogel, Wegner 1995, S. 103.
[140] Zitiert nach Seiler, Vogel, Wegner 1995, S. 104.

den noch jene unerreichbare Größe dieses Volkes darstellen. – Roms erhabener Schatten steigt in dieser Stunde ehrfurchtvollen Staunens aus seinem Grab herauf."[141]
Bachs Ansicht der gewaltigen Ruinen des römischen Marcellus-Theaters erscheint gleichsam als Illustration zu diesem Bekenntnis von Friedrich Johann Lorenz Meyer. Das zu einem großen Teil noch erhaltene Bauwerk am Westhang des Kapitols wurde von Caesar begonnen und von Augustus vollendet. Es wurde 13 oder 11 v. Chr. eingeweiht und war nach Augustus' Neffen Marcellus benannt. Der Bau, der 10 000 bis 14 000 Personen fassen konnte, galt wegen seiner eleganten Proportionen für das Kolosseum als vorbildlich. Schon im dritten Jahrhundert wurde er als Theater aufgegeben und als Steinbruch benutzt. Im 12. Jahrhundert wurde er in eine Festung verwandelt und später in den Palazzo Savelli eingegliedert. Wohl im 16. Jahrhundert fiel er in den Besitz der römischen Adelsfamilie Orsini. Diese ließ den Komplex im Renaissancestil umbauen und die Fassadenteile durch stabilisierende Mauern abstützen. Dieser Zustand ist noch heute erhalten.

Mit seiner Zeichnung stellt Bach sich in die Tradition der Ansichten römischer Altertümer, wie sie im ganzen 18. und 19. Jahrhundert beliebt waren. Dabei wählte er eine der Sehenswürdigkeiten, die in gestochenen Mappenwerken mit Rom-Ansichten Aufnahme gefunden hatten, z. B. in Giovanni Battista Piranesis „LE ANTICHITA ROMANE" und dessen „VEDUTE DI ROMA".[142]
Die wenigen übrigen italienischen Ansichten, die aus Bachs römischer Zeit überliefert sind, ähneln in Komposition, Kolorit und Pinselführung den Landschaften, die er zuvor in Sachsen geschaffen hatte: Der Künstler wählte in ihnen jeweils einen Blick von einer imaginären Höhe, von der aus eine weite Gegend zu überschauen ist. Die Ansicht dieses Theaters bildet jedoch eine Ausnahme: Hier ist das Bauwerk aus der Untersicht gesehen, und die Größe der antiken Ruinen wurde durch die pittoresken Staffagefiguren hervorgehoben. Dies war eine Zeichenweise, die ihren Gegenständen angemessen war; und tatsächlich sollten auch Kollegen wie Mechau und Reinhart, Klengel auf seiner Italienreise 1792 oder z. B. der als Goethes Reisebegleiter bekannte Christoph Heinrich Kniep diese Sicht wählen, um die imposanten Reste antiker Baukunst wiederzugeben.[143]
Das trockene Licht verleiht allen Gegenständen prägnante Schatten, rückt Gebäude, Hügel und Baumkronen direkt an die Oberfläche und reduziert sie auf kubische Kernformen, klar getrennt von der Umgebung – diese visuelle Erfahrung machten deutsche Künstler in Italien immer wieder aufs Neue. Auch auf Bach hat das südliche Licht seine Wirkung offenbar nicht verfehlt. Zumindest die Theateransicht weist ein neues, helleres Kolorit und prägnantere Konturen auf, als es bis dahin seine Art gewesen war. Es ist erstaunlich, dass nicht mehr Ansichten dieser Art von seiner Hand überliefert sind, da diese so sicher wirkt. Gestein und Vegetation, wohlproportionierte Reste einer hoch entwickelten Baukunst und zweckmäßig-nüchterne Backsteinmauern mit groben Durchbrüchen in die bewohnte Ruine hinein stehen dabei in reizvollem Kontrast zueinander. Bach zeigt, wie das Bodenniveau angestiegen war (das erst 1929/30 abgetragen werden sollte) und wie die jahrhundertealte Ruine für die ihrem Tagwerk nachgehenden Einwohner unbeachtete Alltäglichkeit war.

---

[141] Meyer 1792, S. 474 f.
[142] Giovanni Battista Piranesi, Prospetto esterno dell' avanzo de' portici circolari des Teatro di Marcello sowie Teatro di Marcello, siehe Ausst.Kat. Stuttgart 1999, S. 189, Abb. 142 (Kat.Nr. 10.115), und S. 290, Abb. 304 (Kat.Nr. 14.24).
[143] Vgl. z.B. Jakob Wilhelm Mechau, Ein Zeichner vor römischen Ruinen, Feder, Pinsel in Wasserfarben, 37,5 × 30,0 cm, Staatliche Kunstsammlungen Dresden, Kupferstich-Kabinett, Inv. Nr. C 1949-125; Johann Christian Reinhart, Ruinen der Villa Adriana, 1796, Feder in Schwarz, Pinsel in Wasserfarben über Graphit, 34,1 × 48,6 cm, Slg. Winterstein. München, siehe Slg. Kat. München 1997, Nr. 25, S. 86 mit Abb.; Johann Christian Klengel, siehe Fröhlich 2005, Nr. Z 504 bis Z 519, S. 211–214; Christoph Heinrich Kniep, Ruine mit Idylle, nach 1781, Aquarell über Feder und Graphit, 37,0 × 52,3 cm, Niedersächsisches Landesmuseum Hannover, Landesgalerie, Inv. Nr. PNM 835, siehe Ausst.Kat. Hildesheim 1992, S. 37, Abb. 28.

Figuren- und Historiendarstellungen

In der kurzen Zeit seines römischen Aufenthaltes beschäftigte Bach sich intensiv mit der menschlichen Figur sowie mit Historiengemälden italienischer Meister. Schon in Leipzig hatte er unter Oesers Einfluss auch Historiengemälde studiert. Doch erst in Rom scheint er sein Ziel, sich die Figuren- und Historienmalerei zu erschließen, energisch angestrebt zu haben. Die meisten dieser Studien sind bisher nur in der Literatur überliefert (vgl. ZL 26 bis ZL 52). Hinzu kommen Kopien nach älteren Meistern, in denen der Künstler deren Kompositionsweise, Figuren- und Raumauffassung nachschaffend studiert und zugleich ihre Werke in kleinere Formate und in die Technik des gedeckten Aquarells übertragen hatte. Besonders hatten es ihm die Bacchanalien von Giulio Carpioni angetan, in denen sich anspruchsvolle Figurenensembles mit der Landschaftsmalerei vereinten.

Z 65
Nach Peter Paul Rubens
Perseus befreit Andromeda

Unbez.
Auf dem Untersatz von fremder Hand in Graphit: „Bach. / Perseus u Andromeda"
Pinsel in Braun, laviert, über schwarzer Kreide und Rötelspuren auf Bütten; 27,4 × 39,0 cm; fest aufgelegt, mehrere Einrahmungslinien
Albertina, Wien, Graphische Sammlung, Inv. Nr. 4980
Provenienz: Albert von Sachsen-Teschen (Lugt 174)
Literatur: Slg.Kat. Wien 1997, S. 22, Nr. 12; Hübner 1998, S. 195

Bach wählte den Mythos von Perseus und Andromeda dreimal als Bildmotiv. Wie auch das andere Wiener Blatt Z 66 geht diese Darstellung auf seine Beschäftigung mit einem Gemälde von Peter Paul Rubens zurück, das 1764 in die Bildergalerie des Schlosses Sanssouci gelangte und sich heute in der Berliner Gemäldegalerie befindet.[144] Allerdings ist Bachs Version seitenverkehrt, so dass anzunehmen ist, dass ihm ein Kupferstich als Vorlage gedient hat.

Das Blatt trägt den Charakter einer ausführlichen Kompositionsskizze. Die Gruppe von Perseus und Andromeda vor dem Felsen unter einem Baum links ähnelt der in der anderen Version (vgl. Z 66), doch die Putti, Amor mit dem Pfeil und der sich umwendende Pegasus, mit dem einige Putti ihre Scherze treiben, sind anders angeordnet. Rechts im

---

[144] Peter Paul Rubens, Perseus befreit Andromeda, um 1620, Öl auf Holz, 100,0 × 138,5 cm, Staatliche Museen zu Berlin – Stiftung Preußischer Kulturbesitz, vgl. Slg.Kat. Berlin 1975, S. 372.

Hintergrund liegt der zur Strecke gebrachte Drachen.

Die humorvolle Staffierung mit mythologischen Figuren, vor allem den geflügelten Kindergenien, erinnert auch an Jakob Wilhelm Mechaus Staffagefiguren. Allerdings sind sie bei Bach näher an der Bildebene, größer und plastischer in den Raum gesetzt, verdrängen sozusagen alles Landschaftliche und lassen die Komposition als einen Entwurf für ein Historiengemälde erscheinen.

Z 66
Perseus befreit Andromeda

Unbez.
Auf dem Untersatz von fremder Hand in Graphit: „Jean Samuel [sic!] Bach / Perseus und Andromeda"
Pinsel in Braun und Graugrün, laviert, über Graphit und Rötelspuren auf Bütten; 29,3 × 41,6 cm; fest aufgelegt, mehrere Einrahmungslinien
Albertina, Wien, Graphische Sammlung, Inv. Nr. 4979
Provenienz: Albert von Sachsen-Teschen (Lugt 174)
Literatur: Slg.Kat. Wien 1997, S. 21, Nr. 11; Hübner 1998, S. 195

In einer felsigen Waldlandschaft befreit Perseus die nackte Andromeda vom Felsen, während Amor schon den Pfeil auf sie abschießt. In der Mitte klettern drei geflügelte Putti auf den Pegasos, rechts vorn liegt der besiegte Drachen. Im Hintergrund ist eine intakte antike Stadt mit Aquädukten, Tempeln, Rundbauten und Obelisken zu sehen.
Mit dieser Darstellung löste sich Bach von Rubens' Vorbild und versetzte die Szene in eine weniger schroffe landschaftliche Umgebung. Die Bäume, die die Szene überwölben, scheinen geradezu einen sogenannten „locus amoenus" zu bilden, einen lieblichen, geborgenen Ort. Somit ist der emotionale Akzent von der dramatischen Befreiungsgeschichte hin zur lyrischen Begegnung zwischen dem gerüsteten Helden und der schutzlosen Prinzessin verlagert. Die Putti verleihen der Darstellung eine rokokohaft humorvolle Note, womit der Komposition allerdings etwas von ihrer Spannung genommen ist.

Z 67
Perseus befreit Andromeda, 1778

Bez. auf einem verso u. l. aufgeklebten Papierstreifen mit Feder in Dunkelbraun: „J. S. Bach fee: Romae 1778."
Pinsel in Braun, braun laviert, weiß gehöht, über Graphit und Rötel; 18,2 × 14,0 cm
Kunstsammlungen der Veste Coburg, Kupferstichkabinett, Inv. Nr. Z 859
Provenienz: Aus der Sammlung Franz Friedrich Anton von Sachsen-Coburg-Saalfeld
Literatur: Ausst.Kat. Heidelberg 1980, S. 28, Nr. 9 und S. 23, Abb. 15; Hübner 1998, S. 197

Perseus, der Sohn von Zeus und Danaë, nähert sich als antik gerüsteter Held im wallenden Umhang der Andromeda, die nackt mit über dem Kopf erhobenen Händen an den

Felsen geschmiedet ist. Die Tochter des Königs Kepheus von Ioppe in Palästina und der Kassiopeia büßte hier für die Prahlerei ihrer Mutter, welche die Schönheit ihrer Tochter über die der Nereiden gestellt hatte. Auf deren Beschwerde sandte Poseidon ein Meeresungeheuer, das das Land heimsuchte. Einem Orakelspruch zufolge sollte Andromeda selbst der Schlange geopfert werden, deshalb wurde sie an der Küste Phönikiens an einem Abhang über der Steilküste an den Felsen gekettet. Perseus flog auf dem geflügelten Ross Pegasos und mit dem vom ihm abgeschlagenen Gorgonenhaupt in seinem Mantelsack vorüber. König Kepheus versprach ihm die Tochter zur Frau, wenn er das Ungeheuer besiegen würde. Im Moment höchster Gefahr hielt er deshalb das Gorgonenhaupt der Schlange entgegen, die daraufhin erstarrte. In anderen Versionen erschlug er sie mit einem von Hermes verliehenen Schwert. Anschließend konnte er Andromeda zur Frau nehmen und begründete mit ihr als König von Mykene ein zahlreiches Geschlecht. Nach ihrem Tode versetzte Athene sie, ihre Eltern und die Schlange als Sternbild an den Himmel.

Hier ist der Moment nach dem Kampf geschildert, in dem sich der Held der geretteten Andromeda, seiner Belohnung, zuwendet und ihre Fesseln löst. Haltung und Gestik scheinen seine emotionale Bewegtheit und seine Zuneigung zu der verschämten Prinzessin auszudrücken. Darin sind sie dem christlichen Motiv von Georg dem Drachentöter und der heiligen Margarethe verwandt. Während sich der Zeichner in dieser Darstellung ganz auf die Figurengruppe konzentriert, schmückte er die Geschichte in den beiden querrechteckigen Wiener Blättern (Z 65 und Z 66), in denen er sich von Rubens' Berliner Gemälde anregen ließ,[145] breiter aus.

Z 68

Die Zeit geleitet die Unsterblichkeit in Gestalt der Psyche zu Minerva, die auf Wolken thront

Unbez.
Auf dem Untersatz von fremder Hand in Graphit: „H Bach. / Le Temps conduisant l' Immortalité sous la figure Psyché sens Minèrve."

Pinsel in Braun, aquarelliert, über Graphit auf Bütten; 54,7 × 48,2 cm; fest aufgelegt, mehrere Einrahmungslinien
Albertina, Wien, Graphische Sammlung, Inv. Nr. 14620
Provenienz: Gottfried Winckler, Leipzig; Albert von Sachsen-Teschen (Lugt 174)
Literatur: Slg.Kat. Wien 1997, S. 25, Nr. 32; Hübner 1998, S. 196

Die Szene spielt sich auf einer nicht näher definierten schmalen Vordergrundbühne ab. Sie ist von Wolken umgeben, über die ein rotes Tuch geworfen ist. Dort erscheint sitzend auf ihren Schild gestützt Minerva. Hinter der Göttin sind durch die aufgerissenen Wolken Säulen sichtbar. Vorn liegen Leier, Schriftrolle, Winkelmaß, Globus und Hermesstab – Attribute, die offenbar auf Gelehrsamkeit und Weisheit hindeuten. Die Allegorie stellt dar, wie die Seele, verkörpert durch Psyche, mit der Zeit, personifiziert in Kronos, zur Weisheit gelangt.

Z 69

Triumph der Venus, 1778

Unbez.
Verso Aufkleber: „J. S: Bach fec: Roma 1778 (eigenhändig, Feder in Braun)"
Graphit, Feder in Braun, laviert, auf Bütten; 21,4 × 31,6 cm; Wasserzeichen Lilie, darunter Bindenwappen; schwarz und braun gerahmt
Hamburger Kunsthalle, Kupferstichkabinett, Inv. Nr. 1963/118
Aufkleber der Sammlung Hardorff, Rhodin, Hellen, Stempel Rhodin
Provenienz: Carl Philipp Emanuel Bach, Leipzig (nicht bei Lugt); Gerdt Hardorff d. Ä., Hamburg (nicht bei Lugt); Carl Fredrik Christian Rhodin, Hamburg (nicht bei Lugt); Gustav von der Hellen, Hamburg (nicht bei Lugt); San Isidro/Argentinien (nicht bei Lugt); Schenkung von der Hellen 1963 an die Hamburger Kunsthalle.
Literatur: NV 1790, S. 136, Nr. 36, abgedruckt auch in Miesner 1940–1948, S. 165; Ausst.Kat. Heidelberg 1980, S. 27, Nr. 1 und S. 6, Abb. 2; Hübner 1998, S. 192, 197

---

[145] Ebenda.

Auf spiegelglatter Wasseroberfläche erscheint in wehendem Schleier und mit zahlreichem Gefolge die Göttin der Liebe, Venus. Zwei stilisierte Delphine sind vor das unsichtbare Muschelgefährt gespannt. Im Hintergrund links zieht sich am Ufer des Gewässers ein Gebirge hin. Unter geflügelten Amoretten in den Wolken sind die Figuren in drei klar voneinander abgegrenzten, diagonal hintereinander gestaffelten Gruppen angeordnet: Links vorn bläst ein Tritone in Begleitung zweier Nereiden in eine Muschel, rechts hinten verfolgt ein anderer spielerisch zwei der Meerjungfrauen, während in der Mitte, direkt in der Symmetrieachse, die schaumgeborene Göttin ruht. Über die Tritonen heißt es im „Ästhetischen Wörterbuch": *Der Ausdruck, den ihnen die Künstler beigelegt haben, scheint die Meeresstille anzuzeigen.*[146]

Bei allem Anspruch dieser figurenreichen Szene wirkt die räumliche Situation doch etwas undefiniert und die Figuren wie auf eine Platte aufgesetzt. Somit stellt das Blatt *einen noch schwankenden, aber interessanten Versuch dar, zwischen den uneingestandenen Rokoko-Tendenzen seines Lehrers Oeser und dessen klassizistischen Stilidealen einen Ausgleich zu finden,*[147] wie Klaus Stichweh schreibt. Es ist identisch mit der Nr. 36 des Nachlassverzeichnisses von Carl Philipp Emanuel Bach: *Ein Triumph der Venus und Neptun im Wasser, mit vielen Genien, welche sie umgeben, vorgestellet; sehr schön mit einigen Couleuren laviret, und mit der Feder ausgezeichnet ...*[148]

Z 70
Bacchanal

Unbez.
Pinsel in Braun, laviert, über schwarze Kreide und Rötelspuren; 42,2 × 34,9 cm
Cooper-Hewitt, National Design Museum New York, Department of Drawings, Prints, and Graphic Design, Inv. Nr. 1931.71.52 (erworben 1931)
Provenienz: Collection M. Z. (Lugt Suppl. 1927a); J. Peoli Collection
Literatur: Neue Bibliothek 1773, S. 315 f.; NV 1790, S. 136, Nr. 35, abgedruckt auch in Miesner 1940-1948, S. 165, Nr. 35; Ausst.Kat. New York 1894, No. 95 1/2; Ausst.Kat. Wyoming 1957, No. 10; Stechow 1961, S. 139 ff., Abb. 2, S. 431, Anm. 19; Ausst.Kat. Heidelberg 1980, S. 36

Bach d. J. kopierte hier vermutlich ein Werk aus Adam Friedrich Oesers Besitz. Oeser hatte nach einer Reise nach Niedersachsen im Jahr 1779 seinem Vorgesetzten Christian Ludwig von Hagedorn die Kunstschätze beschrieben, die er dort u. a. in der Sammlung des verstorbenen Herrn Schwalbe gesehen hatte. Mit diesem Hamburger Handelsherrn war Oeser von dessen Besuchen der Leipziger Messe und der Dresdener Galerie gut bekannt. Offenbar hatte er einige seiner eigenen Gemälde an Schwalbe verkauft, darunter auch: *(N. 176 und 177.) / Zwey Bacchanale von Carpioni. / Wenn man anders diese Vorstellungen so nennen kann. Carpioni wusste Bacchanale auf eine ihm eigene und weit edlere Weise zu behandeln, als die meisten Künstler, die nur ganz rohe, unbändige Menschen in einer geräuschvollen, ausschweifenden Lebensart schilderten. Nur die heitere Ruhe und sanfte Freude des allerersten Zeitalters, wo die Menschen, zwar in Einfalt und ohne Sitten, aber auch in unverkünstelter Gutheit, die Freuden des Lebens genossen und mitteilten, sind hier abgebildet. Es scheint, als ob der Künstler geglaubt hätte, diese Unschuld und Freude wäre nicht mit dem Paradiese verloren gegangen. Eins dieser Gemälde, und zwar N. 176, hat Herr Mechau vor neun Jahren, da ich von beiden selbst Besitzer war, in Kupfer gestochen.*[149]

Aus der ein Jahr später erschienenen französischen Beschreibung geht hervor, dass

---

[146] Heydenreich 1793–1795, Bd. 2, S. 419.
[147] Ausst.Kat. Heidelberg 1980, S. 11.
[148] NV 1790, S. 136, Nr. 36, abgedruckt auch in Miesner 1940–1948, S. 165.
[149] Oeser 1779, S. 20.

es sich dabei nicht um die Vorlage für das Blatt Bachs d. J. handelte.[150] Demnach muss Oeser mehrere Variationen des Themas zur Verfügung gehabt haben.

Oeser bewegte Bach dazu, sich mehrmals mit dem figurenreichen Thema des Bacchanals zu befassen und sich dabei an Giulio Carpione, genannt Carpioni, zu orientieren; vgl. auch die aus der Literatur bekannten Zeichnungen desselben Themas (ZL 97, ZL 117 bis ZL 119), sowie zwei bei Rost erwähnte Bacchanalien nach Carpioni.[151]

Dass gerade dieses Sujet zur Ausbildung geeignet sei, erwähnt Oeser in seinem Brief vom 1. Februar 1769 aus Leipzig an Hagedorn nach Dresden: *Meine Handzeichnungen sind aber nach dem Grade der Fähigkeiten und Anlagen der Scholaren verschieden. So muß ein Bachanal, nach Carpioni gezeichnet, als ein Beispiel des Einfachen oder Sanften, welches in der Kunst so selten anzutreffen, in meinem Unterrichte dienen. Denn Carpioni hat in seinen Linien den Grazien zu opfern verstanden, und ich wüsste keinen anderen, bey dem man diesen so seltnen Vorzug in solchem Reichthum und Fülle anträfe. Mich wundert, dass die besten Schriftsteller seiner nicht öfter gedenken, ob es gleich wahr ist, dass er eben nicht der beste Mahler gewesen. Mir soll aber Carpioni stets zum Beweis dienen, dass alle Actionen, die in der Natur nicht lange dauern, in der Kunst ein gleiches Schicksal haben. Sie übertäuben beim ersten Anblick, aber nach wiederhohlter Betrachtung verliehrt sich das erste wilde Feuer, und wir fühlen dann mit Widerwillen die Wirkung der schnellen Bewegungen. So geht es in der Natur, so in der Nachahmung der Kunst.*[152]

Von Carpioni sind mehrere Gemälde, Zeichnungen und Radierungen überliefert, in denen er das Thema des Bacchus-Festes mit Faunen, Satyrn, Nymphen und Putti beim Weingenuss variiert, so in Budapest, Columbia, Dresden (Verlust), Florenz, Leipzig, Mailand, Odessa, Reims, Venedig und Wien. Wie schon Oeser bemerkte, tragen sie weniger den Charakter orgiastisch-ausgelassener Feste als den unschuldig-heiterer, geruhsam-arkadischer Vergnügungen. Mehrmals platziert Carpioni dabei die Figuren zu Füßen eines Denkmalsockels mit einer Faunsherme. Diese Kompositionsweise, die es erlaubt, die bewegten Gruppen in die Höhe zu staffeln, greift auch Bach in seiner Zeichnung auf. Sie bot die Möglichkeit, bewegte Körper, denen der Wein gleichsam die Glieder gelöst hatte, in kleineren Binnengruppen in Beziehung zueinander zu setzen. Wenn auch die Wendung zu dem heidnischen Thema und die antik anmutende Nacktheit der Figuren auf einen klassizistischen Horizont hinweisen, so erinnert die festlich-bewegte und vertraulich-übermütige Szene doch auch an Darstellungen des galanten 18. Jahrhunderts, beispielsweise an höfische Szenen von musizierenden Kavalieren und Damen in Parks zu Füßen marmorner Skulpturen von Nicolas Lancret oder Jean-Baptiste François Pater.

Z 71

Moses und die eherne Schlange

---

[150] „176. 177. / CARPIONI. 2 p. 6 p. d. h. sur 2 p. / 5 p. d. l. / Un Faune, le dos appuyé contre le piédestal d'une statue, joue un air sur son chalumeau à trois personnes qui l'écoutent. Une Bacchante l' accompagne du tympanon. Sur le devant une autre Bacchante yvre & endormie; plus loin derriere elle repose un jeune garcon, la tête appuyée contre une cruche renversée. Sur le fond une Bacchante & deux enfans s' amusent à jouer des instruments. / Une assemblé de Bacchantes, assises devant le piédestal de la statue d' une Bacchante, se dispose à boire à la santé de Silene, qui arrive du côté droit, monté sur son âne. Il est yvre & soutenu par deux personnes." Oeser 1780, S. 56.

[151] Verk.Kat. Leipzig 1800, S. 88, Nr. 974.

[152] Veröffentlicht in Hagedorn 1797, S. 276.

Bez. u. r. in Graphit: „Bach"
Verso u. l. von fremder Hand in Graphit: „A[ligiert],te";
r.: „Bach. 3 ... [unleserlich]"
Feder in Braun, Gelbbraun und Graubraun, laviert auf Bütten mit Wasserzeichen Wappen; 46,5 × 31,5 cm
Stadtgeschichtliches Museum Leipzig, Inv. Nr. B 50/1
Provenienz: Unbekannt
Literatur: Ausst.Kat. Leipzig 1998, o. S.; Hübner 1998, S. 198

Die hochformatige Darstellung schildert jene Szene aus dem Alten Testament, 4. Buch Mose, Kap. 21,4–9, als das Volk der Israeliten gegen Gott und Moses murrt. Gott sendet ihnen zur Strafe eine Plage von feurigen Schlangen, befiehlt aber zugleich, eine eherne Schlange zu errichten: Wer sie erblickt, sollte am Leben bleiben. Inmitten der erregten Menge wird hier der Balken mit der Ehernen Schlange aufgerichtet. Rechts davon steht Moses mit erhobenem Stab, umringt von Flehenden. Hinter ihm deuten abstrakte Zeichen Felsen an, während der Hintergrund der linken Bildhälfte leer geblieben ist. Vorn werden die nackten Gestalten von Schlangen geplagt, sie winden sich teilweise am Boden.

Die Figuren sind mit lang durchgezogenen Federlinien umrissen. In ihrem Schwung geben sie den Ausdruck der Erregung wieder und reagieren zugleich auf das Schlangenmotiv. Ihre Gewänder und die Zwischenräume sind laviert. Vielleicht gehört dieses Blatt zu den im Nachlassverzeichnis C. P. E. Bachs erwähnten *Zwey biblische[n] Ge-*schichten, welche nach großen Italienern gezeichnet.[153]

Z 72
Nach Paolo Veronese
Darbringung im Tempel

Unbez.
Auf dem Untersatz von fremder Hand in Graphit: „Bach d' après Paul Veronese"
Pinsel in Graubraun, aquarelliert, über Graphit auf Bütten; 24,4 × 51,0 cm; fest aufgelegt, mehrere Einrahmungslinien
Albertina, Wien, Graphische Sammlung, Inv. Nr. 4978
Provenienz: Gottfried Winckler, Leipzig; Albert von Sachsen-Teschen (Lugt 174)
Literatur: Slg.Kat. Wien 1997, S. 21, Nr. 10; Hübner 1998, S. 195

Über Veronese urteilt der Leipziger Philosophieprofessor Heydenreich in dem von ihm herausgegebenen „Ästhetischen Wörterbuch": *Seine Köpfe von beiden Geschlechtern sind bloß Portraits, aber sie sind schön und gut gewählt. Seine Stellungen sind prächtig, seine Gruppen kunstreich verknüpft. (...) Sein Kolorit ist kühn und wahr, seine Widerscheine sind sehr künstlich an-*gebracht ...[154] – Gründe genug also, um Veroneses Werke kopierend zu studieren.

Da diese Zeichnung aus der Leipziger Sammlung Gottfried Winckler in die Wiener Albertina kam, ist anzunehmen, dass Bach diese Kopie nach dem Werk der Dresdner Gemäldegalerie im Auftrag des Sammlers geschaffen hat oder dass jener es nach einer Akademieausstellung erwarb.

Bach kopierte hier ein Frühwerk des Malers Paolo Veronese, das Gemälde „Die Darstellung Christi im Tempel" (siehe Abb. 27, S. 138).[155] In Proportionen, Komposition, Figurengruppen und Details hielt er sich streng an das Vorbild. Dennoch wirkt sein Blatt durch den lockeren Pinselduktus und vor allem die durchscheinenden Wasserfarben gelöster, weniger fest und konstruiert als das Gemälde. Das Blau und Rot der Gewänder, die dort vor dem Hintergrund der steinfarbenen Architektur in einer Art koloristischem Rhythmus über die Bildfläche verteilt sind, deutete Bach nur schwach aquarellierend an. Bei ihm herrscht der helle Sepiaton vor, den er durch wechselnde Licht- und Schattenzonen belebt. Damit verleiht er der ganzen Darstellung einen Charakter von Leichtigkeit und Anmut und nähert sie somit dem Zeitgeschmack an. Seine Zeichnung enthält mit der genau beobachteten Komposition die Quintessenz von Veroneses Gemälde und ist doch ein ganz eigenständiges künstlerisches Gebilde. Bach modulierte

---

[153] NV 1790, S. 137, Nr. 41, abgedruckt auch in Miesner 1940–1948, S. 165.
[154] Heydenreich 1793–1795, Bd. 3, S. 77.
[155] Paolo Veronese, Die Darstellung Christi im Tempel, um 1555/60, Öl auf Leinwand, 186,0 × 417,0 cm, Staatliche Kunstsammlungen Dresden, Gemäldegalerie Alte Meister, Gal.Nr. 223, siehe Slg.Kat. Dresden 2005 I, S. 232 mit Abb.

das Vorbild gleichsam ins Durchscheinende, Andeutende, wodurch die Komposition als Idee, der „Gedanke" des Gemäldes in den Vordergrund tritt.

Dies war auch die Intention seines Lehrers Oeser, der in einem Brief vom 1. Februar 1769 aus Leipzig an Hagedorn nach Dresden schreibt: *Wenn ich junge Leute habe, mit denen sich plaudern und raisonniren lässt, so lege ich ihnen ein Blatt vor, wie das Abendmahl von Tintoret. Denn so schön dieses Blatt in der Zusammensetzung und Austheilung des Lichts ist, so scheint es, als habe der Meister seine feste Manier im Zeichnen und seinem feurigen Genie alles Uebrige aufgeopfert, und sich kaum Zeit gelassen, die Beschaffenheit der Handlung und den Geist der Geschichte in Erwägung zu ziehen. Hier also kann sich die jugendliche Unbesonnenheit gleichsam im Spiegel sehen.*[156]

Bei der Kopie eines Gemäldes kam es ebenso wie bei sogenannten Akademien darauf an, die im Gemälde angelegten Farben auch in der Studie anzubringen. So *muß der Zeichenschüler in seine Academien das System durchblicken lassen, welchem er dereinst als Mahler folgen wird. Er muß also die Verwandtschaft und das Verhältnis der Mittel, welche er ietzt anwendet, mit denen, deren er sich dereinst bedienen muß, in seinem Geiste gegenwärtig haben. Es ist aus diesem Grunde nothwendig, dass er schon während des Zeichnens, so viel als möglich ist, nicht nur die Tousche, welch er gleich anfänglich durch Hülfe des Pinsels auftragen muß, sondern auch die Wirkung der Farbe, die er vor Augen hat, anzugeben suche,*[157] wie es außerdem bei Heydenreich heißt.

Unter dem Stichwort „Copie" geht derselbe Autor auch auf die Schwierigkeiten des Kopierens ein: *Im Ganzen genommen gehen in der Copie immer einige Schönheiten des Originals verloren; besonders diejenigen, die von der Hand des Meisters abhangen, und dann auch jenes Freye und Zwanglose, was uns ein Ganzes so reizend macht. Ist indessen der Nachahmer geschickt, so werden andere, und auch an sich sehr wichtige Theile erhalten, wie z. B. die Composition, die allgemeine Anordnung des Helldunkels und der Farben, auch endlich die Zeichnung, wenn man an derselben die größeren Feinheiten, und überhaupt dasjenige ausnimmt, wodurch uns eben der Meister seine tiefen Kenntnisse verräth.*[158]

Nach der Unterscheidung in drei Grade der Ähnlichkeit mit dem Original schuf Bach Copien, wo man das Original zwar mit Treue, aber auch in gewisser Rücksicht mit Zwanglosigkeit nachgebildet sieht.[159] Doch es ist nicht genug, sich als Urbild das Werke eines großen Meisters zu wählen, man muß auch an ihm immer nur das Meisterhafte nachzubilden suchen. *Wenn die vorzügliche Schönheit eines Gemähldes auf seiner Hauptwirkung beruhet, so skizzire man das, was in ihm diese Wirkung hervorbringt, und suche mehr den Gedanken, als das Colorit, mehr das Ganze, als die einzelnen Theile zu copiren.*[160]

---

[156] Veröffentlicht in Hagedorn 1797, S. 277.
[157] Heydenreich 1793–1795, S. 23 f.
[158] Heydenreich 1793–1795, Bd. 1, S. 669.
[159] Heydenreich 1793–1795, Bd. 1, S. 670.
[160] Heydenreich 1793–1795, Bd. 1, S. 671 f.

Aus der Literatur bekannte Werke

Mit 72 Nummern ist nur ein Bruchteil des Werkes von Johann Sebastian Bach d. J. überliefert. Weitaus mehr, nämlich 144 Werke, sind aus der Literatur bekannt. Die wichtigste Quelle ist neben einigen zeitgenössischen Auktionskatalogen Carl Philipp Emanuel Bachs Nachlassverzeichnis (NV 1790). Da dort nicht alle Blätter einzeln aufgeführt sind und demnach nachträglich nicht mehr identifiziert werden können, werden sie auch in dem vorliegenden Verzeichnis zu den Gruppen ZL 1 bis ZL 11 und ZL 12 bis ZL 22 zusammengefasst, ehe weitere einzeln bezeichnete Werke folgen.

Die kursiv gesetzten Titel und Beschreibungen der Blätter ZL 1–115 sind dem NV 1790, S. 131–137 und S. 139–142 entnommen. Sie erscheinen dort als Teil 1 („Verschiedene angefangene und sehr fleißig ausgeführte Handzeichnungen von Joh. Seb. Bach", N. 1–41 entspricht ZL 1–104) und Teil 3 („Nachstehende Zeichnungen sind alle von Joh. Seb. Bach, und unter Glas in Rähme gefaßt", N. 55–65 entspricht ZL 105–115) innerhalb der Rubrik „Verzeichniß verschiedener vorhandenen Zeichnungen des Ao. 1778 in Rom verstorbenen Joh. Seb. Bach, und einiger andern" nach folgenden erläuternden Vorbemerkungen:

„Zur Nachricht.

a. b. P. bedeutet auf blau Papier.

a. w. P. bedeutet auf weiß Papier.

a. gr. P. bedeutet auf grau Papier.

a. g. P. bedeutet auf gelb Papier."

Neben diesen beiden größeren Werkserien finden sich im NV 1790 in der Rubrik „Bildniß-Sammlung von Componisten, Musikern, musikalischen Schriftstellern, lyrischen Dichtern und einigen erhabenen Musik-Kennern" (S. 92–126) noch ein Gemälde und drei Zeichnungen Bachs, die im vorliegenden Katalog unter den Nummern ML 140 und ZL 141–143 verzeichnet sind.

In den übrigen Fällen (Bl. 116–139 und 144) ist der jeweilige Nachweis kurz zitiert oder paraphrasiert.

ZL 1–11

N. 1. Acht Blatt: Abdrücke von Köpfen, wovon viere mit Rothstein, einer mit Rothstein und schwarzer Kreide, einer mit ganz schwarzer Kreide, und zwey mit schwarzer Kreide und weisser Aufhöhung a. b. P.

N. 2. Drey Blatt: Ein Frauenköpfchen, ein Gewand, welches einen Mantel vorstellet, und ein accademischer Arm, mit schwarzer Kreide und weisser Aufhöhung, nach der Natur gezeichnet. Erstere zwey Blatt a. gr. P. und letzteres a. b. P.

Provenienz: Carl Philipp Emanuel Bach
Nachweis: NV 1790, S. 131

ZL 12–22

N. 3. Sechs Blatt: Drey Vignetten mit Figuren und Genien, welche mit Bleystift gezeichnet, und drey mit Kindern und historischen Figuren, auf gleiche Art.

N. 4. Ein Blatt, worauf zwey mit Rothstein sehr schön nach dem Leben gezeichnete Hände a. w. P.

N. 5. Ein andächtiger Mönchskopf, meist in Lebensgröße, mit schwarzer Kreide und weisser Aufhöhung, a. g. P.
N. 6. Ein junger Frauenskopf; sehr schön gezeichnet, mit Rothstein und weisser Aufhöhung, a. b. P.
Nr. 7. Zwey Blatt: Mercur en face und im Profil mit Rothstein sehr frey nach dem Antiquen gezeichnet a. w. P.

Provenienz: Carl Philipp Emanuel Bach
Nachweis: NV 1790, S. 132

ZL 23

N. 8. Mercur ganz vortrefflich nach dem Antiquen auf vorhergehende Art gezeichnet, a. g. P., Marquirt: J. S. Bach fec. Romae, 1778. Hoch, 19 ½ Zoll, breit, 15 Zoll.

Provenienz: Carl Philipp Emanuel Bach
Nachweis: NV 1790, S. 132

ZL 24

N. 9. Eines römischen Helden Bildniß, nach dem Antiquen sehr fleißig und schön gezeichnet, mit schwarzer Kreide und weisser Aufhöhung, a. gr. P. Marq. J. S. Bach fec. Romae, 1777. Hoch, 20 Zoll, breit, 15 Zoll.

Provenienz: Carl Philipp Emanuel Bach
Nachweis: NV 1790, S. 132

ZL 25

N. 10. Christi Bildniß mit der Dornen Krone, ganz vortrefflich und von großem Affect, gezeichnet mit schwarzer Kreide und weisser Aufhöhung, a. gr. P. Hoch, 17 Zoll, breit, 13 ½ Zoll.

Provenienz: Carl Philipp Emanuel Bach
Nachweis: NV 1790, S. 132

ZL 26–28

N. 11. Drey Blatt, worauf sitzende Accademien, welche sehr frey mit der Feder contourirt, a. w. P. Marq. J. S. Bach fec. Romae, 1778.

Provenienz: Carl Philipp Emanuel Bach
Nachweis: NV 1790, S. 133

Diese und die folgenden, als „Accademien" bezeichneten Blätter trugen eine zu Bachs Zeit gebräuchliche Fachbezeichnung. In seinem „Ästhetischen Wörterbuch" definierte Heydenreich diese Gattung folgendermaßen: *Eine Academie ist in der Sprache des Künstlers die Nachbildung nach einem lebenden, gezeichneten, gemahlten oder modelirten Bild. Diese Nachbildung hat vorzüglich zum Gegenstande, die Formen und das Ganze des menschlichen Körpers zu studieren, sich in diesen Studien zu üben, oder sich dadurch auf irgend ein noch auszuführendes Werk vorzubereiten.*[161] Der Autor mahnt, dass zu guten Akademien *Leichte Ausführung ohne Nachlässigkeit, feine Correktheit, frey von allem Trocknen und Magern, eine scharfe Tusche, verbunden mit Richtigkeit, Geschmack ohne alle gezierte Manier; Fleiß und Pünktlichkeit ohne Peinlichkeit und Frost* erforderlich seien. Zu den – auch von Bach verwendeten – Malmitteln Rötel und schwarze Kreide bemerkt er: *Die Academieen, welche mit Rothstein oder schwarzer Kreide auf weisses Papier in der geriefelten oder in der sraffierten Manier gezeichnet sind, erfordern weit mehr Zubereitung. Diese Manieren zu arbeiten sind die langsamsten, weil man die Halbtinten erst anlegen muss, welche auf einem grauen oder blauen Papiere schon vorbereitet sind; übrigens fordert der allzuschneidende Unterschied der Farbe der rothen oder schwarzen Stifte und dem weissen Grunde, dass man sanft und behutsam arbeite, welches oft sehr lange aufhält.*[162]

---

[161] Heydenreich 1793–1795, S. 23 f.

[162] Heydenreich 1793–1795, S. 26.

ZL 29

N. 12. Eine mit schwarzer Kreide und weisser Aufhöhung, a. b. P. gezeichnete antique Figur.

Provenienz: Carl Philipp Emanuel Bach
Nachweis: NV 1790, S. 133

ZL 30–31

N. 13. Zwey sitzende Accademien, mit schwarzer Kreide und weisser Aufhöhung, a. b. P.

Provenienz: Carl Philipp Emanuel Bach
Nachweis: NV 1790, S. 133

ZL 32–38

N. 14. Sieben Blatt: sechs angefangene Manns- und eine Frauen-Accademie, mit schwarzer Kreide und weisser Aufhöhung. Die Frauens- und eine Manns-Accademie, a. gr. P. und die Uebrigen, a. g. P.

Provenienz: Carl Philipp Emanuel Bach
Nachweis: NV 1790, S. 133

ZL 39–40

N. 15. Zwey Blatt: Eine stehende und eine liegende Manns-Accademie, sehr stark und ausführlich gezeichnet mit schwarzer Kreide und weisser Aufhöhung, a. g. P. Die liegende ist bezeichnet mit J. S. Bach, nach dem Leben. Die stehende ist 22 Zoll hoch, und 17 Zoll breit. Die liegende ist 16 ¼ Zoll hoch und 22 Zoll breit.

Provenienz: Carl Philipp Emanuel Bach
Nachweis: NV 1790, S. 133

ZL 41–51

Zehn *Manns-Accademien* in schwarzer Kreide oder Rötel. Beschreibung der Blätter N. 16 bis N. 25 siehe NV 1790 (hier nicht im Einzelnen wiedergegeben).

Provenienz: Carl Philipp Emanuel Bach
Nachweis: NV 1790, S. 133 ff.

ZL 52

N. 26. Eine stehende Accademie, der die Haut abgezogen, in Titians Manier gezeichnet und mit Tusch lavirt, a. w. P. Marq. J. S. Bach fec. Romae, 1777. Hoch, 26 ¾ Zoll, breit, 17 Zoll.

Provenienz: Carl Philipp Emanuel Bach
Nachweis: NV 1790, S. 135

ZL 53–56

N. 27. Vier Blatt, Entwürfe ländlicher Gegenden vorstellend, welche mit Bleystift und Rothstein gezeichnet.

Provenienz: Carl Philipp Emanuel Bach
Nachweis: NV 1790, S. 135

ZL 57–63

N. 28. Sieben Blatt dergleichen mit Bleystift und schwarzer Kreide gezeichnet.

Provenienz: Carl Philipp Emanuel Bach
Nachweis: NV 1790, S. 135

ZL 64–66

N. 29. Drey Blatt mit verschiedenen entworfenen Bäumen, auf gleiche Art gezeichnet.

Provenienz: Carl Philipp Emanuel Bach
Nachweis: NV 1790, S. 135

ZL 67–72

N. 30. Sechs Blatt mit nicht gänzlich ausgeführten Landschaften, welche theils getuscht und theils braun in braun lavirt, wie auch mit der Feder und mit schwarzer Kreide contourirt sind. Alle a. w. P.

Provenienz: Carl Philipp Emanuel Bach
Nachweis: NV 1790, S. 135

ZL 73–90

N. 31. Sieben Blatt dergleichen, wovon viere meistens ausgezeichnet und braun in braun lavirt sind. 5 a. w. P. u. zwey a. b. P.

Provenienz: Carl Philipp Emanuel Bach
Nachweis: NV 1790, S. 135

ZL 91–92

N. 32. Zwey große angefangene römische Landgegenden, theils braun in braun, und theil mit Bleystift entworfen, a. w. P.

Provenienz: Carl Philipp Emanuel Bach
Nachweis: NV 1790, S. 135

ZL 93–95

N. 33. Eine antique Frauens-Büste mit Abdruck, nebst noch einem anderen Abdruck von einer dergleichen Figur und ein Frauenskopf, mit Rothstein gezeichnet, a. w. P.

Provenienz: Carl Philipp Emanuel Bach
Nachweis: NV 1790, S. 135

ZL 96

N. 34. In einer gebürgigen Hölzung schlängelt ein stilles Wasser mitten hindurch, ausnehmend schön gezeichnet, und mit ei-

nigen Couleuren lavirt, a. w. P. Hoch 10¼ Zoll, breit, 10½ Zoll.

Provenienz: Carl Philipp Emanuel Bach
Nachweis: NV 1790, S. 136

ZL 97

N. 35. Ein Bacchanal in ländlicher Gegend vorgestellt; sehr schön lavirt braun in braun und mit der Feder ausgezeichnet, a. w. P. Hoch, 7¾ Zoll, breit, 9½ Zoll.

Provenienz: Carl Philipp Emanuel Bach
Nachweis: NV 1790, S. 136

ZL 98

N. 37. Eine historische römische Landgegend, im Gusto von Salvator Rosa; braun in braun lavirt, a. w. P. Hoch, 12¾ Zoll, breit, 18 Zoll.

Provenienz: Carl Philipp Emanuel Bach
Nachweis: NV 1790, S. 136

ZL 99

N. 38. Eine vortreffliche römische Landschaft, mit zerfallenen Rudera, wobey einige Figuren; ganz besonders schön beleuchtet und braun in braun lavirt, in grün lavirter Einfassung, welche mit Linien umzogen, a. w. P. Marq. J. S. Bach. fec. Romae, 1778. Hoch, 14¼ Zoll, breit, 18½ Zoll.

Provenienz: Carl Philipp Emanuel Bach
Nachweis: NV 1790, S. 136

ZL 100

N. 39. Eine dergleichen vortrefflich ausgezeichnete und lavirte römische Gegend mit einigen Figuren, auch braun in braun lavirt und mit gleicher Einfassung, a. w. P. Marq. J. S. Bach fec. Romae, 1778. Hoch, 15 Zoll, breit, 19¼ Zoll.

Provenienz: Carl Philipp Emanuel Bach
Nachweis: NV 1790, S. 136

ZL 101–102

N. 40. Zwey römische Gegenden mit Ruinen vorgestellt. Auf dem einen sitzet Bach mit einem seiner Freunde, welcher zusieht, wie er die Gegend nach der Natur zeichnet. Auf dem andern befinden sich zwey beladene Maulthiere nebst ihren Treibern. Beyde sind ganz vortrefflich in verschiedenen Couleuren lavirt, umfasset mit doppelten Linien-Rändern, wovon der innere grau, und der äußere hellroth lavirt ist, a. w. P. Marq. J. S. Bach fec. Romae, 1778. Hoch, 14¾ Zoll, breit, 18¼ Zoll.

Provenienz: Carl Philipp Emanuel Bach
Nachweis: NV 1790, S. 137

ZL 103–104

N. 41. Zwey biblische Geschichten, welche nach großen Italienern gezeichnet, braun in braun lavirt sind, a. w. P. Hoch, 27¾ Zoll, breit 19 Zoll.

Provenienz: Carl Philipp Emanuel Bach
Nachweis: NV 1790, S. 137

ZL 105–106

N. 55 und 56. Zwey Land= und Wasser=Gegenden, wovon die eine bey Sonnen=Untergang und die andere bey Vollmond vorgestellet ist, im Gusto von van der Neer; grau und bräunlich lavirt. In schwarz gebeizten Rähmen mit goldenen Leisten. Hoch, 7 Zoll, breit, 9½ Zoll.

Provenienz: Carl Philipp Emanuel Bach
Nachweis: NV 1790, S. 139

ZL 107

N. 57. Die Liebe vorstellend. Eine ganz besondere Art lavirter Zeichnung, mit einigen Couleuren, welche einen ausserordentlichen Affect machen, daß es einem Gemählde fast gleich ist. In vergoldeten Glanzrahmen. Hoch, 19¾ Zoll, breit, 16¾ Zoll.

Provenienz: Carl Philipp Emanuel Bach
Nachweis: NV 1790, S. 140

ZL 108–109

N. 58 und 59. Zwey besonders schöne Hölzungen mit Reisenden, wovon einer zu Pferde so schön gezeichnet, wie A. Waterloo. Beyde sind braun lavirt, und die Figuren mit einigen Couleuren. In Glanzgoldenen Rähmen. Hoch, 7 Zoll, breit, 9¾ Zoll.

Provenienz: Carl Philipp Emanuel Bach
Nachweis: NV 1790, S. 140

ZL 110

N. 60. Ein Faun drückt den Saft der Traube in ein Gefäß, welches von dem jungen Bacchus gehalten wird, hinter demselben steht ein junger Satyr, der Trauben zu essen beginnt. Im Vordergrunde liegt eine Leopardin mit drey ihrer Jungen, die an ihr säugen. Diese Zeichnung ist so stark in Couleuren bearbeitet, als wenn man ein Gemählde sähe. In schwarz gebeizten Rah-

men mit vergoldeter Perlen=Leiste. Hoch, 24 Zoll, breit, 17 ¾ Zoll.

Provenienz: Carl Philipp Emanuel Bach
Nachweis: NV 1790, S. 140

ZL 111
N. 61. In einer angenehmen Land= und Wasser=Gegend sitzen einige Vergnügte beysammen; eine Nymphe stehet unter dem Baum, und bläst auf der Schalmey; alle sehen 2 Knaben zu, wovon der eine mit einem Ziegenbock scherzet. Braun in braun sehr schön lavirt. In fein vergoldeten Rahmen. Hoch, 6 ¾ Zoll, breit, 9 ¼ Zoll.

Provenienz: Carl Philipp Emanuel Bach
Nachweis: NV 1790, S. 140 f.

ZL 112
N. 62. Mitten im Walde befindet sich ein Bauernhaus mit einigen beschäfftigten Landleuten; braun in braun lavirt, wie Everdingen. In fein vergoldeten Rahmen. Hoch, 6 ¾ Zoll, breit, 8 ½ Zoll.

Provenienz: Carl Philipp Emanuel Bach
Nachweis: NV 1790, S. 141

ZL 113
N. 63. Vor einer offnen Hälfte eines gewölbten perspecktivischen römischen Gebäudes befinden sich zwey mit Kräuter bewachsene Hügel, die den Eingang vorstellen, worinn einer steht und einer sitzet, welche mit einander Unterredung halten. Zur linken siehet man einige Bäume. Die ganze Vorstellung ist nach der Natur auf das feinste mit dem Pinsel braun in braun lavirt, und mit der Feder ausgezeichnet. In schwarzgebeizten Rahmen mit fein vergoldeten Leisten. Marq. J. S. Bach fec. Romæ, 1778. Hoch, 14 ¼ Zoll, breit, 19 Zoll.

Provenienz: Carl Philipp Emanuel Bach
Nachweis: NV 1790, S. 141

ZL 114
N. 64. Eine der schönsten römischen gebürgigten Land= und Wasser-Gegenden. Zur Linken sieht man den Dianen-Tempel. Im Vordergrunde sitzen und liegen Nymphen nebst einem Pfaun, eine davon tanzet, indem sie auf dem Tambour mit Schellen dazu spielet. Diese Zeichnung ist die ausführlichste und herrlichste, die von diesem großen Künstler in seiner Art, zu sehen ist. Sie ist braun in braun, mit der größten Freyheit, lavirt. In fein vergoldeten geschnittenen Rahmen. Marq. J. S. Bach fec. Romæ, 1778. Hoch, 20 Zoll, breit, 27 ½ Zoll.
Die Komposition dieser Zeichnung ähnelt einem Blatt, das sich heute in der Hamburger Kunsthalle befindet, vgl. Z 57.

Provenienz: Carl Philipp Emanuel Bach
Nachweis: NV 1790, S. 141 f.

ZL 115
N. 65. Eine dergleichen vortreffliche römische Gegend mit einem Wasserfall. Zur Rechten unter hohen Bäumen sitzen und stehen einige Hirten mit einer Nymphe, wozu ein Pfaun bläst. Ebenso stark und ausführlich gezeichnet, wie die Vorhergehende, wozu sie accompagnirt. In gleichen Rahmen. Marq. J. S. Bach fec. Romæ, 1778. Hoch, 20 Zoll, breit, 27 ½ Zoll.

Provenienz: Carl Philipp Emanuel Bach
Nachweis: NV 1790, S. 142

Auf Oesers Anregung hin, welcher selbst einige Gemälde und Zeichnungen von Carpioni besaß,[163] beschäftigte sich Bach mehrmals mit dem Thema des Bacchanals nach Vorlagen von Giulio Carpioni. Von diesen Arbeiten (ausgenommen das Blatt Z 70) haben wir jedoch nur aus Erwähnungen und Beschreibungen in der Literatur Kenntnis.

---

[163] Vgl. Wustmann 1907, S. 292.

ZL 116
Nach Giulio Carpioni, Bacchanal
Diese Zeichnung wurde in der Dresdner Akademieausstellung vom 5. März 1771 ausgestellt, wie auch eine Radierung nach demselben Werk von Jakob Wilhelm Mechau.[164] Bei dem Vorbild handelte es sich um Giulio Carpionis heute nicht mehr existierendes Gemälde mit tanzenden und Tamburin schlagenden Bacchanten in der Dresdner Gemäldegalerie.[165]

Nachweis: Neue Bibliothek 1773, 14. Bd., 2. Stück, S. 315
Literatur: Handrick 1957, S. 86

ZL 117
Nach Giulio Carpioni, Bacchanal
Unter anderem hatte Bach auch 1773 ein Bacchanal ausgestellt, wie es in der Neuen Bibliothek heißt: *Besonders hatte der Sohn des Hr. Kapelldirector Bachs in Hamburg eine kolorirte Zeichnung nach Carpioni, ein Bacchanal, eingeschickt, dessen Feuer in der Nachahmung erhalten, die beste Hoffnung von dem jungen Künstler schöpfen ließ.*

Nachweis: Neue Bibliothek 1773, 14. Bd., 2. Stück, S. 315 f.

ZL 118
Nach Giulio Carpioni, Bacchanalien
Einige mit Tusche ausgeführte Bacchanalien zeigten von seiner Anlage zur Zusammensetzung; und einige waldigte Landschaften, gleichfalls Zeichnungen, versprachen gleichsam die vortrefflichen Blätter, die ich bei der folgenden Ausstellung von diesem Künstler anzuzeigen habe. Er ist gegenwärtig in Dresden, um seinen Geschmack, den Oeser für das Edle gebildet hat, durch das Studium der Antike und der besten Gemälde vollends sicher zu machen.

Nachweis: Neue Bibliothek 1774, S. 144 f.
Literatur: Wustmann 1907, S. 292 f.

ZL 119
Nach Giulio Carpioni, Zwei Bacchanalien
Zwey Blatt Bacchanalen, nach Gemälden von Carpioni, wohl ausgeführt und nach den Originalen colorirt; gr. real fol.

Provenienz: Adam Friedrich Oeser
Nachweis: Verk.Kat. Leipzig 1800, S. 88, Nr. 974

ZL 120
Kopie nach Pompeo Girolamo Batonis Gemälde Die Büßende Magdalena in der Dresdner Gemäldegalerie,[166] 1774

Zwei Jahre nach Bachs Tod schuf Johann Friedrich Bause 1780 nach dieser Zeichnung einen stellenweise in Punktiermanier bearbeiteten Kupferstich (G 14).
Der Hamburger Domherr und Italienreisende Friedrich Johann Lorenz Meyer vertrat eine weit verbreitete Ansicht, wenn er aus Rom über Batoni schrieb: *Seine Werke bleiben Muster der Nachahmung, in der Wahrheit und Mannichfaltigkeit des Ausdrukkes, in der Schönheit der Gewänder, und in der Harmonie der Farben.*[167] Und weiter über das Vorbild für Bachs Zeichnung: *Die vor vierzig Jahren gemalte trefliche Magdalena in der Dresdner Gallerie, glich in der Manier vollkommen den Bildern, die ich unter seinen Händen sah: und man konnte dem alten Mann nichts Schmeichelhafteres sagen, als wenn man diese Gleichheit seines Pinsels bemerkte.*[168]

Pinsel in Wasserfarben
Nachweis: Neue Bibliothek 1781, 25. Bd., 2. Stück, S. 350 f.
Literatur: Keil 1849, Nr. 11; Wustmann 1907, S. 293; Wustmann 1909, S. 305; Stechow 1961, S. 431; Ausst.Kat. Heidelberg 1980, S. 29, Nr. 13; Hübner 1998, S. 190

---

[164] Jakob Wilhelm Mechau, nach Giulio Carpioni, Bacchanal mit Faunen und Nymphen, 1770, Radierung, 23,7 × 31,6 cm, Staatliche Kunstsammlungen Dresden, Kupferstich-Kabinett, Inv. Nr. A 27366, vgl. Ausst.Kat. Heidelberg 1980, S. 34, Nr. 30.
[165] Giulio Carpioni, Bacchanal, Öl auf Leinwand, 117,0 × 151,0 cm, Staatliche Kunstsammlungen Dresden, Gemäldegalerie Alte Meister, Gal.Nr. 539, verbrannt, vgl. Slg.Kat. Dresden 2005 II, S. 697, Nr. 68 mit Abb.
[166] Pompeo Girolamo Batoni, Die Büßende Magdalena, Öl auf Leinwand, 121,0 × 188,0 cm, Staatliche Kunstsammlungen Dresden, Gemäldegalerie Alte Meister, Gal.Nr. 454, verbrannt, siehe Slg.Kat. Dresden 2005 II, S. 685, Nr. 17 mit Abb.
[167] Meyer 1792, S. 129.
[168] Meyer 1792, S. 130.

ZL 121
Der Großvezir Kyoprili

Das ungewöhnliche Motiv dieses Blattes wirft ein ganz neues Licht auf Bachs Interessen. Glücklicherweise ist es im Verkaufskatalog von 1800 ausführlich beschrieben: „*Der Großvezir Kyoprili, in einem servischen Dorfe, wie ihm griechische Christen Tribut bringen; zu Ende des 17. Jahrhunderts, unter Sultan Achmeds Regierung, kam dessen Großvezir, Mustapha Kyoprili, auf seinem ersten Zuge nach Servien, durch ein abgelegenes Dorf, das von griechischen Christen bewohnt ward, die weder einen Geistlichen, noch eine Kirche hatten. Kyoprili ertheilte ihnen zu beyden die Erlaubnis, indem er zu seinen Begleitern, die Einwendungen dagegen machten, sagte, dass die Menschen eine Religion haben müssten, sonst würden sie Straßenräuber. Er bedung sich von den freudigen und dankbaren Einwohnern von jeder Familien, als Tribut ein Huhn, sie brachten sogleich 20 herbey. Nach geendigtem Feldzuge kam Kyoprili wieder durch dieses Dorf, wo er 200 Hühner erhielt. ‚Sehet ihr nun, was Religionsduldung thut?' äußerte der Großvezir gegen seine hohen Kriegsbedienten: ‚meines Kaisers Einkünfte habe ich vermehrt, und dies arme Volk, das uns vorher fluchte, segnet uns nun.'*

Diesen letztern Zeitpunkt hat der verstorbene Bach gewählt, und glücklich ausgeführt, der Gr. Vez. hält mit seinen Begleitern zu Pferde; zur linken das freudige Volk mit seinem segnenden Priester eilt herzu, den Tribut zu bringen. In der Entfernung ist eine Kirche. Das Ganze ist schön gruppirt, viele Figuren. Braun getuscht auf w. P. gr. Real fol.

Provenienz: Adam Friedrich Oeser
Nachweis: Verk.Kat. Leipzig 1800, S. 86 f., Nr. 970

ZL 122

Arcadien. Eine vortreffliche Landschaft im heroischen Styl, ganz im Geiste des Poussin. Im Vordergrund sind einige Bäume vortrefflich grouppirt und gehalten. Zur linken Seite sind sanft gehende Gebirge, die ein Wasser umfließt, und zur Rechten im Hintergrunde sind einige Arcadier, die um das Grabmahl eines entschlafenen Mädchens herum stehen; auf w. Pap. Braun getuscht, Original. 1 Elle 10 Zoll br. 1 Elle hoch.

Provenienz: Adam Friedrich Oeser
Nachweis: Verk.Kat. Leipzig 1800, S. 87, Nr. 971

ZL 123
Nach Carlo Marratta, Muttergottes

Eine vortreffliche fleißige und im großen Geschmack ausgeführte Zeichnung, nach dem berühmten Gemählde von Carlo Marratt, aus der Dresdner Gallerie: Die Mutter Gottes mit dem Kinde, und die heil. Catharina, wie sie dasselbe verehrt, auf w. P. braun getuscht. 1 Elle 9 Z. hoch, 1 Elle breit.

Als Vorbild kommen drei Gemälde Marrattas in der Dresdner Gemäldegalerie in Frage, die allerdings alle drei nur die Mutter mit dem Kind, nicht aber die Heilige Katharina zeigen.[169] Am wahrscheinlichsten wäre eine Kopie nach der beliebten „Heiligen Nacht", bei der der Autor möglicherweise einen der Engel falsch interpretiert hat.[170]

Provenienz: Adam Friedrich Oeser
Nachweis: Verk.Kat. Leipzig 1800, S. 87 f., Nr. 972

ZL 124
Italienische Landschaft

Bach hatte, wie es im Kölner Katalog von 1899 heißt, diese Zeichnung *aus Rom an Prof. Oeser gesandt*. Möglicherweise handelt es sich dabei um das Blatt, das im Jahr 1800

---

[169] Slg.Kat. Dresden 2005 II, S. 347, Nr. 1117 und 1118 sowie Verlust, Nr. 237.
[170] Carlo Marratta, Die Heilige Nacht, Öl auf Leinwand, 99,0 × 75,0 cm, Staatliche Kunstsammlungen Dresden, Gemäldegalerie Alte Meister, Gal.Nr. 436, vgl. Slg.Kat. Dresden 2005 II, S. 347, Nr. 1117 mit Abb. Laut freundlicher Auskunft von Frau Dr. Elisabeth Hipp vom 27.04.2006 wird auch in den Dresdner Galeriekatalogen von 1771 und von 1801 in den Beschreibungen der drei jeweils enthaltenen Marratta-Gemälde (neben den beiden Madonnenbildern noch die „schöne Obstleserin", die heute Michelangelo di Campidoglio und Guillaume Courtois zugeschrieben wird), die Heilige Katharina nicht erwähnt.

aus Oesers Nachlass in der Rostischen Kunsthandlung in Leipzig angeboten wurde: *Eine Italiänische Gegend, reichhaltig an Bäumen und fernen Gebirgen; fleißig und schön ausgeführt, auf w. Pap. mit Bister, fol.*[171]

Pinsel in Grau; 20,0 × 31,5 cm
Provenienz: Adam Friedrich Oeser, Johann Wolfgang von Goethe
Nachweis: Slg.Kat. Köln 1899, Nr. 308 (mit Beschreibung und Abb.)
Literatur: Ausst.Kat. Heidelberg 1980, S. 28, Nr. 11

ZL 125
Opferung dem Schlafe
Landschaftl. Gartenpark (in Weimar?), rechts Jüngling, eine Dame (Wilhelmine Oeser) führend, die einen Kranz auf ein Steinmonument niederlegt; links Gartenpavillon (Rotonde), auf deren Treppe vor d. verschloss. Thüre 1 Herr u. 2 Damen ermüdet ruhen. Der Herr rechts soll Graf Kemeny (Behrisch?) sein, der links ruhende ist Goethe neben Friederike Oeser u. deren Freundin (Käthchen Schönkopf?).

Der junge Mann rechts, der Oesers jüngere Tochter Wilhelmine führt, dürfte der frühere Besitzer des Blattes, der Kupferstecher Christian Gottlob Geyser sein, der das Mädchen im Jahr 1787 heiratete. Geyser war einer der erfolgreichsten Schüler Oesers, er stach nach Vorlagen von Oeser, Dietrich, Füger, Chodowiecki, Mechau, Bach oder Nathe, denen er freundschaftlich verbunden war, Vignetten, Porträts und Illustrationen.
Das Blatt entstand in Bachs Leipziger Zeit, als er dort auch mit Johann Wolfgang von Goethe in Beziehung stand, wie aus einem Brief an Cornelia Goethe vom 11. Mai 1767 hervorgeht. Goethes „Ode an den Schlaf" entstand im selben Jahr, das Thema war in Oesers Kreis also gegenwärtig.
Bachs Zeichnung wurde 1899 bei Lempertz im „Verzeichnis der Goethe-Sammlung" veröffentlicht, welche 1908 versteigert wurde. Heinrich Ritter veröffentlichte diese Zeichnung fälschlicherweise als Werk des Thomaskantors Johann Sebastian Bach.[172]

Feder und Pinsel in Braun; 20,0 × 27,5 cm
Provenienz: Christian Gottlieb Geyser, Johann Wolfgang von Goethe
Verso ein Lacksiegel mit der Chiffre „C. G. [Christian Gottlieb Geyser]"
Nachweis: Slg.Kat. Köln 1899, Nr. 308 (mit Beschreibung und Abb.)
Literatur: Ausst.Kat. Heidelberg 1980, S. 28, Nr. 11; Hübner 1998, S. 195, Anm. 42

ZL 126
Nach Annibale Caracci
Der Genius des Ruhms [173]
Der Genius des Ruhms, nach Hannibal Caracci; aus der Dresdner Gallerie, eine wohlausgeführte, glückliche Kopie, in dem Colorit des Originals. gr. Real fol.

Provenienz: Adam Friedrich Oeser
Nachweis: Verk.Kat. Leipzig 1800, S. 88, Nr. 974

ZL 127
Römische Landschaft mit dem Begräbnisplatz der Protestanten vor Rom

Dieses Blatt gehörte dem Dresdner Bibliothekar Karl Wilhelm Daßdorf, der es folgendermaßen rühmt: *Ich habe das Glück, von ihm eine sehr große grünlich getuschte Landschaft zu besitzen, die er mir ein halb Jahr vor seinem Tode als einen Beweis seines fortdaurenden Andenkens und Freundschaft schickte. Sie ist in der reizendsten und zugleich kräftigsten Manier gezeichnet und voll jener edlen, fast unerreichten Simplizität, die er sich durch das Studium der vortrefflichen Geßnerischen Schriften und Zeichnungen in einem so hohen Grade eigen zu machen gewusst hatte. Auch nannte er diese seine Arbeit, in welcher der Begräbnißplatz der Protestanten vor Rom mit angebracht ist, in seinem Brief an mich seinen Liebling, und in der Tat wird es von allen Kennern der Kunst für seine geistreichste Arbeit und für sein größtes Meisterstück gehalten.*

Pinsel in Grünlich
Provenienz: Karl Wilhelm Daßdorf
Nachweis: Daßdorf, zitiert nach Wustmann 1909, S. 301 f.

---

[171] Verk.Kat. Leipzig 1800, S. 88, Nr. 972
[172] Vgl. Die Musik, Jg. 1, Berlin 1902, S. 1553 f.
[173] Bei dem Vorbild handelt es sich um: Annibale Caracci, Der Genius des Ruhms, 1588/89, Öl auf Leinwand, 174,0 × 114,0 cm, Staatliche Kunstsammlungen Dresden, Gemäldegalerie Alte Meister, Gal.Nr. 306, vgl. Slg.Kat. Dresden 2005 II, S. 154, Nr. 305 mit Abb.

ZL 128
Das Monument in Arkadien –
Aussicht von Lichtenwalde, 1776

Diese Zeichnung muss großen Eindruck gemacht haben, denn schon Oeser erwähnt sie in einem Brief an seinen Vorgesetzten Hagedorn: *Von Bach ist diesmal eine erhabene Landschaft* [für die Akademieausstellung vorgesehen]. *Es ist eine Aussicht vom Lichtwalde, nach der Natur gezeichnet; nur mit dem Unterschiede, dass, wo in der Natur ein kleines modernes Lusthäuschen stehet, ist an dessen Stelle eine Ruine gesetzt worden; und wo der Wasserfall des Gartens von einem Berge über Gesträuch wegfällt, da fällt in der Zeichnung das Wasser nicht so gerade über die Bäume, sondern schlägt mehr wider die ausgewaschenen Felsen, der Mannigfaltigkeit willen, den Berg hinunter auf die Flur. In dem Hintergrunde ist eine alte steinerne Brücke, die in der Natur nicht ist. Im Vordergrunde ist in der Natur eine Treppe, den Berg herunter, mit einer etwas steifen Mauer, welche in Bosquets verwandelt worden; auf der Treppe kommen einige Mädchen zur Statue der Flora, ihre Puppen zu opfern. Kurz, es ist eine erfindungsreiche Landschaft. Mir ist Bach ein ganz neuer Phönix der Kunst.*
Laut Wustmann im Original angeblich: *vom Lichtwalde*. Gemeint ist Schloss Lichtenwalde bei Chemnitz mit seinem Park. Das Bild fand großen Beifall und wurde mehrfach kopiert, darunter für den dänischen Gesandten in Dresden. Anton Graff ließ es für sich durch seinen Schweizer Schüler Rieter wiederholen. Diese Kopie gelangte in den Besitz eines Herrn von Muralt in Bern und wurde endlich an den Grafen Reuß von Köstritz verkauft.[174] Das Original erwarb der Sammler und Kunstfreund Carl Adolf Gottlieb von Schachmann. *Über die Schicksale des Originals hatte sich damals schon eine förmliche Legende gebildet, gegen die der Besitzer, Schachmann, in der Jenaischen Literaturzeitung 1788 auftrat (vgl. die Neue Bibliothek, Bd. 38, S. 286).*[175]
Christoph Nathe, ein späterer Oeser-Schüler, der Bach hoch verehrte, hat das Blatt kopiert, wie aus einem Brief an dessen Förderer Adolf Traugott von Gersdorf hervorgeht: *Dem Hrn. v. Schachmann scheint es doch nicht ganz recht zu seyn, daß ich den Bach kopirt habe. Er hat an Hrn. Roß geschrieben, ich hätte mir seine Abwesenheit zu Nutze gemacht und seinen Bach nach Görlitz transportirt und ihn da kopirt, er würde mir zwar das Copiren dieser vorzüglichen Zeichnung nicht gewehrt haben, ob er gleich sich eins um das andere dabey würde ausbedungen haben. (...) Der Graf Reuß hat dieselbe Zeichnung, die sonst in Bern war, vorigen Sommer für 300 ch gekauft. Prof. Oeser wird sie nach Leipzig bekommen, und dann werd ich sehen, obs wirklich dieselbe ist.*[176]
Und auch Juliane Wilhelmine Bause hatte es schon 1787 oder 1788 kopiert und in Dresden neben dem Original ausgestellt. Die Kopie war so täuschend, *daß man sie sogar von guten Kennern miteinander verwechseln sah.*[177]
Oesers Beschreibung nach kann diese Landschaft den Zeichnungen Z 53, Z 54 und Z 55 sowie dem Gemälde M 56 geähnelt haben.

37 Zoll breit, 28 Zoll hoch
Nachweis: Adam Friedrich Oeser, Achter Brief an Christian Ludwig von Hagedorn, undatiert in: Hagedorn 1797, S. 294
Literatur: Brief von Christoph Nathe vom 22. November 1785 aus Leipzig an Adolf Traugott Freiherr von Gersdorf nach Rengersdorf in der Oberlausitz, Archiv der OLG in Görlitz, verwaltet von der OLB, Briefe von Nathe an Adolph Traugott von Gersdorf IX 93, ATvG 629; Neue Bibliothek 1788, 35. Bd., 1. Stück, S. 126 f.; Neue Bibliothek 1789, 38. Bd., 2. Stück, S. 286 f.; Hagedorn 1797, S. 294; Wustmann 1909, S. 296 f., S. 306; Kurzwelly 1914, S. 62

ZL 129
Eine Landschaft

Also erst aus dem Rost. Verlags Catalog. (...) Pag. 227. Nr. 4 Eine Landschaft mit dem Namen Oeser. Ist ausgemacht blos von Bach. (...) Die Preiße lassen sich eigentlich gar nicht bestimmen, es kommt

---

[174] Vgl. Wustmann 1909, S. 306.
[175] Ebenda.
[176] Brief von Christoph Nathe vom 22. November 1785 aus Leipzig an Adolf Traugott Freiherr von Gersdorf nach Rengersdorf in der Oberlausitz, in: Archiv der OLG in Görlitz, verwaltet von der OLB, Briefe von Nathe an Adolph Traugott von Gersdorf IX 93, ATvG 629.
[177] Neue Bibliothek 1788, 35. Bd., 1. Stück, S. 126, sowie Wustmann 1909, S. 306.

auf die Liebhaber und Commissionere an. Der Bach kann ohngefehr 2–4 Dukaten wohl noch höher weggehn, schrieb am 18. Dezember 1786 der oberlausitzische Landschaftsmaler Christoph Nathe aus Leipzig an Adolph Traugott von Gersdorf nach Rengersdorf in der Oberlausitz. In der Oberlausitzischen Bibliothek der Wissenschaften zu Görlitz werden 140 Briefe dieses Künstlers an seinen Förderer und freundschaftlichen Gönner von Gersdorf aufbewahrt. Die meisten hatte er während seiner Leipziger Jahre verfasst, als er sich bei Oeser zum Landschaftsmaler ausbildete und anschließend mit seiner Kunst seinen Unterhalt zu verdienen versuchte. Darin berichtete er u. a. über Angebote der Leipziger Verleger wie des oben erwähnten Karl Christian Heinrich Rost, die Gersdorf zur Vervollständigung seiner privaten Kunstsammlung interessierten.[178] In den gebildeten Kreisen der Oberlausitz war man über Akademieausstellungen, Neuerscheinungen, Kataloge und günstige Kaufangebote auf diese Weise gut informiert und kannte selbstverständlich das Schaffen Oesers und seiner Schule. Da die Gelehrten aus Görlitz und der Umgebung ihre Studien häufig in Leipzig absolviert hatten, beruhten die Beziehungen zu den Leipziger Wissenschaftlern und Künstlern zumeist auf persönlichen Kontakten, die auf Reisen und während der Leipziger Messe aufgefrischt wurden. Auch ein anderer oberlausitzischer Gelehrter, Carl Adolf Gottlieb von Schachmann, hatte sein Interesse an einem Vertreter der damaligen Leipziger Schule bewiesen, als er ein hoch gelobtes Werk Bachs kaufte, vgl. ZL 128.

Nachweis: Brief von Christoph Nathe vom 18. Dezember 1786 aus Leipzig an Adolph Traugott Freiherr von Gersdorf nach Rengersdorf in der Oberlausitz, Archiv der OLG in Görlitz, verwaltet von der OLB, Briefe von Nathe an Adolph Traugott von Gersdorf IX 93, ATvG 629

ZL 130
Berglandschaft mit Flüsschen und Holzbrücke. Vorzügliche Aquarelle.

Aquarell; 28,0 × 40,0 cm
Provenienz: Unbekannt
Nachweis: Verk.Kat. Dohna o. J. I, S. 3, Nr. 6

ZL 131
Scene aus Geßners Idyllen. Brav componirt und gezeichnet. Braun getuscht auf weissem Papier.

Bez., Wortlaut nicht überliefert
„Handzeichnung in Mappen."; „Hoch 7 F[uss] 10 Z[oll]"
Provenienz: Johann Valentin Meyer, Senator zu Hamburg
Nachweis: Verk.Kat. Hamburg 1812, S. 44, Nr. 35

ZL 132
Die Ruinen der Brücke des August's bei Narni. Nach der Natur gezeichnet, mit Biester getuscht.

Bez., Wortlaut nicht überliefert
„Handzeichnung in Rahmen unter Glas."; „Hoch 1 F[uss] 4 Z[oll], breit 1 F[uss] 8 Z[oll]"
Provenienz: Johann Valentin Meyer, Senator zu Hamburg.
Nachweis: Verk.Kat. Hamburg 1812, S. 38, Nr. 64

ZL 133–134
Zwei Italienische Landschaften mit Staffirung. (1776) in Geßners Geschmack. Gute Bisterzeichnung.

Provenienz: Gerhard Joachim Schmidt, Hamburg.
Nachweis: Verk.Kat. Hamburg 1818, S. 2, Nr. 17

ZL 135
Eine Idille. In Sepia. Brav beendet. 6 ½.8 ½.

Provenienz: Gerhard Joachim Schmidt, Hamburg
Nachweis: Verk.Kat. Hamburg 1818, S. 2, Nr. 18

ZL 136
Todten-Opfer. Sepia. Nicht bedeutend. 9.12 ½.

Provenienz: Gerhard Joachim Schmidt, Hamburg
Nachweis: Verk.Kat. Hamburg 1818, S. 2, Nr. 14

ZL 137
Eine Wald-Landschaft mit Vieh und Figuren. Flüchtige Bisterzeichnung. 7 ½.11.

Provenienz: Gerhard Joachim Schmidt, Hamburg
Nachweis: Verk.Kat. Hamburg 1818, S. 2, Nr. 16

---

[178] Diese bildete einen Teil des Grundstocks des heutigen Graphischen Kabinetts des Kulturhistorischen Museums zu Görlitz.

ZL 138
Zwei sitzende sich umarmende Kinder. Vignette. Flüchtige Bisterzeichnung. 3.3½.

Solche Vignetten mit Kindern stach Christian Gottlieb Geyser nach Vorlagen von Mechau, Christoph Nathe und eben auch von Bach. Eine gestochene Vignette im Stil dieser Beschreibung schuf Geyser zur Illustration von „Rabeners Satiren." (siehe Vergleichsabb. 13, S. 41). Vier weitere Vignetten zeigen ebenfalls Kinderszenen in diesem Stil, bei denen jedoch Mechau als Vorzeichner angegeben ist. Demnach hat sich Bach mit diesem Entwurf offenbar – zumindest motivisch – eng an Mechau orientiert bzw. ist damit auf die Gepflogenheiten und Wünsche der Buchgestalter eingegangen. Da ein eigener Stil in den wenigen überlieferten Vignetten-Entwürfen des jungen Künstlers nicht nachgewiesen werden kann, ist es durchaus denkbar, dass er sich Mechau so weit annäherte, dass Geyser diese ganz verwandten Stiche nach Entwürfen von zwei verschiedenen Händen schaffen konnte.

Provenienz: Gerhard Joachim Schmidt, Hamburg
Nachweis: Verk.Kat. Hamburg 1818, S. 2, Nr. 15

ZL 139
Der Tempel des Janus in seinen Ruinen, ganz im Vordergrunde einer Landschaft dargestellt. Mit Sepia geistvoll getuscht. Auf weissem Papier. Hoch 10½, breit 14 Zoll.

Der Tempel des Janus ist dem vierköpfigen Janus (Janus-Quadrifons) als Beschützer des Ein- und Ausgangs geweiht. Janus ist mit zwei in entgegengesetzte Richtungen blickenden Gesichtern sowie mit Schlüssel und Pförtnerstab dargestellt. Der würfelförmige Bogenbau steht in Rom am Westhang des Palatins bzw. an der äußersten Ostseite des Forum Boarium über einem Arm der Cloaca Maxima und diente wahrscheinlich als Stadttor. Bei dem großen vierseitigen Bogen handelt es sich um einen Ehrenbogen, wahrscheinlich um den Arcus Constantini.

Bez.: „Rom 1778."
Provenienz: Hamburger Privatsammlung
Nachweis: Verk.Kat. Hamburg 1836, S. 5, Nr. 17

ML 140
Abel, (Carl Fried.) Violdigambist in London. In Oel gemahlt von Joh. Sebast. Bach, 1774. 20 Zoll hoch, 16 Zoll breit. In goldnen Rahmen.

Es handelt sich um Bachs zweites Ölgemälde neben M 56; das Bild ist während der Dresdner Zeit entstanden. Wie sein Vater Christian Ferdinand Abel, der einst zu den Mitgliedern der Köthener Hofkapelle unter der Leitung des Komponisten Johann Sebastian Bach gehörte, war Carl Friedrich Abel ein berühmter Gambenvirtuose und Komponist. Er hatte möglicherweise die Leipziger Thomasschule besucht; unter Johann Adolph Hasse spielte er ab 1743 in der königlich-sächsischen Hofkapelle in Dresden. 1759 ging er nach London, wo er 1762 Kammermusiker der Königin Sophie Charlotte wurde. Abel war mit Johann Christian Bach, dem Musikmeister der englischen Königin und Onkel Bachs d. J., befreundet, mit dem er 1765 die berühmten „Bach-Abel-Konzerte" begründete.

Provenienz: Carl Philipp Emanuel Bach
Nachweis: NV 1790, S. 93

ZL 141
Agricola, (Rudolphus) Theol. Philos. und Musikus. Gezeichnet von Joh. Seb. Bach. 8. in schwarzen Rahmen, unter Glas.

Der Gelehrte und Musiker Rudolphus Agricola lebte im 15. Jahrhundert in Holland und Deutschland. Bach hatte für die Bildnissammlung seines Vaters offenbar eine Kopie nach einer sehr alten Vorlage geschaffen, wahrscheinlich nach dem Holzschnitt von Tobias Stimmer.[179]

Provenienz: Carl Philipp Emanuel Bach
Nachweis: NV 1790, S. 93
Literatur: Engler 1984, S. 47 f.

---

[179] Vgl. Paulus Iovius (Paolo Giovis), Elogia virorum literis illustrium, Basel 1577.

ZL 142

Martini, (G. B.) Pater. Gezeichnet von Joh. Seb. Bach. Gr. 4. In schwarzen Rahmen, unter Glas.

Giovanni Battista Martini, Sohn des Geigers und Violoncellisten Antonio Maria Martini, trat nach einer sorgfältigen musikalischen Ausbildung 1721 in den Franziskanerorden ein, wo er 1729 zum Priester geweiht wurde. Er verbrachte sein ganzes Leben als Organist und Kapellmeister an der Kirche S. Francesco in Bologna, zudem schuf er zahlreiche Kompositionen und Beiträge zur Musikgeschichte und Musiktheorie (z. B. „Storia della musica", 1757–1781). Martini besaß mehrere Instrumentalwerke des Leipziger Thomaskantors J. S. Bach, den er außerordentlich schätzte.[180] In der Musikwelt hoch angesehen, erhielt er zahlreiche Besuche, darunter von Johann Christian Bach und Wolfgang Amadeus Mozart.
Carl Philipp Emanuel Bach erwähnte in einem Brief an Johann Nikolaus Forkel vom 13. Mai 1786 die Übersendung einer Zeichnung von Pater *Martini, wie er jünger war*.[181]

Provenienz: Carl Philipp Emanuel Bach
Nachweis: NV 1790, S. 112
Literatur: Engler 1984, S. 49 und 118 f.

ZL 143

Ziegler, (Joh. Gotthilf) Musik=Director in Halle. Gezeichnet von Joh. Seb. Bach. Gr. Fol. In schwarzen Rahmen, unter Glas.[182]

Johann Gotthilf Ziegler gehörte um 1715 zu den Schülern des Hoforganisten Johann Sebastian Bach in Weimar. Bald darauf wurde er Organist, Komponist und Musikdirektor an der Ulrichskirche zu Halle. Bei seiner 1718 geborenen Tochter übernahm Bachs erste Frau Maria Barbara die Patenschaft. In seinem letzten Lebensjahr erlebte Ziegler noch die Anstellung Wilhelm Friedemann Bachs als Organist an der Marienkirche in Halle (1746). Zieglers Tochter, die Dichterin Johanna Charlotte verheiratete Unzer, und deren Bruder pflegten Kontakte zu Carl Philipp Emanuel Bach in Hamburg.[183]

Provenienz: Carl Philipp Emanuel Bach
Nachweis: NV 1790, S. 126

ZL 144

Kopie nach Oesers Theatervorhang

1766 hatte Adam Friedrich Oeser einen Theatervorhang für das Leipziger Theater geschaffen. Ausführliche Deutungen lieferten Goethe in „Dichtung und Wahrheit" sowie Franz Wilhelm Kreuchauf. Kopien stammen von Johann Christian Reinhart (Grassi Museum für angewandte Kunst) sowie Christian Friedrich Wiegand (Stadtgeschichtliches Museum Leipzig).[184] *Kaum ein Menschenalter nach seiner Entstehung wurde der Oesersche Theatervorhang von 1766 durch einen neuen von dem Oeser-Schüler Schnorr ersetzt und ist dann völlig zugrunde gegangen,*[185] wie Friedrich Schulze schreibt.

Provenienz: Unbekannt
Nachweis: Neue Bibliothek 1777, 20. Bd., 2. Stück, S. 312
Literatur: Kreuchauf 1768; Goethe, Dichtung und Wahrheit, Teil 2, Buch 8; Dürr 1879, S. 148 ff.; Schulze 1944, S. 81; Baudissin 1928, S. 239 f.; Ausst.Kat. Leipzig 1965, S. 121, Nr. 432

---

[180] Dok II, Nr. 600.
[181] Suchalla 1994, S. 1151 (laut freundlicher Mitteilung von Maria Hübner, Leipzig).
[182] Zu einer Vermutung über die Identität der Zeichnung siehe Hübner, vorliegende Veröffentlichung, S. 24.
[183] Brief von J. H. Voß an J. M. Miller, Hamburg 4. April 1774, siehe Suchalla 1994, S. 383.
[184] Vgl. Ausst.Kat. Leipzig 1965, S. 121, Nr. 432, und Schulze 1944, Tafel 5, S. 81.
[185] Schulze 1944, Tafel 5, S. 81.

Druckgraphik nach Vorlagen von Bach

Auffälligerweise gibt es keine eigenhändigen Kupferstiche oder Radierungen von Bach, obwohl diese Techniken bei seinen Lehrern in hohem Ansehen standen; so war zum Beispiel Klengel ein virtuoser und produktiver Radierer.[186] Doch schuf Bach einige Vignetten- und Illustrationsentwürfe für die Umsetzung in den Kupferstich. Daneben wurden einige seiner Landschaften in aufwendigen druckgraphischen Blättern reproduziert, die alle Möglichkeiten damaliger Drucktechniken in sich vereinen.

Bis zur Erfindung der Fotografie waren – neben in Öl gemalten Repliken und Kopien oder Studienzeichnungen – Drucktechniken wie der Kupferstich und die Radierung die einzigen Verfahren, ein Kunstwerk unabhängig von seinem Aufbewahrungsort bekannt und einer breiteren Öffentlichkeit zugänglich zu machen. Die Gründung von Kupferstichkabinetten ging auf das Bedürfnis nach solchen Bildsammlungen zum Studium im kleinen Kreis zurück.

Beim Kupferstich hatte der Stecher gegen den Widerstand des Materials Metallspäne aus der Platte zu graben. Dies erforderte eine besondere handwerkliche Kunstfertigkeit und das Umdenken der Bildvorlage in ein schematisches System gerader sowie spannungsvoll gebogener Linien und hatte deshalb einen eigenen Berufsstand hervorgebracht. Einer ihrer besten Vertreter in Leipzig war Johann Friedrich Bause.

Im Gegensatz dazu bewegte sich bei einer Radierung die Nadel im weichen Asphaltlack mühelos, und so konnte der Künstler seine Einfälle leicht in seiner individuellen Handschrift ausdrücken, wobei ihm in der Strichstärke und -länge keine Grenzen gesetzt waren. Auf diese Weise schuf Christian Gottlieb Geyser Bachs Einfälle für Vignetten und Illustrationen nach.

---

[186] Vgl. Fröhlich 2005, S. 316–393, Nr. G 1 bis G 449.

G 1
Christian Gottlieb Geyser, nach Bach d. J., Drei Satyrn tanzen um ein Denkmal mit einem Profilrelief (vermutlich Rabeners), das ein nackter Jüngling mit einer Rose schmückt
Titelvignette zum ersten Band von „Gottlieb Wilhelm Rabeners sämmtliche Schriften", 3 Bde., Leipzig 1777

Bez. u. l.: „Bach del."; u. r.: „Geyser sc."
Darunter mit Feder in Braun von Geysers Hand: „Rabeners Satÿren 1. Th. / 340"
Kupferstich; 6,0 × 7,5 cm (Platte)
Kulturhistorisches Museum Görlitz, Graphisches Kabinett, Inv. Nr. 28596
Provenienz: Aus dem Nachlass Christian Gottlieb Geysers im Klebeband Cart: I. Inv. Nr. GB II, 84, S. 4
Anderes Exemplar: Kunstsammlungen der Veste Coburg, Kupferstichkabinett, Inv. Nr. IV, 183, 344
Literatur: Ausst.Kat. Heidelberg 1980, S. 31, Nr. 21, Abb. 25, S. 36

Gottlieb Wilhelm Rabener war bereits 1751–55 mit vier Bänden seiner „Sammlung satirischer Schriften" populär geworden. Insgesamt *erschien die erste Ausgabe von Rabeners Satyren in den Jahren 1751, 1752, 1755 in 4 Theilen; und bis zum Jahr 1772, wo die neueste Originalausgabe in 6 Bänden ans Licht trat, wurden dieselben wohl zehenmal aufgelegt, und auch an mehrern Orten nachgedruckt. Bereits im Jahr 1754 erschien eine mittelmäßige französische Uebersetzung derselben ...*, wie die Herausgeber einer erneuten Auswahlauflage im Jahr 1817 schreiben.[187] Die satirischen Dichtungen wurden noch zweimal neu ins Französische sowie ins Holländische übertragen.

Seit 1753 lebte der Autor in Dresden, wo er während des Siebenjährigen Krieges beim Brand von 1760 seinen gesamten Besitz verlor. Im Jahr 1763 wurde er dort zum Obersteuerrat berufen, 1767 schuf Anton Graff sein Porträt.[188]

Nach Rabeners Tode wurden seine Werke von der Witwe des Buchverlegers Johann Gottfried Dyk erneut in drei Bänden herausgegeben. Die Vorlagen für die Vignetten der anderen beiden Bände zeichnete Jakob Wilhelm Mechau, und zwar Putti mit Masken.

Dieser erste Band zeichnet sich vor den anderen beiden dadurch aus, dass ihm eine 1771 datierte Beschreibung von Rabeners Leben aus der Feder von Christian Felix Weiße vorangestellt ist. Deshalb ist auf der der Vignette gegenüberliegenden Seite in einem Medaillon das Titelkupfer von Geyser mit einem Porträt Rabeners nach einer Zeichnung von Mechau gedruckt. Weiße geht u. a. auf das Wesen der Satire und auf Rabeners menschenfreundliche Satiren ein. Darin heißt es: *indem Rabener bloß das Unschickliche und Ungereimte im Betragen dem Gelächter blossstellte, so machte er auch zugleich das Boshafte und Widersinnige des Charakters verhaßt.*[189] Er trug auf diese Weise nicht nur zur Unterhaltung, sondern auch zur Belehrung und Besserung seiner Mitbürger bei, wie Weiße schreibt. Und Rabener *verräth überall, dass er nicht bloß die Thorheit und die Bosheit, sondern auch die Weisheit und Rechtschaffenheit bemerkt hatte.*[190] Und weiter: *Die Satyre also war nicht in seiner Hand ein Werkzeug, mit welchem er sich vertheidigen oder andere angreifen wollte. Er hatte keinen Feind, den er verächtlich zu machen suchte, keinen Gegner, an dessen Demüthigung ihm etwas wäre gelegen gewesen. Er nahm sich nicht, wie viele Schriftsteller dieser Art, gewisse, auch wirklich verachtungswürdige Leute zum Ziele, auf die er seine Pfeile abdrückte. Er stritt nicht mit dem Menschen, er stritt nur mit der Thorheit und dem Laster. (...) Seine Satyre ist lachend, scherzhaft, nicht bitter.*[191]

---

[187] Rabener 1817, S. XII f.
[188] Slg.Kat. Weimar 1994, Nr. 41, S. 85 mit Abb.
[189] Rabener 1777, S. 6.
[190] Ebenda, S. 8.
[191] Ebenda, S. 11 f.

Diesen Charakter greift Geyser mit seiner zarten und eleganten Umsetzung der gezeichneten Vorlagen auf, über die Maria Gräfin Lanckorońska und Richard Oehler bemerken: *Immer wieder bewundert man die klare und feine Linienführung seiner Nadel, die trotz aller Genauigkeit nie Härten aufweist. (...) [Seine Vignetten] zeigen jene leichten, duftigen Züge, die den von ihm in Gemeinschaft mit den hervorragendsten Illustrationszeichnern der Zeit bebilderten Ausgaben deutscher Dichter neben literarischen ebenbürtigen künstlerischen Wert verleihen.*[192]

G 2

Christian Gottlieb Geyser, nach Bach d. J., Karyatiden-Putti halten eine Tafel über umgestürzte Metallkannen und -teller

Titelvignette zum vierten Teil der „Trauerspiele von C. F. Weiße", Leipzig 1776. Siehe Bachs Vorzeichnung (Z 3). Sie ist im Buch gegenüber dem Titelkupfer zu „Romeo und Julie" (G 12) abgedruckt.

Unbez.
Kupferstich; 7,0 × 6,5 cm (Platte)
Kulturhistorisches Museum Görlitz, Graphisches Kabinett, Inv. Nr. 28764
Provenienz: Aus dem Nachlass Christian Gottlieb Geysers im Klebeband Cart: I. Inv. Nr. GB II, 83, S. 55
Literatur: Ausst.Kat. Leipzig 1965, S. 25, Nr. 9

G 3

Christian Gottlieb Geyser, nach Bach d. J., Ein Brustpanzer und Pfeile am Fuße eines lorbeerbekränzten kannelierten Säulenstumpfes, von dem gesprengte Ketten herabhängen

Titelvignette zum dritten Teil der „Trauerspiele von C. F. Weiße", Leipzig 1776. Siehe Bachs Vorzeichnung (Z 4). Sie ist im Buch gegenüber dem Titelkupfer zu „Ateus und Thyest" (G 11) abgedruckt.

Unbez.
Kupferstich; 7,1 × 6,5 cm (Platte)
Kulturhistorisches Museum Görlitz, Graphisches Kabinett, Inv. Nr. 28766
Provenienz: Aus dem Nachlass Christian Gottlieb Geysers im Klebeband Cart: I. Inv. Nr. GB II, 83, S. 55
Literatur: Ausst.Kat. Leipzig 1965, S. 25, Nr. 9

G 4

Christian Gottlieb Geyser, nach Bach d. J., Geistliche und weltliche Insignien um einen Säulenstumpf arrangiert, an dessen Fuß eine Maske liegt

Titelvignette zum ersten Teil der „Trauerspiele von C. F. Weiße, Leipzig 1776. Siehe

---

[192] Lanckorońska/Oehler 1933, S. 38.

Bachs Vorzeichnung (Z 5). Die Vignette ist im Buch gegenüber dem Titelkupfer zu „Richard III." (G 9) abgedruckt.

Unbez.
Kupferstich; 7,3 × 6,6 cm (Platte)
Kulturhistorisches Museum Görlitz, Graphisches Kabinett, Inv. Nr. 28763
Provenienz: Aus dem Nachlass Christian Gottlieb Geysers im Klebeband Cart: I. Inv. Nr. GB II, 83, S. 55
Literatur: Ausst.Kat. Leipzig 1965, S. 25, Nr. 9

G 5
Christian Gottlieb Geyser, nach Bach d. J.,
Ein Arrangement aus Turban, Dolch, Scheide, Köcher und zwei Fahnen
Titelvignette zum zweiten Teil der „Trauerspiele von C. F. Weiße", Leipzig 1776. Siehe Bachs Vorzeichnung (Z 6). Sie ist im Buch gegenüber dem Titelkupfer zu „Krispus" (G 10) abgedruckt.

Unbez.
Kupferstich; 7,1 × 6,5 cm (Platte)
Kulturhistorisches Museum Görlitz, Graphisches Kabinett, Inv. Nr. 28764
Provenienz: Aus dem Nachlass Christian Gottlieb Geysers im Klebeband Cart: I. Inv.-Nr. GB II, 83, S. 55

G 6
Christian Gottlieb Geyser, nach Bach d. J.,
Titelkupfer zu „Lottchen am Hofe", in „Komische Opern von C. F. Weiße. Erster Theil", Leipzig 1777

Bez. u. l.: „Bach del."; u. r.: „Geyser sc."; u. M.: „Lottchen am Hofe Act III. Sc. XI."
Kupferstich; 14,8 × 9,1 cm (Platte); Rahmen
Kulturhistorisches Museum Görlitz, Graphisches Kabinett, Inv. Nr. 28556
Provenienz: Aus dem Nachlass Christian Gottlieb Geysers im Klebeband Cart: I. Inv. Nr. GB II, 83, S. 106

Literatur: Wustmann 1909, S. 300; Lanckorónska, Oehler 1934, S. 38, 50, 201; Ausst.Kat. Leipzig 1965, Nr. 9; Ausst.Kat. Heidelberg 1980, S. 31, Nr. 18a; Ausst.Kat. Leipzig 1998, o. S.

Der Kupferstich erschien in der Dykischen Verlagsbuchhandlung. Der Verleger Dyk war mit Bach befreundet und hatte ihm den Auftrag erteilt, für Weißes dramatische Werke, vier Bände Trauerspiele und drei Bände komische Opern, je ein Titelbild zu zeichnen, das Geyser in Kupfer stechen sollte. Außer „Lottchen am Hofe" enthielt der Band noch das Stück „Die Liebe auf dem Lande". In der ersten Auflage 1770 hatte die Illustration dafür Carl Leberecht Crusius geschaffen, ein Zeitgenosse und ehemaliger Mitschüler Geysers bei Oeser, dessen Stil dem seinen ähnelte.

Bachs und Geysers Illustration zeigt eine dramatische Szene „auf einem Saale, in dem Schlosse Adolphs". Zu sehen sind Adolph, „Fürst der Lombardey", Lottchen, „ein Bauermädchen", Emilie, „eine Gräfinn, Adolphs versprochene Braut" sowie Gürge, „ein Bauer, Lottchens Bräutigam".[193] Der Fürst hat soeben Lottchen seine Liebe gestanden, während im Versteck seine Braut Emilie vor ihm stand; nun tritt diese hervor, und seine Beschämung ist groß, während sich Gürge über die Treue seines Lottchens beruhigt.
Wie auch die folgenden Illustrationen zeigen, wählte Bach für seine Darstellung den Höhepunkt der Geschichte, an dem die Emotionen der Figuren ihren stärksten Ausdruck finden und sich die Handlung zugleich

[193] Weiße 1777, 1, S. 2.

wendet. Dabei hält er sich recht streng an die Bildunterschriften, die auf die jeweilige Szene hinweisen.

G 7

Christian Gottlieb Geyser, nach Bach d. J., Titelkupfer zu „Die verwandelten Weiber", in „Komische Opern von C. F. Weiße. Zweyter Theil", Leipzig 1777

Bez. u. l.: „Bach del."; u. r.: „Geyser sc."; u. M.: „Die verwandelten Weiber, Act I, Sc. VII"
Kupferstich; ca. 14,7 × 8,9 cm
Kulturhistorisches Museum Görlitz, Graphisches Kabinett, Inv. Nr. 28555 sowie 324
Provenienz: Aus dem Nachlass Christian Gottlieb Geysers im Klebeband Cart: I. Inv. Nr. GB II, 83, S. 106
Literatur: Wustmann 1909, S. 300; Lanckorónska, Oehler 1934, S. 50, 201; Ausst.Kat. Leipzig 1965, Nr. 9; Ausst.Kat. Heidelberg 1980, S. 31, Nr. 18b; Ottenberg 1982, Abb. S. 193; Ausst.Kat. Leipzig 1998, o. S.

Außer „Die verwandelten Weiber" enthält der Band „Der lustige Schuster" sowie „Der Dorfbalbier".
Zu sehen sind Herr und Frau von Liebreich in ihrem Salon. Sie überraschen das Dienstmädchen Lieschen, den Kellner, den Kutscher, den Schuster Jobsen, dessen Frau Lene und den blinden Sänger Andreas bei Umtrunk und Tanz. Die erboste Edelfrau prügelt mit der Geige des Sängers auf die Gesellschaft ein, während ihr Gemahl sie zu beruhigen versucht und sich über sie ärgert. Die zänkische Edelfrau, die Herr im Hause sein will, wird durch die Künste eines vorbeireisenden Zauberers in die Frau des Schusters, die Schustersfrau Lene jedoch in die adlige Gattin verwandelt. Durch die Prügel des Schusters wird Frau von Liebreich zum Arbeiten angehalten, bereut schließlich und wird – gebessert – zurückverwandelt.
Von dem zweyten Theile dieser Operetten, die ins Niedrigkomische fallen, habe ich die Geschichte bereits bey der ersten Auflage erzählet. Es waren Nothstücke für ein Theater, das Hülfe brauchte, und sie dadurch fand. Nie hatte ich sie zum Drucke bestimmt. Als aber die Liederchen nebst der Musik [von Johann Adam Hiller] in verschiedener herumstreichender Komödianten Hände fielen, welche Text aus dem Stegreife hinzuthaten, und ich Gefahr lief, dass dieser auf meine Rechnung gesetzt werden möchte; so blieb mir zu meiner Rechtfertigung nichts übrig, als den meinigen drucken zu lassen,[194] schreibt Weiße über seine Werke.
Die Liedeinlagen für „Die verwandelten Weiber" komponierte Johann Adam Hiller 1766. 1768 kam „Die Liebe auf dem Lande" und 1770 „Die Jagd" hinzu. Sowohl die Lustspiele als auch die Melodien waren sehr populär und wurden in ganz Deutschland gespielt.

G 8

Christian Gottlieb Geyser, nach Bach d. J., Titelkupfer zu „Die Jagd", in „Komische Opern von C. F. Weiße. Dritter Theil", Leipzig 1777

[194] Weiße 1777, 1, im Vorwort o. S.

Bez. u. l.: „Bach del."; u. r.: „Geyser sc."; u. M.: „Die Jagd, Act III, Sc. III"
Kupferstich; ca. 14,7 × 8,9 cm
Kulturhistorisches Museum Görlitz, Graphisches Kabinett, Inv. Nr. 28554 sowie 323
Provenienz: Aus dem Nachlass Christian Gottlieb Geysers im Klebeband Cart: I. Inv. Nr. GB II, 83, S. 106
Literatur: Wustmann 1909, S. 300; Lanckorońska, Oehler 1933, S. 38, 49 f., Abb. 75; Ausst.Kat. Leipzig 1965, Nr. 9; Ausst.Kat. Heidelberg 1980, S. 31, Nr. 18e; Ottenberg 1982, Abb. S. 192; Ausst.Kat. Leipzig 1998, o. S.

Außer „Die Jagd" enthält der Band das Stück „Der Aerntekranz".
Hier ist die freudige Begrüßung zwischen dem Dorfrichter Michel und dessen Sohn Christel dargestellt, bei der Michel unwissentlich den inkognito als Gast anwesenden König beiseite stößt; rechts steht Michels Frau Marthe. Eine weitere Illustration ist in Geysers Görlitzer Album überliefert; die Vorzeichnung dazu stammt entweder von Mechau oder von dem Stecher selbst.
„Die Jagd" und „Der Aerntekranz" *sind Stücke, die in ihrer Art noch immer als Muster gelten können ...*, schreibt Bauer in seinem Nachruf auf Weiße.[195] Doch schlägt er vor, die von Johann Adam Hiller vertonten Gesangsstücke neu komponieren zu lassen und sie dadurch wiederzubeleben.

G 9
Christian Gottlieb Geyser, nach Bach d. J., Titelkupfer zu „Richard der Dritte", in „Trauerspiele von C. F. Weiße. Erster Theil", Leipzig 1776
Im selben Band ist auch das Stück „Eduard der Dritte" enthalten. Dieses Titelkupfer ist gegenüber einer Vignette gedruckt, deren Vorlage ebenfalls von Bach d. J. stammt (vgl. Z 5 und G 4).

Bez. u. l.: „S. Bach del."; u. r.: „Geyser sc."; u. M.: „Richard Act IV, Sc. IV."
Kupferstich; 15,4 × 9,3 cm (Platte); Rahmen
Kulturhistorisches Museum Görlitz, Graphisches Kabinett, Inv. Nr. 28769
Provenienz: Aus dem Nachlass Christian Gottlieb Geysers im Klebeband Cart: I. Inv. Nr. GB II, 83, S. 57
Literatur: Lessing o. J. [1910]

Bach und Geyser zeigen die Königin Elisabeth, ihre älteste Tochter Elisabeth und Richard den Dritten, *Protektor von England, der sich durch seine Ränke auf den königlichen Thron erhoben*,[196] im Tower. Richard der Dritte hält um die Hand der Tochter an und wird von ihr und der Mutter empört als Tyrann zurückgewiesen. Da er droht, ihren Bruder, den siebenjährigen Prinzen Richard, zu erstechen, stimmt sie verzweifelt der Heirat zu, um dessen Leben zu retten.
Weiße schreibt im „Vorbericht" seiner Trauerspiele: *Als ich vor achtzehn Jahren diese meine ersten dramatischen Versuche herausgab, geschah es mit weit mehr Muth und Zuversicht, als itzt, bey der vierten Auflage. Vielleicht war die kühnere Jugend, vielleicht die damalige Lage des deutschen Theaters Schuld.*[197] Und weiter: *So schien z. B. der gereimte Alexandriner zu der sogenannten Heldentragödie dazumahl beynahe unentbehrlich. Ich fühlte so gut, als andere, den Zwang und das Einförmige desselben, und erklärte mich darüber oft in meinen Vorreden. Ich warf die Fesseln auch ab, so bald es mit Zuversicht geschehen konnte: aber schwerlich hätte ein dramatischer Dichter ohne denselben damals auf eine öffentliche Vorstellung von irgend einer Schauspielergesellschaft rechnen dürfen, welches doch die Hauptabsicht eines Schauspiels ist.*[198] Gotthold Ephraim

---

[195] Bauer 1805, S. 57.
[196] Weiße 1776, 1, S. 114.
[197] Weiße 1776, 1, Vorbericht, o. S.
[198] Ebenda.

Lessing unterzieht das Stück in seiner „Hamburgischen Dramaturgie" einer beißenden Kritik.[199]

In seinem Nachruf mildert Bauer Lessings kritische Beurteilung von Weißes dramatischer Dichtkunst ab und bemerkt, dass das ebenförmige Versmaß, welches der Autor sich selbst zum Vorwurf gemacht hatte, gerade gut gelungen sei: *Gerechter Lorbeer gebührt Weissen, dem tragischen Dichter, und aufrichtige Hochachtung, wenn man auf die verschiedenen Manieren sieht, in denen er gearbeitet und in deren jeder er Meisterstücke geliefert hat. Wie gut ist es ihm gelungen, das Trockene und Eintönige der Alexandriner, auf die man nach französischem Geschmack beym Eintritt seiner tragischen Laufbahn noch allgemeinen Anspruch für das Trauerspiel machte, durch die mit wenigen Ausnahmen untadelige Schönheit seiner Versifikation, durch Fülle und Gediegenheit der Gedanken, durch Wärme und Adel der Empfindungen, durch gut motivirte und rasch fort bewegte Handlung zu mildern!*[200] Und Bauer fährt fort: *... selbst die scharfe, doch anständige und wahre Kritik, welcher Lessing Richard den dritten unterwirft hindert ihn nicht, einzuräumen, dass ein Stück, welches so großes Interesse habe wecken können, bey allen Fehlern des Stoffes und des Wesentlichen doch ausgezeichnete Schönheiten zweiten Rangens haben müsse, und diese der Arbeit seines Freundes zuzugestehen. Herr Dyk berichtet uns, vermuthlich factisch, dass Weisse damals Shakespear's Richard den dritten noch gar nicht gekannt habe ...*[201]

G 10

Christian Gottlieb Geyser, nach Bach d. J., Titelkupfer zu „Krispus", in „Trauerspiele von C. F. Weiße. Zweyter Theil", Leipzig 1776

Bez. u. l.: „S. Bach del."; u. r.: „Geyser sc."; u. M.: „Krispus, Act II, Sc. IV"
Kupferstich; ca. 15,7 × 9,5 cm; Rahmen
Kulturhistorisches Museum Görlitz, Graphisches Kabinett, Inv. Nr. 28770
Provenienz: Aus dem Nachlass Christian Gottlieb Geysers im Klebeband Cart: I. Inv. Nr. GB II, 83, S. 57

Literatur: Ausst.Kat. Heidelberg 1980, S. 31, Nr. 19a; Hübner 1998, S. 197

Sein Crispius, dessen Herr M. Dyk in dem schätzbaren Aufsatze über den Verewigten mit so gerechter Würdigung gedenkt, gehört gewiss zu dem besten, was diese Gattung [der Trauerspiele] zu bieten hat, urteilt Bauer in seinem Nachruf.[202] Doch: *Wem muß nicht der Gedanke mit Anwandlungen von Bitterkeit aufs Herz fallen, habent sua fata libelli, wenn er vernimmt, dass unsers Dichters gelungenste Werke, Crispius und die Befreyung von Theben, noch nie auf die Bühne gekommen sind!*[203]

Bachs und Geysers Darstellung zeigt Krispus, den Sohn des römischen Kaisers Konstantin des Großen, und Fausta, die Gemahlin Konstantins, in einem Zimmer im Schloss der Fausta in Puteoli. Krispus will in den Kampf ziehen, um Ruhm zu erwerben, doch Fausta hält ihn zurück und trägt ihm ihre Liebe an. Unter der Drohung, sie zu erdolchen und alles dem Vater zu verraten, geht er von der Bühne.

G 11

Christian Gottlieb Geyser, nach Bach d. J.; Titelkupfer zu „Atreus und Thyest", in „Trauerspiele von C. F. Weiße. Dritter Theil", Leipzig 1776

Bez. u. l.: „S. Bach del."; u. r.: „Geyser sc."; u. M.: „Atreus und Thyest. Act V. Sc. II."

---

[199] Gotthold Ephraim Lessing (Über Weiße's „Richard der Dritte"), in „Hamburgische Dramaturgie", 1768/69.
[200] Bauer 1805, S. 35 f.
[201] Ebenda, S. 36 f.
[202] Ebenda, S. 36 f.
[203] Ebenda, S. 45; „habent sua fata libelli" („Büchlein haben ihr Schicksal").

Kupferstich; 15,5 × 9,7 cm (Platte); Rahmen
Kulturhistorisches Museum Görlitz, Graphisches Kabinett, Inv. Nr. 28768
Provenienz: Aus dem Nachlass Christian Gottlieb Geysers im Klebeband Cart: I. Inv. Nr. GB II, 83, S. 57
Literatur: Ausst.Kat. Heidelberg 1980, S. 31, Nr. 19b; Hübner 1998, S. 197

In einer andern, mehr den Griechen nachgebildeten Manier erblicken wir Weissen im Atreus und Thyest und in der Befreyung von Theben. Seine Arbeiten gehören wohl zu den frühesten in dieser der höhern tragischen Muse so günstigen metrischen Form unter den Deutschen. Schon von dieser Seite ein schönes Denkmal der edeln Regsamkeit seines Geistes! Aber wie viel mehr von Seiten dessen, was er wirklich darin geleistet hat! Atreus und Thyest ist ein den Alten rühmlich nacheifernder Versuch von tragischer Behandlung schrecklicher Begebenheiten und Kraftäußerungen aus einem heroisch barbarischen Zeitalter, dürfte jedoch unter uns, die wir uns nicht, wie griechische Zuschauer, durch Volksabstammung, politische Verhältnisse, mythischen Cultus u. d. gl. Für jene Barbaren und ihr Geschick interessirt finden, bey dem großen Abstande unserer Gesinnungen und Empfindungen von denen jenes Zeitalters auf weniger Theilnahme für die theatralische Darstellung rechnen.[204]

In dem Stück geht es um das Brüderpaar Atreus und Thyest. Im Laufe einer blutigen Geschichte lockte der Tyrann Atreus, Stammvater des Geschlechts der Atriden, Thyest mit dessen Söhnen ins Land, ließ die Söhne vor einem Bankett töten und ihr Fleisch und mit Wein vermischtes Blut dem Vater zum Mahl vorsetzen.

G 12
Christian Gottlieb Geyser, nach Bach d. J., Titelkupfer zu „Romeo und Julie", in „Trauerspiele von C. F. Weiße. Vierter Theil", Leipzig 1776

Bez. u. l.: „S. Bach del."; u. r.: „Geyser sc.", u. M.: „Romeo und Julie, Act V, Sc. V".
Kupferstich; 15,4 × 9,5 cm; Rahmen
Kulturhistorisches Museum Görlitz, Graphisches Kabinett, Inv. Nr. 28767
Provenienz: Aus dem Nachlass Christian Gottlieb Geysers im Klebeband Cart: I. Inv. Nr. GB II, 83, S. 57
Literatur: Ausst.Kat. Heidelberg 1980, S. 31, Nr. 19c; Hübner 1998, S. 197

Bach wählte für die Illustration den tragischen Höhepunkt, als die vom Scheintod auferstandene Julia sich angesichts des vergifteten Romeo selbst erdolcht. Bauer schreibt hierüber: *Verdienter Dank ist dem Entwichenen für seinen Romeo und Julie geworden, nachdem das bürgerliche Trauerspiel in Prosa sich vor dem deutschen Publikum aufzutreten gewagt und auch er sich darin versucht hat. Seinen Romeo und Julie darf man sagen: denn das Stück ist in der That durch vielfältig geänderten Plan, durch anders modificirte Charaktere, durch weggelassene und vertauschte Personen, durch vereinfachte und concentrirte Handlung Weissens Eigenthum geworden; ja es ist nicht anders glaublich, als dass er wäh-*

[204] Bauer 1805, S. 41 ff.

rend seiner Arbeit das Werk des Englischen Dichters ganz bey Seite gelegt und sich absichtlich bis auf einzelne daraus entlehnte Züge und Gedanken davon ganz unabhängig gemacht hat. (...) Das Bewusstseyn, es mit einem von Shakespear behandelten Stoff zu thun zu haben, scheint selbst da, wo seine Darstellung von der des Britten merklich abweicht, seine Sprache belebt und bereichert zu haben ...[205]

G 13
Christian Gottlieb Geyser, nach Bach d. J.
Mühle am Bach mit Rinderhirte

Bez. u. l.: „J. S. Bach del."; u. r.: „F. G. Geyser fe."
Radierung; 16,1 × 21,2 cm (Platte)
Kunstsammlungen der Veste Coburg, Kupferstichkabinett, Inv. Nr. IV, 298, 238
Provenienz: Unbekannt
Anderes Exemplar: Städelsches Kunstinstitut und Städtische Galerie, Frankfurt am Main, Graphische Sammlung

Literatur: Ausst.Kat. Heidelberg 1980, S. 31, Nr. 20, Abb. 7, S. 13

G 14
Johann Friedrich Bause, nach einer Kopie Bachs d. J. (ZL 120) nach
Pompeo Girolamo Batonis
„Die Büßende Magdalena"[206]
Die Heilige Magdalena, 1780

Bez. u. l.: „Bach del. P Battoni inv."; u. r.: „I. F. Bause fecit"; u. M.: „Die Heilige Magdalena."
Kupferstich, stellenweise in Punktiermanier; 33,7 × 44,0 cm; schwarze Einrahmungslinie
Stadtgeschichtliches Museum Leipzig, Inv. Nr. B 129
Provenienz: Im Kunsthandel erworben
Andere Exemplare (Auswahl): Staatliche Kunstsammlungen Dresden, Kupferstich-Kabinett, Inv. Nr. A 19248 (hellbraun); Kurpfälzisches Museum Heidelberg, Dauerleihgabe der Universitätsbibliothek Heidelberg, Inv. Nr. L 260/629; Philadelphia Museum of Art, Department of Prints, Drawings and Photographs

Literatur: Neue Bibliothek 1781, 25. Bd., 2. Stück, S. 350 f.; Meusel 1781, Siebentes Heft, S. 56; Meusel 1785, S. 93; Verk.Kat. Leipzig 1792, S. 336, Nr. 4396; Verk.Kat. Leipzig Winckler 1802, S. 53, Nr. 333; Nagler 1835, S. 216; Keil 1849, Nr. 11; Wustmann 1909, S. 305; Stechow 1961, S. 431; Le Blanc 1970, S. 116 und 203, Nr. 11; Ausst.Kat. Heidelberg 1980, S. 11 und S. 29, Nr. 13; Hübner 1998, S. 190

In Meusels „Miscellaneen artistischen Inhalts" von 1781 heißt es über dieses Blatt:
Die Carnation der Figur ist mit sicher spielender Hand punktirt, so, dass ihr Traktement der gehämmerten Manier gleicht, und gegen Beywerk und Drapierung, die auf gebeizten Grund schraffiert sind, im Ganzen glücklich wirkt.[207]
Batonis Darstellung der büßenden Magdalena galt wie ihr Pendant „Johannes der Täufer"[208] als Hauptwerk im Schaffen des Künstlers und als ein Glanzstück der Dresdner Galerie. An Raffael geschult, gelang ihm besonders *die Darstellung des Gefälligen und Anmutigen, oft auf höchst poetische Weise, und immer zeigte er sich bei allen, wenn auch noch so oft behandelten Gegenständen, bald durch die Idee, bald durch Wahl und Anordnung neu*, wie es in Friedrich Müllers „Künstler aller Zeiten und Völker" heißt. Und weiter: *Seine meistens geistreichen, zuweilen sogar sehr schönen Köpfe, sind wahr und ausdrucksvoll, seine Figuren haben Leben und Bewegung, sein Kolorit ist lebhaft und warm, obgleich*

---

[205] Bauer 1805, S. 46 f.
[206] Pompeo Girolamo Batoni, Die Büßende Magdalena, Öl auf Leinwand, 121,0 × 188,0 cm, Staatliche Kunstsammlungen Dresden, Gemäldegalerie Alte Meister, Gal.Nr. 454, verbrannt, siehe Slg.Kat. Dresden 2005 II, S. 685, Nr. 17 mit Abb.
[207] Meusel 1781, Siebentes Heft, S. 56.
[208] Pompeo Girolamo Batoni, Johannes der Täufer, Öl auf Leinwand, 120,0 × 186,0 cm, Staatliche Kunstsammlungen Dresden, Gemäldegalerie Alte Meister, Gal.Nr. 453, verbrannt, siehe Slg.Kat. Dresden 2005 II, S. 685, Nr. 16 mit Abb.

demselben bei aller fleißigen und äußerst sorgfältigen, leichten und sicheren Ausführung der Einzelheiten die Harmonie und die angenehme Wirkung des Ganzen fehlt. Wenn er auch nicht den durchgebildeten Geist seines Nebenbuhlers, des Eklektikers Mengs, besaß, so schlug er doch durch sein, von bedeutendem natürlichem Talent unterstütztes Streben nach Naturwahrheit und Strenge des Stils, mit diesem, dem manieristischen Treiben seiner Zeit, für dessen Vertreter er anscheinend galt, entgegen, zuerst die neue Richtung der Kunst ein, und zwar – hier kommt die Wertung des Lexikonautors in der Mitte des 19. Jahrhunderts zum Ausdruck – jene erste Restaurationsperiode der Malerei in der letzten Hälfte des vorigen Jahrhunderts.[209]

Die *Darstellung des Gefälligen und Anmutigen* war es sicher, die Bach zur Kopie dieses Werks bewog. Der anonyme Autor eines Beitrages in der „Neuen Bibliothek der schönen Wissenschaften und der freyen Künste" schreibt über sein Blatt: *Bachs Zeichnung ward nicht in der Absicht gefertigt, daß darnach gestochen werden sollte. Es war ein Studium, dass sich unter andern Fleißproben befand, die er zum Beweise der Anwendung seiner Stunden in der Dreßdner Gallerie bey der Rückkehr nach Leipzig seinem Lehrer vorlegte, und das er, ohne genaue Rücksicht auf das Original zu nehmen, für das Portefeuille eines Kunstsammlers repetirte. Er trug daher den Hauptinhalt des Gemäldes mit Gleichgültigkeit gegen Nebendinge und nicht mit Verleugnung des Charakters der Schule, in der er sich bildete, in seine lavirte Zeichnung über, veränderte aber nichts von dem, was Batonis, dieses großen Segners des größern Mengs, eigener Rechtfertigung überlassen werden muß. Weniger war es dem Stecher vergönnt das Wesentliche des Vorbildes weder zu erhöhen noch zu verbergen.*[210] – Womit der Autor vermutlich die Härte, eine gewisse metallisch wirkende Glätte des Bauseschen Blattes meint. Doch davon abgesehen, setzte Bause dem noch lange nicht vergessenen Bach damit ein Denkmal seiner Freundschaft.

Möglicherweise hat Bach seine – nur noch aus der Literatur bekannte – Zeichnung ZL 120 auch nicht nach dem Original angefertigt, sondern nach einer Zeichnung seines Lehrers Oeser, wie dieser solche zum Unterricht für seine Schüler anfertigte. Ein solches Blatt ist auch tatsächlich in Weimar überliefert.[211]

Aufgrund der Popularität des Motivs war Bause nicht der Einzige, der es in der Druckgraphik vervielfältigte; so sind sieben Reproduktionsstiche, darunter ein Stahlstich des englischen Kupferstechers William French und ein Kupferstich von Carl von Pechwell, und sogar 18 Gemäldekopien bekannt.[212] Ja, bis in die zwanziger Jahre des 20. Jahrhunderts wurden immer wieder Edeldrucke aufgelegt, und auch heute ist das Motiv z. B. im Internet als Poster zu beziehen.

Eine besondere Erfolgsgeschichte verbindet sich mit Johann Peter Pichlers mal braun und mal farbig gedrucktem Schabkunstblatt als Pendant zum „Heiligen Johannes" für die Chalkographische Gesellschaft in Dessau.[213] Diese wie ein Verlag arbeitende Gesellschaft, zu deren Zielen es gehörte, der Vorherrschaft der englischen und französischen Stecher auf dem deutschen Kunstmarkt qualitätvolle Druckgraphik aus eigener Produktion entgegenzusetzen, beschäftigte zahlreiche Zeichner – wie zum Beispiel Crescentius Seydelmann in Dresden – und Stecher zur Reproduktion beliebter Galeriewerke. Das Bilderpaar der büßenden Magdalena und des Heiligen Johannes gehörte zu den bestverkauften und schließlich sogar vergriffenen Blättern aus ihrem Verkaufsprogramm.[214]

G 15

Johann Friedrich Bause, nach Bach d. J.
Damon und Musidora, 1788

Bez. u. l.: „von J. S. Bach gezeichnet"; u. r.: „von J. F. Bause geätzt 1788"; u. M.: „DAMON und MVSIDORA aus Thomsons Somer."

---

[209] Müller 1857, S. 99.
[210] Neue Bibliothek 1781, 25. Bd., 2. Stück, S. 350 f.
[211] Adam Friedrich Oeser, Pompeo Batonis Büßende Magdalena, Pinsel in Braun und Wasserfarben über Graphit, 27,5 × 43,1 cm, Klassik Stiftung Weimar, Graphische Sammlung, Inv. Nr. KK 3094.
[212] William French, Pompeo Batonis Büßende Magdalena, bezeichnet: „Dresdener Galerie / G. Batoni pinx^t. / W. French sc.", Stahlstich, 14,7 × 18,0 cm. Carl von Pechwell nach Batoni, Die Heilige Magdalena, vor 1789, siehe Ausst.Kat. Dessau 1996, S. 135 mit Abb.
[213] Johann Peter Pichler nach Crescentius Seydelmann, Die Heilige Magdalena in der Einöde, 1797, Schabkunstblatt, 57,4 × 83,0 cm, für die Chalkographische Gesellschaft Dessau, Anhaltinische Gemäldegalerie Dessau, siehe Ausst.Kat. Dessau 1996, Nr. 47, S. 131–135 mit Abb.
[214] Vgl. Ausst.Kat. Dessau 1996, S. 134.

Kupferstich, Radierung und Aquatinta in Punktiermanier in Braun; 24,5 × 34,8 cm; doppelte radierte Einrahmungslinie; drei Zustände: 1) ohne Beschriftung (sehr selten); 2) überarbeitet, vor der Beschriftung (selten); 3) nach der Beschriftung
Stadtgeschichtliches Museum Leipzig, Inv. Nr. B 127, B 368
Provenienz: Im Kunsthandel erworben
Andere Exemplare (Auswahl): Staatliche Kunstsammlungen Dresden, Kupferstich-Kabinett, Inv. Nr. A 19253 (braun); Städelsches Kunstinstitut und Städtische Galerie, Frankfurt am Main, Graphische Sammlung, Inv. Nr. III-14494; British Museum, London, Department of Prints and Drawings, Inv. Nr. PPA31362
Literatur: Neue Bibliothek 1777, S. 311 f.; Verk.Kat. Braunschweig 1782, S. 79, Nr. 6; Meusel 1789–1792, 18. Stück, 1792, S. 412 f.; Verk.Kat. Leipzig 1792, S. 335, Nr. 4392; Verk.Kat. Leipzig Winckler 1802, S. 50, Nr. 305; Keil 1849, Nr. 110 III; Wustmann 1909, S. 303 f.; Stechow 1961, S. 143, Abb. 14; Le Blanc 1970, S. 203, Nr. 51; Ausst.Kat. Heidelberg 1980, S. 29, Nr. 14 und S. 30, Abb. 21; Ausst.Kat. Leipzig 1998, o. S.; Hübner 1998, S. 192, Anm. 39

In einem stillen Waldsee, in den sich links von einem Felsen herab ein Wasserfall ergießt, badet ein Mädchen. Ihre Kleider liegen rechts am Ufer auf einem Baumstamm. Von dort aus dem dichten Wald kommend, reicht ihr ein Jüngling einen Brief. Die Darstellung entstand nach der literarischen Vorlage „Die Jahreszeiten", „Sommer", von James Thomson, die zuerst 1727 erschienen war. Die Dichtung wurde mehrfach übersetzt, darunter auch von Barthold Heinrich Brockes in einer zweisprachigen Ausgabe als Anhang zu dessen „Irdischem Vergnügen in Gott" sowie, bearbeitet von G. van Swieten, von Joseph Haydn vertont.[215]

Nach einer ausgiebigen Schilderung des Sommers in fernen Ländern und eines vorübergegangenen Gewitters ist in das lange Gedicht folgende idyllische Szene eingeflochten, die Bach für die von Bause reproduzierte Darstellung wählte (in der Übersetzung von Friedrich Schmitthenner 1822): *Verborgen in des Haseldickichts Schirm, / Wo sich das krumme Thal in holden Oeden / Verlieret, saß der Jüngling Damon, sinnend, / Durchdrungen von der Liebe süßen Pein. / Dort klagete dem Strom, der heiser murmelnd, / Von fernen Felsen fiel; dem Klagelüftchen, Das unterm Ueberhang der Weiden spielte, / er fälschlich Musidorens Grausamkeit. / (...) / Ein günst'ger Zufall, der das Loos von Reichen / Oftmal entscheid't, entschied das Deinige. / Denn sieh! Geführt von holden Liebesgöttern, / Sucht Musidora diesen kühlen Sitz. / Auf ihrer Wange glüht der schwüle Sommer; / Und, leichtgekleidet, um die heißen Glieder / Im kühlen Strom zu baden, kam sie her. / Was soll er thun? In wonniger Verwirrung, / In zweifelhafter Hoffnung bleibt er erst: / Ein reiner, angeborner Seelenadel, / Ein wenig bekanntes Zartgefühl / Verwirrte seine Brust, und trieb ihn fort, / Doch Liebe wehrt es ihm. Sagt, Tugendstolze, / Gestrenge sagt, was hättet ihr gethan? /
Derweile überschaut die Nymphe, schöner, / Als eine je die Ströme von Arcadien / Beglückte, scheuen Blicks die Ufer rings, Enblößte dann die schönen Glieder, um / Des Stromes helle Kühle zu versuchen. / Ach! Paris bebte einst nicht mehr, als auf / des Ida Fichtenhaupt die Göttinen / Wettstreitend ihre himmlische Verschley'rung / Abwarfen, und die Reize überließen, / Als Damon du, da die gekehrte Seide / Vom Schnee'gen Bein, vom schlanken Fuß sie zog, / (...) /
Aus den Schatten / Wand er sich, und entfloh mit schneller Eile. / Erst aber warf er dies, mit fert'gem Stift / Geschrieb'ne Blatt mit bebend-banger Hand / Ans Ufer: 'Bade weiter, meine Holde, / Allein vom heil'gen Auge treuer Liebe / Erblickt. Ich gehe, deinen Sitz zu hüten, / Von dieser Stätte jeden Fuß zu wehren, Dir jeden frechen Blick.' Mit wildem Staunen, / Gleichwie verstein't zu Marmor, sinnberaubt, / Stand, regungslos, sie einen Augenblick. / So steht das Bildnis*), das die Welt bezaubert, / So sucht's gebückt die Reize zu verhüllen, / Den hohen Stolz des frohen Griechenlands. (...)*
*) Die Mediceische Venus.

---

[215] Vgl. Thomson 1745 und Thomson o. J.

Als Musidora den Brief am Ufer findet, ist sie gerührt und schreibt auf eine Baumrinde die Botschaft an Damon: *O Theurer! Einz'ger Deuter dieser Zeilen, / Zu sehr vom Glück begünstigt, von Liebe / Nicht weniger! Sey stets, wie jetzt, bescheiden; / Wohl kommt die Zeit, wo du nicht brauchst zu fliehn.*[216]

Über James Thomson schreibt ein Herausgeber der „Jahreszeiten" im Jahr 1822: *In ihrer eigenthümlichen Sphäre erscheint seine [Thomsons] Muse auf dem Gebiet der Idylle. Reines, unbefangenes Naturgefühl ist ihr Character. Ihr ist wohl an den stillen Stätten der Betrachtung, in der Einfalt ländlicher Sitten, in der Unschuld des Hirtenlebens. – Diese kannte der milde, schwärmerische Sohn der Natur aus seiner Kindheit, – er kannte zugleich die von den Pfaden der Natur abgewichene Welt aus seinem Mannesalter, daher der elegische Ton, der, einen magischen Reitz verbreitend, durch das Ganze geht. Da ist Thomson unnachahmlich, wo sich sein Gesang in tiefrührender Klage über das verschwundene goldene Zeitalter aushaucht; wo er mit allen Zaubern das Landleben schildert; wo er, ein begeisterter Priester der Natur, in dem Sternentempel anbetend, den Gott der Natur anbetend, niedersinkt!*

Aber außer dem hohen poetischen Werth, den die Jahreszeiten, als Erzeugnis des Genie's, ewig behaupten werden, haben sie noch einen andern, nicht als Dichtung, sondern als Buch, ich meyne den sittlichen. Wer Gefühl für Sitteneinfalt und Religion im stillen Busen pflegt, wem sie in die Seele dringen, die himmlischen Anklänge eines schönen Gemüthes, der wird eine reiche Aernte des Guten in der Lesung Thomsons einsammeln.[217]

Thomsons Dichtung war so populär, dass Salomon Geßner sie als Beispiel für die Bildkraft der Dichtung heranziehen konnte. Geßner, der selbst sowohl als Dichter als auch als Maler begabt war, vertrat in seinem „Brief über Landschaftsmalerei" die Ansicht, dass die Schwesterkünste Poesie und Malerei einander befruchten sollten: *Wie mancher Künstler würde mit mehr Geschmack edlere Gegenstände wählen; wie mancher Dichter würde in seinen Gemälden mehr Wahrheit, mehr Malendes im Ausdruck haben, wenn sie die Kenntnis beider Künste mehr verbänden.*[218] Speziell James Thomson bescheinigt er, mit seinem Gedicht gleichsam mit sprachlichen Mitteln Gemälde entworfen und auf diese Weise den Malern Vorlagen geliefert zu haben, und schreibt: *Ich habe in diesem großen Meister viele Gemälde gefunden, die aus den besten Werken der größten Maler genommen scheinen, und die der Künstler ganz auf sein Tuch übertragen könnte. Seine Gemälde sind mannigfaltig; oft ländlich staffiert wie Berghem, Potter oder Roos; oft anmutsvoll wie Lorrain, oder edel und groß wie Poussin; oft melancholisch und wild wie Salvator Rosa.*[219]

Bach muss seine Zeichnung um 1777 geschaffen haben; offenbar hat es damals schon den Plan gegeben, sie druckgraphisch zu reproduzieren, wie aus einer Besprechung in der „Neuen Bibliothek der schönen Wissenschaften und der freyen Künste" aus jenem Jahr hervorgeht: *... Damon und Musidora, in einer Landschaft, von Johann Sebastian Bach, ist unter den beliebten Werken dieses besten Scholaren unseres Oesers das erste, das durch Kupferstich bekannter wird.*[220]

Bemerkenswert ist die Reproduktionstechnik: Bause verwendete Radierung und Aquatinta in Punktiermanier, wobei er mit kleinen Flecken und rundlichen, breiten Linien, die er mit sehr kurzen, gebogenen, dichten und regelmäßigen Schraffuren füllte, unterschiedlich helle Pinseltupfen und -linien nachahmte. Die Wasserfläche wirkt dadurch lebendig, während das Laub rechts eigenwillig artifiziell, fast übertrieben plastisch erscheint. Die Felswände am jenseitigen Ufer bilden dagegen einen flächig-tonigen Hintergrund.

Im Aufbau unterscheidet sich Bachs Illustration deutlich von jenem Kupferstich, signiert von „C. F. Fritzsch filius sc.", der Brockes' Hamburger Ausgabe von 1745 beigegeben

---

[216] Thomson 1822, Erstes Bändchen, S. 133–137.
[217] Ebenda, S. XV f.
[218] Salomon Geßner, „Brief über Landschaftsmalerei an Herrn Fueßlin, den Verfasser der Geschichte der besten Künstler der Schweiz", in: Geßner 1980, S. 156.
[219] Ebenda.
[220] Neue Bibliothek 1777, S. 311 f.

war.²²¹ Dort sind ebenfalls die überraschte Musidora in der Haltung der „Venus pudica", der schamhaften Venus, und der sie beobachtende Damon zu sehen. Doch finden sich daneben Nymphen und Vieh, sowie im Hintergrund eine ausgedehnte Erntelandschaft. Vor allem ist der Himmel im Stil mittelalterlicher Monatsbilder bevölkert mit Göttern, Sternzeichen, Genien und einer Quadriga vor dem strahlenden Sonnenball, so dass die Szene wie eine Weltlandschaft bis in alle Bildecken hinein gefüllt ist.

Bachs Komposition zeichnet sich dagegen durch Konzentration auf den idyllischen Moment des sich allein wähnenden badenden Mädchens aus. Insofern hat er die Szene neu erfunden, wenn man von dem zeitgenössischen Verständnis der Erfindung ausgeht, wie es in Heydenreichs „Ästhetischem Wörterbuch" beschrieben wird: *Die Erfindung des Mahlers besteht nicht in dem Vermögen, das Sujet zu ersinnen, sondern in der Fähigkeit, das Sujet in seinem Geiste auf eine Art zu ordnen (behandeln), welche für seine Kunst die Schicklichste ist ...*²²²

G 16

Johann Friedrich Bause, nach einer Zeichnung von Juliane Wilhelmine Löhr, geborene Bause, nach Bachs Zeichnung, Der Sommerabend, 1787

Bez. u. l.: „nach Bach von Juliane Bause gezeichnet"; u. r.: „von J. F. Bause geätzt 1787"; u. M.: „DER SOMMER ABEND"

Kupferstich, Radierung und Aquatinta in Punktiermanier in Grau, Braun oder farbig; 27,9 × 39,7 cm; doppelte schwarze Einrahmungslinie; zwei Zustände: 1) vor der Bezeichnung (sehr selten); 2) nach der Bezeichnung
Stadtgeschichtliches Museum Leipzig, Inv. Nr. B 2 / 2003 (farbig)
Provenienz: Im Kunsthandel erworben
Andere Exemplare (Auswahl): Kunstsammlungen der Veste Coburg, Kupferstichkabinett, Inv. Nr. III, 412, 413; Staatliche Kunstsammlungen Dresden, Kupferstich-Kabinett, Inv. Nr. A 19252 (farbig) und A 16674 (braun); Staatliche Graphische Sammlung München (farbig)
Literatur: Verk.Kat. Braunschweig 1782, S. 79, Nr. 7; Meusel 1787–1788, 3. Stück, S. 41–47; Lang 1788, S. 41–47; Kat. Leipzig Winckler 1802, S. 31, Nr. 161; Keil 1849, J. F. Bause No. 111.II.; Geyser 1858, S. 81; Le Blanc 1970, S. 210, Nr. 265; Ausst.Kat. Heidelberg 1980, S. 29, Nr. 15, und S. 28; Hübner 1998, S. 197; Verk.Kat. Düsseldorf 2001, S. 66, mit Abb.

Bereits ein Jahr nach Fertigstellung des Druckes wurde dieser in Meusels „Museum für Künstler und Kunstliebhaber" von Carl Lang aus Göttingen unter dem Titel „Über Bausens Mondschein, in einem Schreiben an den Herausgeber" ausgiebig besprochen:

Theuerster Herr Hofrath,
Ich möchte meinem Brief Flügel geben, um Ihnen recht bald eine Nachricht überbringen zu können, die Sie noch von niemandem sonst werden gehört haben. Bausens Mondschein, von dem ich Ihnen schrieb, ist nun fertig, und es ist mir vergönnt, Aug und Herz daran zu laben. Das Stück ist 15 Zoll lang und 10 ½ hoch Calenberger Maas; in der englischen punktirten Manier auf Tusch=Art geätzt, mit dem Grabstichel nachgearbeitet und unterschrieben: Der Sommer=Abend, nach Bach, von Juliane Bause gezeichnet, von J. F. Bause geätzt 1787; der Preis ist 1 alter Louisd' or oder 5 Thlr. sächsisch. – Rechter Hand dem Zuschauer erhebt sich schräg hinter einem Vorgrund von zwey hohen Bäumen, die bis in die Höhe laufen, und ihr Laub theils in die oberste, theils in die Seitenlinie verstecken, ein schöner Berg, ringsum mit niedern Buschwerk umwachsen, die vorderste Seite ausgenommen, wo ein kahler Fels dem Auge sich darbietet. Oben auf demselben ruht ein großer Thurm, der bis über die Hälfte in den stützenden Fels gehauen scheint, und mit vier festen Gebäuden zusammenhängt, die ein altes Schloß bilden, und sich längs der Oberfläche des Berges hinziehen. Im mittelsten Thurm erblickt man das Schloß=Thor, zu dem ein Weg durchs Gebüsch sich herauf zu drängen scheint. (...)
Es folgt eine ausführliche Beschreibung, an die der Autor folgende Bemerkungen an-

---

²²¹ Thomson 1745, S. 129. ²²² Heydenreich 1793–1795, Bd. 2, S. 126.

schließt: *Ueber das Ganze ist Dunst hin gezogen, wie er nach schwülen Sommer=Tagen zu seyn pflegt, der selbst den Vollmond hindert, eine ganze Wirkung zu zeigen. Auf die hohen Bäume im Vordergrund rechter Hand hat er nur wenig Einfluß, besonders aber doch auf die freyen schlanken Stämme, und natürlich geschlungenen Aeste. Schon mehr auf die Seite der Schloßgebäude, die gegen den Fluß hinschauen, und auf den freyen, nakten Felsen. Man kann das Licht nicht weiser vertheilen, als hier. Jedes Mauerstück hat sein eignes Licht, ohne dadurch aus dem Ganzen zu treten. Bey jeder Zurückweichung ist die Beleuchtung, aber nicht um einen Punkt zu viel entzogen, und bey jeder Heraustretung eines andern Theils nie zu viel gelassen. Der Fels ist roth und feurig, und scheint es immer mehr zu werden, je länger man ihn betrachtet. Das Gesträuch, das den ganzen Schloßberg einhüllt, ist, wo der Mond nicht hin kann, in Dunst gewickelt, und wird nur schwach durch den zweiten Lichtpunkt, durch das helle Feuer kenntlich. Aber wo der Mond hinleuchtet, ist jeder Strauch unglaublich genau und richtig gehalten. Man sieht, wie der Dunst darinnen genöthigt wird, sich gegen die Stämme zurück zu ziehen, um die Blättchen dadurch etwas hell und kenntlich erscheinen zu lassen. (...) Sanfter ist wohl kein Wasser geäzt worden, als das im kleinen Fluß; man sieht es glänzen, sieht es über den langen Lichtstrahl des Mondes hingleiten, und sich durch den Brücken=Bogen durchdrängen. (...) Noch ein Grad kühneres Hervorstechen des Laubes, so wären Entfernung, Zeit, Täuschung verlezt. Aber desto grösser das Lob einer überwundenen Hindernis, je leichter die Gefahr war, zu fehlen!*

Diese Analyse der bildkünstlerischen Mittel wie z. B. der Lichtverteilung endet mit den Worten: *Das Ganze gewinnt noch durch die sorgfältige und künstliche Behandlung beim Druck, indem die gewöhnliche schwartze Farbe mit roth, braun und blau versetzt, die Natur mehr nachahmt. Das Feuer auf dem Schiff scheint aber eingemahlt; ich habe einen Abdruck mit 4 Flammen, und habe einen andern gesehen, der nur 3 hatte. Verzeihen Sie, dass ich so umständlich bei der Beschreibung bin. Ich möchte so wenig etwas unbeschrieben lassen, als ich etwas am Stück selbst ungesehen, und unbewundert lassen möchte, und kann doch so wenig alles beschreiben, als ich alles Schöne darinn mit meinen eigenen Augen übersehe. Ich habe Bause schon lange in allen seinen Arbeiten bewundert, habe ihn immer den größten des Auslands stolz an die Seite gesezt; aber dieses Stück ist sein Meisterstück: und wer sonst nichts, als so eins hervorgebracht hätte, könnte sicher auf den Preis der Unsterblichkeit, und auf den Dank der Nachwelt rechnen.*

Eben so glaube ich, theuerster Herr Hofrath, dass Sie den Dank manches verdienen werden, wenn Sie meine Recension im Museum bekannt machen. So bald Sie dieses Stück selbst sehen, werden Sie finden, dass ich richtig gefühlt, und wenigstens nach besten Wissen und Gewissen geurtheilt habe. Ich bin unveränderlich Ihr Verehrer Carl Lang.

Göttingen, den 15. Jan. 1788.[223]

Bause schuf eine seitenverkehrte Reproduktion von Bachs Zeichnung in Coburg (Z 31) sowie von Juliane Wilhelmine Bauses Zeichnung. Dabei übernahm er alle Bildgegenstände, hob jedoch ihre Plastizität hervor. Das getönte Aquatintablatt wirkt ein wenig härter als das Vorbild und zeigt damit getreulich den Gedanken der Komposition, ohne ihre malerische Ausführung vollständig nachzuahmen. Mit den Mitteln der Druckgraphik jenen Schmelz der Ölfarben oder das leichte Ineinanderfließen der Wasserfarben zu erreichen, war das Ziel der Kupferstecher: *Der Duft, den die Entfernung einer Sache giebt, kann nicht wohl durch etwas anders, als durch die natürliche Farbe vorgestellet werden, und diese kann bloß der Pinsel geben. Ein Kupferstich kann solche nur einigermaßen ausdrucken, und folglich auch nur einen unvollkommenen Begrif davon geben. Er bringt einen nur auf die Gedanken, was der Gegenstand ohngefähr für eine Farbe haben müsse. Wir haben einen Begrif, wie sich die Natur in solchen Fällen zeigt, und der Kupferstich erinnert uns gleichsam nur daran.*[224]

---

[223] Lang 1788, S. 41–47.
[224] Gilpin 1768, S. 29.

Um dennoch die Wirkung des Originals erahnen zu lassen, kam es besonders auf die Verteilung des Lichtes an. Bause hebt die Wirkung des Vollmonds, seiner Spiegelung im Wasser und des lodernden Feuers stärker hervor, als Bach dies getan hatte, um die Darstellung zu beleben. Darin äußert sich Bauses Erfahrung, für die unter anderem Gilpin die theoretische Grundlage formulierte: *Das letzte Stück, worauf die Wirkung des Ganzen beruht, ist die geschickte Austheilung des Lichts. Diese ist bei Kupferstichen insonderheit sehr wichtig. Die Harmonie des Kolorits ersetzt solche einigermaßen in einem Gemälde. Aber die Kupferstiche haben diesen Vortheil nicht. Ist die Zeichnung, die Anordnung, und die Haltung gleich noch so vollkommen schön und richtig, und dieser wichtige Theil fehlt, so erhalten wir anstatt des Ganzen, nur Stückwerk. (...)*

Die Hauptregel bey der Austheilung des Lichts ist, große Massen davon anzubringen. Dieß erweckt die Vorstellung des Ganzen. Bey einem großen Gegenstande fällt das Licht auf eine breite Fläche. Wird das Licht fleckweise angebracht: so glaubt man viele Gegenstände zu sehen; oder ist es nur ein Gegenstand: so fehlt ihm wenigstens der Zusammenhang, und dieses ist für das Auge sehr anstößig.[225]

G 17
Juliane Wilhelmine Bause, nach Bach d. J.
„Die Zephyre" aus Salomon Geßners „Idyllen"

Bez. u. l.: „Bach delin."; u. r.: „Juliane Bause fecit."; u. M.: „Die Zephyre aus Gesners Idyllen."
Radierung; 17,7 × 24 cm
Bach-Archiv Leipzig, Inv. Nr. Graph. Slg. 12/ 25-3
Provenienz: Im Kunsthandel erworben
Andere Exemplare (Auswahl): Kunstsammlungen der Veste Coburg, Kupferstichkabinett, Inv. Nr. III, 416, 4 (zwei Exemplare); Staatliche Kunstsammlungen Dresden, Kupferstich-Kabinett, Inv. Nr. A 16676; Stadtgeschichtliches Museum Leipzig, Inv. Nr. B 46; Philadelphia Museum of Art, Department of Prints, Drawings and Photographs, Inv. Nr. 1985-52-41939
Literatur: Verk.Kat. Leipzig Winckler 1802, S. 58, Nr. 385 5); Keil 1849, Anh. Nr. 7; Ausst.Kat. Leipzig 1965, S. 27, Nr. 15; Le Blanc 1970, S. 210; Ausst. Kat. Heidelberg 1980, S. 31, Nr. 17, Abb. 16; Hübner 1998, S. 197

Die Radierung ist eine seitenverkehrte Reproduktion von Bachs Leipziger Zeichnung Z 43. Zugleich ist sie als Pendant zur Landschaft mit Mühle (G 18) angelegt. Beide Blätter sind Bestandteile der Folge „Versuche im Radiren / der / Frau Hauptmannin Löhr / gewidmet / von / Ihrer ganz ergebensten / Iuliane Wilhelmine Bause / Leipzig den 13. November 1791." Das Blatt G 17 ist an dritter Stelle eingebunden.

Juliane Wilhelmine Bause schuf diese Radierung zugleich mit weiteren nach Jan Both, Herman Saftleven, Johann Georg Wagner und Kobell vor ihrer Heirat mit dem Leipziger Bankier Carl Eberhard Löhr. Später gab sie die Blätter, in einer Folge vereinigt, für ihren Freundeskreis heraus.

G 18
Juliane Wilhelmine Bause, nach Bach d. J.
Mühle im Walde

Bez. u. l.: „Bach delin.; Juliane Bause fecit aq. fort."
Radierung; 16,3 × 22,5 cm
Bach-Archiv Leipzig, Inv. Nr. Graph. Slg. 12/25-6
Provenienz: Im Kunsthandel erworben
Andere Exemplare (Auswahl): Kunstsammlungen der Veste Coburg, Kupferstichkabinett, Inv. Nr. III, 416, 5;

---
[225] Gilpin 1768, S. 17 f.

Staatliche Kunstsammlungen Dresden, Kupferstich-Kabinett, Inv. Nr. A 16677; Philadelphia Museum of Art, Department of Prints, Drawings and Photographs, Inv. Nr. 1985-52-41936
Literatur: Verk.Kat. Leipzig Winckler 1802, S. 31, Nr. 160, S. 58, Nr. 385; Keil 1849, Anh. Nr. 6; Le Blanc 1970, S. 210; Ausst.Kat. Heidelberg 1980, S. 31, Nr. 16, Abb. 5 und S. 36; Hübner 1998, S. 195

Die Radierung entstand nach Bachs Zeichnung Z 23 und ist ein Pendant zu den „Zephyren" (vgl. G 17). Sie ist in die Folge „Versuche im Radiren / der / Frau Hauptmannin Löhr / gewidmet / von / Ihrer ganz ergebensten / Iuliane Wilhelmine Bause / Leipzig den 13. November 1791." an drittletzter Stelle eingebunden.

G 19
A. F. Brauer, nach Bach d. J.
Ansicht von Dresden, 1801

Bez. u. l.: „dessini par S. Bach"; u. r.: „print et gravt. par A. F. Brauer 1801"; u. M.: „Premiere Vùe de Dresde."
Kupferstich, koloriert; 18,5 × 27,0 cm (Blatt); 15,6 × 23,8 cm (Bild)

Städtische Galerie Dresden, Inv. Nr. 1980/k1348
Provenienz: Alter Bestand

Welch ein herrliches Schauspiel gewähren die Ufer der Elbe schon weit vor Meißen bis hinter die berühmte Veste des Landes, den wunderbaren Königstein! Welch eine Aue, in deren Mitte sich Dreßden an beiden Ufern der Elbe majestätisch in Allem, was einer Gegend den Stempel der Schönheit aufdrückt, und weder zu nah noch zu fern, umgeben sieht! Welch ein Anblick! – Auf einer Seite buschichte Hügel mit wohlgebauten Fluren und Dörfer an Dörfer; auf der andern unübersehbare Reihen von lachenden Weinbergen und anmuthigen Landhäusern, zusammenhängend mit Dörfern und, scheinbar, selbst mit der Stadt, besonders von jener berühmten Höhe von Kesselsdorf her.[226]

Zu Lobeshymnen für die Residenzstadt Dresden und ihre Umgebung wie dieser von Wilhelm Gottlieb Becker kam eine Flut von gemalten, lavierten und gedruckten Ansichten hinzu, darunter auch Bachs Zeichnung Z 41 und dieser Stich, der lange nach seinem Tode geschaffen wurde. Er zeigt den Blick von Nordosten auf die Dresdner Frauenkirche, den Brühlschen Garten mit Palais und Pavillon, den Schlossturm, die katholische Hofkirche und die Augustusbrücke. Im Vordergrund ein Holzlagerplatz mit zu entladenden Kähnen. In der sachlichen Nüchternheit, mit der alle Gebäude erfasst sind, bezogen sich Zeichner und Stecher auf die Veduten Bernardo Bellottos und reihen sich damit zugleich unter seine zahlreichen Nachfolger vor allem der Zingg-Schule ein.

G 20
C. Seipp, nach Bach d. J.
Seifersdorfer Tal. Das Grabmal der Musarion, 1797

Bez. u. M.: „Das Grabmahl der Musarion"; u. l.: „S. Bach del."; u. r.: „C. Seipp fecit Lipsia 1797 N° 2"
Kupferstich; 16,3 × 22,4 cm
Bienert-Sammlung des Kupferstich-Kabinetts, Staatliche Kunstsammlungen Dresden im Landesamt für Denkmalpflege Sachsen, Mappe 19, Karton 35, Blatt 138
Provenienz: Theodor Bienert, Dresden
Literatur: Verk.Kat. Nürnberg 1809, S. 20; Ausst.Kat. Heidelberg 1980, S. 28, Nr. 12, Abb. 6; Luther 1988, S. 254

In seiner „Theorie der Gartenbaukunst" bemerkte der Kieler Professor Christian Cay Lorenz Hirschfeld, dass die Natur und die in

---

[226] Becker 1792, S. 12 f.

sie eingefügten Gebäude einander ihre Kräfte mitteilen, im jeweiligen Charakter bestätigen, verstärken oder anders „einfärben" können: *So kann eine muntere Gegend durch eine Schäferhütte oder ein Landhaus, eine melancholische durch ein Kloster oder eine Urne, eine romantische durch gothische Ruinen, eine feyerliche durch Tempel, oder wie wir bei Montserrat gesehen, durch eine Menge von Einsiedeleyen, sehr viel an Einwirkung gewinnen. Wenn diese Gebäude und Monumente mit den Gegenden, für welche sie sich ihrer Natur nach schicken, in Verbindung gebracht werden: so theilen Gebäude und Gegenden einander ihre Kräfte mit, ihre Charaktere werden deutlicher, und es entsteht eine Vereinigung von Begriffen und Bildern, die mit einem völlig bestimmten und mächtigen Eindruck auf die Seele wirken.*[227]

In Sachsen wendeten Graf Moritz von Brühl und seine Frau Christina diese Empfehlungen auf eine konkrete Gegend bei Dresden an. Sie gestalteten das Seifersdorfer Tal, durch das die Röder fließt, als einen empfindsamen Park mit Tempeln, Hütten, Lauben, Brunnen, Sitzbänken, Denkmälern und Inschriften. Diese waren z. B. der Tugend, der Einsamkeit, der Freundschaft, dem Andenken guter Menschen, der „Ahndung künftiger Bestimmung", der Vergänglichkeit, der Wahrheit, der Versöhnlichkeit oder auch der Gattenliebe gewidmet, und die Besucher konnten sie im Spaziergang abschreiten und sich durch sie zur gefühlvollen Besinnung anregen lassen, wie eine Zeichnung Adrian Zinggs zeigt.[228]

Der Landschaftspark wurde von allen namhaften Gelehrten, Dichtern und Reisenden aufgesucht, darunter von Goethe, Herder und Adolf Traugott von Gersdorf. Wieland, Herder, Klopstock und Goethe waren u. a. Denkmäler gewidmet. Der Dresdner Philosophieprofessor und Schriftsteller Wilhelm Gottlieb Becker würdigte diesen Park ausführlich in seiner Schrift „Das Seifersdorfer Thal", erklärt die geologischen Ursachen für die Gestalt der abwechslungsreichen Landschaft und nimmt Verzeichnisse von drei anderen Autoren über mineralogische, botanische und insektenkundliche Funde in seinen Band auf.[229] Bei beiden Autoren lagen demnach ästhetische wie ökonomische Gesichtspunkte gleichermaßen zugrunde. Beckers Werk war eine Reihe von Kupferstichen Johann Adolph Darnstedts beigegeben.

Der Titel „Grabmal der Musarion" bezieht sich vermutlich auf Christoph Martin Wielands Epos „Musarion oder Die Philosophie der Grazien".[230] Dargestellt sind zwei Figuren auf einer steinernen Treppe, die zu dem Flüsschen führt. Hinter einer Treppenwange hat sich ein Satyr verborgen, der auf einer Panflöte spielt. Die antik gekleidete Frau scheint in ihrer anmutigen Pose die Grazie zu verkörpern. Ihr nackter Gefährte trägt einen Früchtekorb auf dem Kopf, der wohl als Opfer für das Denkmal bestimmt ist. Dieses – ein Rundturm von geringer Größe – nimmt unter den Bäumen die zentrale Stelle ein. Kenntnisse niederländischer und idealer Landschaftskonzepte sind hier in die Parkgestaltung eingeflossen und erleichterten selbstverständlich auch dem bildenden Künstler die Darstellung. Ja, mit der das Bild beherrschenden Steintreppe erinnert diese Ansicht sogar an Bachs ideale Landschaftserfindungen (Z 53 bis Z 55 und M 56).

Zwar gibt es im Seifersdorfer Tal ein Wieland-Denkmal und einen Musen-Tempel, allerdings ist eine Anlage wie die im Kupferstich dargestellte nicht beschrieben. Leider ist auch Bachs Vorzeichnung nicht überliefert. Der ansonsten kaum bekannte Kupferstecher Seipp führte seine Reproduktion erst 19 Jahre nach Bachs Tod aus, was die anhaltende Wertschätzung von dessen Kunst beweist.

Eine bis in die Details übereinstimmende Variante dieser Ansicht schuf der junge und gleichfalls hochbegabte Meißner Landschaftsmaler Johann Georg Wagner mit seiner Aquatinta in Braun (Abb. 28, S. 159).[231] In beiden Drucken wird die Umsetzung

---

[227] Hirschfeld 1779, S. 227 f..
[228] Adrian Zingg, Aus dem Seifersdorfer Tal, 32,2 × 40,9 cm, Feder und Pinsel in Grau, Staatliche Kunstsammlungen Dresden, Kupferstich-Kabinett, Inv. Nr. C 1900-33.
[229] Becker 1792.
[230] Wieland 1768.
[231] Johann Georg Wagner, Arkadische Parklandschaft, Aquatinta in Braun, 15,6 × 21,6 cm, Stadt- und Bergbaumuseum Freiberg, Inv. Nr. 55/977.

atmosphärischer Werte in der Darstellung deutlich: *Der Duft, den die Entfernung einer Sache giebt, kann nicht wohl durch etwas anders, als durch die natürliche Farbe vorgestellet werden, und diese kann bloß der Pinsel geben. Ein Kupferstich kann solche nur einigermaaßen ausdrukken, und folglich auch nur einen unvollkommenen Begrif davon geben. Er bringt einen nur auf die Gedanken, was der Gegenstand ohngefähr für eine Farbe haben müsse. Wir haben einen Begrif, wie sich die Natur in solchen Fällen zeigt, und der Kupferstich erinnert uns gleichsam nur daran.*[232]

G 21

Unbekannter Künstler, nach Bach d. J. ?
Bauernhaus mit Lindenhain

Unbez.
Verso von älterer Hand in Graphit: „Bach del."
Aquatinta in Braun; 15,8 × 20,2 cm
Kunstsammlungen der Veste Coburg, Kupferstichkabinett, Inv. Nr. IV, 293, 98
Provenienz: Unbekannt
Literatur: Ausst.Kat. Heidelberg 1980, S. 28, Nr. 12, Abb. 6; Hübner 1998, S. 192, Anm. 39

Dieses Blatt erinnert an die zahlreichen Ansichten sächsischer Dorflandschaften von der Hand Johann Christian Klengels, Johann Georg Wagners oder auch Christoph Nathes. Von erhöhtem Standpunkt aus wird der Blick über eine zerfurchte Landstraße an einem Gehöft vorbei gelenkt; rechts weiden Rinder unter stattlichen Linden. Die streifenweise Leitung des Sonnenlichts auf dem Weg, der Böschung und zwischen den Stämmen verleiht der unspektakulären Szenerie eine lebendige Ausstrahlung.

---

[232] Gilpin 1768, S. 29.

ANHANG

Abkürzungen

Abb.	Abbildung(en)
Anm.	Anmerkung
Ausst.Kat.	Ausstellungskatalog
Bd., Bde.	Band, Bände
betr.	betrifft
bez./unbez.	bezeichnet/unbezeichnet
Bl.	Blatt, Blätter
BWV	Wolfgang Schmieder, *Thematisch-systematisches Verzeichnis der musikalischen Werke von Johann Sebastian Bach. Bach-Werke-Verzeichnis*, Leipzig 1950
d. J.	der Jüngere
d. Ä.	der Ältere
dat./undat.	datiert/undatiert
et al.	und andere
f., ff.	und folgende Seite(n)
Faks.	Faksimile
G	Graphik
Gal.Nr.	Galerienummer
geb.	geboren
gen.	genannt
H.	Heft
Hrsg., hrsg.	Herausgeber, herausgegeben
Inv. Nr.	Inventarnummer
Jg.	Jahrgang
Kat.	Katalog
Kat.Nr.	Katalognummer
l.	links
Lit.	Literatur
M	Gemälde
M.	Mitte
ML	aus der Literatur bekanntes Gemälde
Nr.	Nummer
OLB	Oberlausitzische Bibliothek der Wissenschaften
OLG	Oberlausitzische Gesellschaft der Wissenschaften
o.	oben
o. D.	ohne Datum
o. J.	ohne Jahr
o. O.	ohne Ort
o. S.	ohne Seitenzahl
Rad.	Radierung
r.	rechts
s.	siehe
S.	Seite
SHStA	Sächsisches Hauptstaatsarchiv Dresden
Slg.Kat.	Sammlungs-/Bestandskatalog
SLUB	Sächsische Landes- und Universitätsbibliothek Dresden
Sp.	Spalte
u.	unten
u.a.	unter anderem
u. l.	unten links
u. M.	unten Mitte
u. r.	unten rechts
üb.	über
v. a.	vor allem
Verk.Kat.	Verkaufskatalog
Verst.Kat.	Versteigerungskatalog
vgl.	vergleiche
Wq	Alfred Wotquenne, Thematisches Verzeichnis der Werke von Carl Philipp Emanuel Bach, Leipzig 1905, Reprint Wiesbaden 1968
Z	Zeichnung
z. B.	zum Beispiel
zit.	zitiert
ZL	aus der Literatur bekannte Zeichnung

Quellen, Literatur, Kataloge

Quellen

Akademieakten, Akte 71, Blatt 12: Zur Einschickung nach Dresden. 1775. An Original Zeichnungen. (Film K II 227 3.) – Bach. d beyde Landschaften, SHStA Dresden

„Gersdorfs Briefschaft I Andresen – Bourit nebst anderer […] Correspond.", OLB, 6 Bde., Bd. 1, ATvG 638, Bl. 63–82 Briefwechsel Gersdorf-Becker 1790–1794, S. 64: Brief vom 5.2.1790, ein Verkaufsangebot betreffend, darin S. 66: „II. Landschaften." u. a.: „10 Bl. von Bach", OLB Görlitz

Brief von Bach vom 2.6.1773 aus Dresden an Friederike Oeser in Leipzig, Bachhaus Eisenach

Brief von Bach vom 11.7.1774 aus Dresden an Friederike Oeser in Leipzig, Universitätsbibliothek Leipzig, Sondersammlungen

Brief von Bach vom 2.3.1777 aus Rom an Adam Friedrich Oeser in Leipzig, Universitätsbibliothek Leipzig, Sondersammlungen

Brief von Christian Ludwig von Hagedorn an das Geheime Kabinett, 5. Mai 1773, SHStA Dresden

Rümann 1934 Arthur Rümann, *Johann Christian Klengel (1751–1824). Ein Dresdner Landschaftsmaler und Radierer. Œuvre-Katalog der Graphik*, 2 Bde., Typoskript 1934, Staatliche Graphische Sammlung München

Literatur

AKL *Allgemeines Künstlerlexikon, begründet und mithrsg. von Günter Meißner*, München und Leipzig 1991 ff.

Althaus 2004 Karin Althaus, *Adrian Zingg (1734–1816), Stammbuch*, in: Bericht über die Tätigkeit der Eidgenössischen Kommission der Gottfried-Keller-Stiftung 2001 bis 2004, Basel 2004, S. 36–40

Bach Reader 1945 Hans T. David/Arthur Mendel, *The Bach Reader*, New York 1945

Bartsch 1797 Adam Bartsch, *Catalogue raisonée de toutes les estampes qui forment l'œuvre de Rembrandt, et ceux de ses principaux imitateurs*, 2 Bde., Wien 1797

Baudissin 1928 Klaus Graf von Baudissin, *Oesers Entwurf zum Leipziger Theatervorhang*, in: Zeitschrift für bildende Kunst, 62/1928, S. 239f.

Bauer 1805 Carl Gottfried Bauer, *Über Christian Felix Weisse ein Beytrag zur Gallerie verdienstvoller Deutschen von M. C. G. Bauer Pastor zu Froburg*, Leipzig 1805

Becker 1792 Wilhelm Gottlieb Becker, *Das Seifersdorfer Thal*, Leipzig und Dresden 1792, Fotomechanischer Nachdruck Leipzig 1977

Bénézit 1976 Emmanuel Bénézit (Hrsg.), *Dictionnaire critique et documentaire des peintres, sculpteurs, dessinateurs et graveurs de tous les temps et de tous les pays par un groupe d' écrivains spécialistes français et étrangers*, Bd. 1, Paris 1976

Betthausen 1980 Peter Betthausen, *Philipp Otto Runge*, Leipzig 1980

Bircher/Weber 1992 Martin Bircher/Bruno Weber, *Salomon Geßner*, Zürich 1992

Brandt 2006 Reinhard Brandt, *Arkadien in Kunst, Philosophie und Dichtung*, Freiburg/Br. 2006 (Rombach Wissenschaften. Reihe Quellen zur Kunst. 25.)

Carus 1882 Carl Gustav Carus, *Briefe und Aufsätze über die Landschaftsmalerei*, Leipzig und Weimar 1882

Daßdorf 1782 Karl Wilhelm Daßdorf, *Beschreibung der vorzüglichsten Merkwürdigkeiten der Churfürstlichen Residenzstadt Dresden und einiger umliegenden Gegenden*, Dresden 1782

Diepenbroik-Grüter 1933–1939 Hans Dietrich von Diepenbroik-Grüter, *Allgemeiner Porträt-Katalog*, Hamburg 1933–1939 (Nachdruck Hildesheim 1967)

Dok I, II, III, IV *Bach-Dokumente, herausgegeben vom Bach-Archiv Leipzig. Supplement zu Johann Sebastian Bach. Neue Ausgabe sämtlicher Werke.*

Band I: *Schriftstücke von der Hand Johann Sebastian Bachs. Vorgelegt und erläutert von Werner Neumann und Hans-Joachim Schulze*, Leipzig und Kassel 1963

Band II: *Fremdschriftliche und gedruckte Dokumente zur Lebensgeschichte Johann Sebastian Bachs 1685–1750. Vorgelegt und erläutert von Werner Neumann und Hans-Joachim Schulze*, Leipzig und Kassel 1969

Band III: *Dokumente zum Nachwirken Johann Sebastian Bachs 1750–1800. Vorgelegt und erläutert von Hans-Joachim Schulze*, Leipzig und Kassel 1972

Band IV: Werner Neumann, *Bilddokumente zur Lebensgeschichte Johann Sebastian Bachs*, Leipzig und Kassel 1979

Drugulin 1860 Wilhelm Eduard Drugulin, *Allgemeiner Portrait-Katalog*, Leipzig 1860

Drugulin 1873 Wilhelm Eduard Drugulin und Allart van Everdingen, *Catalogue raisonné des toutes les*

estampes qui forment son œuvre gravé, Leipzig 1873

Dürr 1879 Alphons Dürr, *Adam Friedrich Oeser*, Leipzig 1879

Eckardt 1979 Götz Eckardt (Hrsg.), *Ein Potsdamer Maler in Rom. Briefe des Batoni-Schülers Johann Gottlieb Puhlmann aus den Jahren 1774 bis 1787*, Berlin 1979

Engler 1984 Klaus Engler, *Georg Poelchau und seine Musikaliensammlung. Ein Beitrag zur Überlieferung Bachscher Musik in der ersten Hälfte des 19. Jahrhunderts*, Tübingen 1984

Friedrich 1930 Karl Josef Friedrich, *Führer durch das berühmte Seifersdorfer Tal*, Radeberg 1930, Neudruck Berlin 1994

Friesenhagen 2000 Andreas Friesenhagen, *Die Brüder Bach. Leben und Werk zwischen Barock und Klassik*, hrsg. von András Batta, Köln 2000

Fröhlich 2002 Anke Fröhlich, *Landschaftsmalerei in Sachsen in der zweiten Hälfte des 18. Jahrhunderts. Landschaftsmaler, -zeichner und -radierer in Dresden, Leipzig, Meißen und Görlitz von 1720 bis 1800*, Weimar 2002

Fröhlich 2003 Anke Fröhlich, *„Ein ganz neuer Phönix in der Kunst ..."*. *Der Landschaftszeichner Johann Sebastian Bach d. J.*, in: Weltkunst 3/2003, S. 360–362

Fröhlich 2005 Anke Fröhlich, *„Glücklich gewählte Natur". Der Dresdner Landschaftsmaler Johann Christian Klengel (1751–1824) zwischen Spätbarock und Romantik. Monographie und Werkverzeichnis der Gemälde, Zeichnungen, Radierungen und Lithographien*, Hildesheim 2005

Fröhlich 2006 Anke Fröhlich, *„die Natur war mir neu ..."*. *Dem Landschaftsmaler Christoph Nathe (1753–1806) zum 200. Todestag*, in: Dresdner Kunstblätter, hrsg. von den Staatlichen Kunstsammlungen Dresden, Heft 2/2006, Dresden 2006, S. 87–96

Füssli 1806 Hans Heinrich Füssli, *Allgemeines Künstlerlexikon oder: Kurze Nachricht von dem Leben und den Werken der Mahler, Bildhauer, Baumeister, Kupferstecher, Kunstgiesser, Stahlschneider ... Nebst angehängten Verzeichnissen der Lehrmeister und Schüler, auch der Bildnisse, der in diesem Lexicon enthaltenen Künstler, 2. Theil*, Zürich 1806

Geck 2003 Martin Geck, *Die Bach-Söhne*, Hamburg 2003

Geiringer 1954 Karl Geiringer, *The Bach Family. Seven Generations of Creative Genius*, London 1954

Geßner o. J. Salomon Geßner, *Sämmtliche radierte Blätter von Salomon Geßner*, 2 Bde., Zürich o. J.

Geßner 1756 Salomon Geßner, *Idyllen*, Zürich 1756

Geßner 1772 Salomon Geßner, *Moralische Erzæhlungen und Idyllen von Diderot und Geßner*, Zürich 1772

Geßner 1980 Salomon Geßner, *An den Amor. Idyllen*, hrsg. von Ulrich Berkes, Leipzig 1980, 2. Aufl. 1984

Geyser 1858 Gottlieb Wilhelm Geyser, *Geschichte der Malerei in Leipzig von frühester Zeit bis zu dem Jahre 1813 nebst alphabetischem Künstlerverzeichnis*, Leipzig 1858

Gilpin 1768 William Gilping [sic], *Abhandlung von Kupferstichen, worinn die allgemeinen Grundsätze von den Regeln der Malerey, in so weit sie die Kupferstiche betreffen, abgehandelt, Die Verschiedene Art von Kupferstichen angezeiget, und die Charaktere der berühmtesten Meister gegeben werden. Nebst Anmerkungen über verschiedne einzelne Kupferstiche und Regeln, solche zu sammeln. Aus dem Englischen übersetzt*, Frankfurt und Leipzig 1768

Gröning/Sternath 1997 Maren Gröning/Marie Luise Sternath, *Natur und Heldenleben. Deutsche und Schweizer Zeichnungen der Goethezeit*, Wien 1997

Groß/John 2006 Uwe John/Karlheinz Blaschke (Hrsg.), *Geschichte der Stadt Dresden*, 3 Bde.; Band 2: Rainer Groß, *Vom Ende des Dreißigjährigen Krieges bis zur Reichsgründung*, Stuttgart 2006

Hagedorn 1755 Christian Ludwig von Hagedorn, *Lettre à un Amateur de la Peinture avec des Eclaircissements historiques sur un Cabinet et les auteurs des Tableaux qui le composent*, Dresden 1755

Hagedorn 1762 Christian Ludwig von Hagedorn, *Betrachtungen über die Mahlerey*, 2 Bde., Leipzig 1762

Hagedorn 1797 *Briefe über die Kunst von und an Christian Ludwig Hagedorn*, hrsg. von Torkel Baden, Leipzig 1797

Handrick 1957 Willy Handrick, *Geschichte der sächsischen Kunstakademien Dresden und Leipzig und ihre Unterrichtspraxis 1764–1815*, Diss. Leipzig 1957

Hase 1911 Hermann von Hase, *Carl Philipp Emanuel Bach und Johann Gottlob Immanuel Breitkopf*, in: Bach-Jahrbuch 1911, S. 86–104

Heinecken 1788 Carl Heinrich von Heinecken, *Dictionnaire des artistes, dont nous avons des estampes ...*, 2. Band, Leipzig 1788

Heise 2002 Brigitte Heise/C. J. Heinrich, *Endlich in Rom. Deutsche Künstler des 19. Jahrhunderts in Italien. Zeichnungen und Aufzeichnungen mit Illustrationen aus einer norddeutschen Privatsammlung*, Lübeck 2002

Heres 1991 Gerald Heres, *Winckelmann in Sachsen. Ein Beitrag zur Kulturgeschichte Dresdens und zur Biographie Winckelmanns*, Berlin und Leipzig 1991

Hesiod 1996 Hesiod, *Werke und Tage*, übersetzt und hrsg. von Otto Schönberger, Stuttgart 1996

Heydenreich 1793–1795 Karl Heinrich Heydenreich, *Aesthetisches Wörterbuch über die bildenden Künste nach Watelet und Levasque. Mit nöthigen Abkürzungen und Zusätzen fehlender Artikel kritisch bearbeitet von K. H. Heydenreich, öffentlichen Professor der Philosophie zu Leipzig*, 4 Bde., Leipzig 1793–1795

Hirschfeld 1779–1785 Christian Cay Lorenz Hirschfeld, *Theorie der Gartenkunst*, 5 Bde., Leipzig 1779–1785; Nachdruck Hildesheim 1973

Hollstein 1949 ff. Friedrich Wilhelm Heinrich Hollstein, *Dutch and Flemish Etchings, Engravings and Woodcuts ca. 1450–1700*, Amsterdam 1949 ff.

Hübner 1998 Maria Hübner, *Der Zeichner Johann Sebastian Bach d. J. (1748–1778). Zu seinem 250. Geburtstag*, in: Bach-Jahrbuch 1998, S. 187–200

Jahn 1849 Otto Jahn (Hrsg.), *Goethes Briefe an Leipziger Freunde*, Leipzig 1849

Jahresbericht Hamburg 1907 *Jahresbericht der Kunsthalle zu Hamburg für 1907*, Hamburg 1911

John 2001 Timo John, *Adam Friedrich Oeser (1717–1799). Studie über einen Künstler der Empfindsamkeit*, Beucha 2001

Jürgensen 1993 Andreas Jürgensen, *Der ästhetische Horizont. Baumgartens Ästhetik und die*

Malerei um die Mitte des 18. Jahrhunderts, Diss. Kiel 1993

Keil 1849 Georg Keil, *Catalog des Kupferstichwerks von Johann Friedrich Bause. Mit einigen biographischen Notizen*, Leipzig 1849

Keller 1786 Heinrich Keller, *Ueber das Gemälde die Auferstehung Christi von Herrn Professor Schenau und über die darüber zum Vorschein gekommenen Streitschriften*, Dresden 1786

Klengel o. J. [1802] Johann Christian Klengel, *Principes de Dessein pour Les Paysages par J. C. Klengel, Professeur de l'Academie electorale de Peinture a Dresde*, Dresden o. J. [1802]

Kock 1995 Hermann Kock, *Genealogisches Lexikon der Familie Bach*, bearbeitet und aktualisiert von Ragnhild Siegel, hrsg. vom Bachhaus Wechmar und vom Bachhaus Eisenach 1995

Kolneder/Jürgens 1984 Walter Kolneder/Karl-Heinz Jürgens, *J. S. Bach. Lebensbilder*, eingeleitet von Dietrich Fischer-Dieskau, Bergisch Gladbach 1984

Kreuchauf 1768 Franz Wilhelm Kreuchauf, *Historische Erklærungen der Gemælde, welche Herr Gottfried Winkler in Leipzig gesammlet*, Leipzig 1768

Kurzwelly 1912 Albrecht Kurzwelly, *Das Bildnis in Leipzig vom Ende des 17. Jahrhunderts bis zur Biedermeierzeit. Aus Anlaß der vom Stadtgeschichtlichen Museum zu Leipzig 1912 veranstalteten Porträtausstellung*, Leipzig 1912

Kurzwelly 1914 Albrecht Kurzwelly, *Die Leipziger Kunstakademie unter Oeser und ihre ersten Schüler*, in: Georg Merseburger (Hrsg.), *Leipziger Kalender. Illustriertes Jahrbuch und Chronik*, 11. Jg., 1914, S. 32–72

Lanckorońska/Oehler 1933 Maria Gräfin Lanckorońska und Richard Oehler, *Die Buchillustration des 18. Jahrhunderts in Deutschland, Österreich und der Schweiz*, Frankfurt/Main und Leipzig 1932–1934. Zweiter Teil: *Die deutsche und schweizerische Buchillustration des Vorklassizismus*, Frankfurt/Main und Leipzig 1933

Lang 1788 Carl Lang, *Über Bausens Mondschein, in einem Schreiben an den Herausgeber*, in: Georg Meusel (Hrsg.), *Museum für Künstler und Kunstliebhaber oder Fortsetzung der Miscellaneen artistischen Inhalts, Drittes Stück*, Mannheim 1788

Le Blanc 1970 Charles Le Blanc, *Manuel de L'Amateur d'Estampes*, 2 Bde., Amsterdam 1970

Leisinger/Ottenberg 2002 Ulrich Leisinger/Hans-Günter Ottenberg (Hrsg.), *Die Verbreitung der Werke Carl Philipp Emanuel Bachs in Ostmitteleuropa im 18. und 19. Jahrhundert*, Frankfurt/Oder 2002

Leisinger/Wollny 1997 Ulrich Leisinger/Peter Wollny, *Die Bach-Quellen der Bibliotheken in Brüssel. Katalog. Mit einer Darstellung von Überlieferungsgeschichte und Bedeutung der Sammlungen Westphal, Fétis und Wagener*, Hildesheim 1997 (Leipziger Beiträge zur Bach-Forschung, 2.)

Lessing o. J. [1910] Robert Riemann (Hrsg.), *Lessings Werke in sechs Bänden, Fünfter Band: Hamburgische Dramaturgie*, Leipzig o. J. [1910]

Lessing 1957 Gotthold Ephraim Lessing, *Gesammelte Werke*, Bd. 9: *Briefe*, Berlin 1957

Linck 1846 J. F. Linck, *Monographie der von dem vormals K. Poln. und Churfürstl. Sächs. Hofmaler und Professor etc. C. W. E. Dietrich radirten, geschabten und in Holz geschnittenen malerischen Vorstellungen. Nebst einem Abrisse der Lebensgeschichte des Künstlers*, Berlin 1846

Lugt 1921 Frits Lugt, *Les marques de collections de dessins & d'estampes*, Amsterdam 1921 (Reprint Den Haag 1956)

Luther 1988 Edith Luther, *Johann Friedrich Frauenholz (1758–1822). Kunsthändler und Verleger aus Nürnberg*, Nürnberg 1988

Maisack 1983 Petra Maisack, *Das Stammbuch des Freiherrn von Berlepsch. Ein Künstlerstammbuch des 19. Jahrhunderts mit unbekannten Handzeichnungen von Goethe, Caspar David Friedrich und anderen*, Frankfurt/Main 1983

Marchtaler 1975 Hildegard von Marchtaler, *Hamburgisches Geschlechterbuch*, Bd. 12, Limburg/Lahn 1975

Martens 1976 Ulf Martens, *Der Zeichner und Radierer Carl Wilhelm Kolbe d. Ä. (1759–1835)*, Berlin 1976

Meusel 1781 Johann Georg Meusel (Hrsg.), *Miscellaneen artistischen Inhalts, Siebentes Heft*, Erfurt 1781

Meusel 1785 Johann Georg Meusel (Hrsg.), *Miscellaneen artistischen Inhalts, Zwey und zwanzigstes Heft*, Erfurt 1785

Meusel 1787–1788 Johann Georg Meusel (Hrsg.), *Museum für Künstler und für Kunstliebhaber oder Fortsetzung der Miscellaneen artistischen Inhalts*, Bd. 1, Mannheim 1787–1788

Meusel 1789–1792 Johann Georg Meusel (Hrsg.), *Museum für Künstler und für Kunstliebhaber oder Fortsetzung der Miscellaneen artistischen Inhalts*, Bd. 2–3, Mannheim 1789–1792

Meusel 1804 Johann Georg Meusel, *Archiv für Künstler und Kunstfreunde*, Dresden 1804

Meyer 1783 Julius Meyer, *Allgemeines Künstler-Lexikon*, Bd. 11, Leipzig 1783

Meyer 1792 Friedrich Johann Lorenz Meyer, *Darstellungen aus Italien*, Berlin 1792

Meyer 1801 Friedrich Johann Lorenz Meyer, *Skizzen zu einem Gemälde von Hamburg. Von dem Verfasser der Darstellungen aus Italien*, Drittes Heft, Hamburg 1801

Meyer 2005 Johann Valentin Meyer, *Kindheit und Schuljahre auf dem Johanneum. Erinnerungen von Senator Johann Valentin Meyer (1745–1811)*, in: Hamburgische Geschichts- und Heimatblätter, Bd. 15, Heft 3, Hamburg 2005, S. 53–60

MGG *Die Musik in Geschichte und Gegenwart. Allgemeine Enzyklopädie der Musik begründet von Friedrich Blume. Zweite, neu bearbeitete Ausgabe hrsg. von Ludwig Finscher*, 26 Bde. in zwei Teilen, Kassel 1994 ff.

Michel 1984 Petra Michel, *Christian Wilhelm Ernst Dietrich (1712–1774) und die Problematik des Eklektizismus*, München 1984

Miesner 1934 Heinrich Miesner, *Graf v. Keyserlingk und Minister v. Happe, zwei Gönner der Familie Bach*, in: Bach-Jahrbuch 1934, S. 101–115

Miesner 1936 Heinrich Miesner, *Bach-Gräber im Ausland*, in: Bach-Jahrbuch 1936, S. 109–114

Miesner 1937 Heinrich Miesner, *Aus der Umwelt Philipp Emanuel Bachs*, in: Bach-Jahrbuch 1937, S. 132–143

Miesner 1938 Heinrich Miesner, *Philipp Emanuel Bachs musikalischer Nachlaß. Vollständiger, dem Original entsprechender Neudruck des Nachlaßverzeichnisses von 1790* [Teil 1], in: Bach-Jahrbuch 1938, S. 103–136

Miesner 1939 Heinrich Miesner, *Philipp Emanuel Bachs musikalischer Nachlaß. Vollständiger, dem Original entsprechender Neudruck des Nachlaßverzeichnisses von 1790* [Teil 2], in: Bach-Jahrbuch 1939, S. 81–112

Miesner 1940–1948 Heinrich Miesner, *Philipp Emanuel Bachs musikalischer Nachlaß. Vollständiger, dem Original entsprechender Neudruck des Nachlaßverzeichnisses von 1790* [Teil 3], in: Bach-Jahrbuch 1940–1948, S. 161–181

Müller 1857 Friedrich Müller, *Künstler aller Zeiten und Völker oder Leben und Werke der berühmtesten Baumeister, Bildhauer, Maler, Kupferstecher, Formschneider, Lithographen etc.*, 4 Bde., Stuttgart 1857–1870

Müller 1976 Friedrich (Maler) Müller, *Idyllen*, Leipzig 1976

Nagler 1835 Georg Kaspar Nagler, *Neues allgemeines Künstlerlexikon oder Nachrichten von dem Leben und den Werken der Maler, Bildhauer, Baumeister, Kupferstecher, Lithographen, Formschneider, Zeichner, Medailleure, Elfenbeinarbeiter etc.*, 22 Bde., München 1835–1852, 1. Bd. 1835

NDB *Neue deutsche Biographie*, 22 Bde., Berlin 1953 ff.

Neidhardt 2005 Hans Joachim Neidhardt, *Caspar David Friedrich und die Malerei der Dresdner Romantik. Aufsätze und Vorträge*, Leipzig 2005

Neue Bibliothek *Neue Bibliothek der schönen Wissenschaften und der freyen Künste*, Leipzig, 1765–1806

Nicolai 1786 Friedrich Nicolai, *Nachrichten von den Baumeistern, Bildhauern, Kupferstechern, Malern ... welche vom dreyzehnten Jahrhunderte bis jetzt in und um Berlin sich aufgehalten haben und deren Kunstwerke zum Theil daselbst noch vorhanden sind*, Berlin und Stettin 1786

Noack 1907 Friedrich Noack, *Deutsches Leben in Rom 1700–1900*, Stuttgart 1907

Noack 1927 Friedrich Noack, *Das Deutschtum in Rom seit dem Ausgang des Mittelalters*, 2 Bde., Stuttgart 1927

NV 1790 *Verzeichniß des musikalischen Nachlasses des verstorbenen Capellmeisters Carl Philipp Emanuel Bach*, Hamburg 1790
Faksimile in: *Carl Philipp Emanuel Bach, Autobiography & Verzeichniß des Musikalischen Nachlasses*, hrsg. von William S. Newman, Buren 1991 (Facsimiles of Early Biographies. 4.)
Siehe auch den Abdruck in Miesner 1938, 1939 und 1940–1948.

Oeser 1779 Adam Friedrich Oeser, *Schreiben an Herrn von Hagedorn, Churfürstlich Sächsischen geheimen Legationsrath und General=Director der Akademien der bildenden Künste*, Leipzig 1779

Oeser 1780 Adam Friedrich Oeser, *Lettre a Monsieur de Hagedorn, Conseiller privé de Legation de S. A. S. Electorale de Saxe et Directeur general des Academies des Beaux-Arts à Dresde et à Leipzig*, Leipzig 1780

Oeser 1999 Stiftung Weimarer Klassik (Hrsg.), *Die Wandbilder Adam Friedrich Oesers im Roten Turm von Belvedere*, Weimar 1999

Ottenberg 1982 Hans-Günter Ottenberg, *Carl Philipp Emanuel Bach*, Leipzig 1982

Ottenberg 1994 Hans-Günter Ottenberg, *Carl Philipp Emanuel Bach: Spurensuche. Leben und Werk in Selbstzeugnissen und Dokumenten seiner Zeitgenossen*, Leipzig 1994

Panofsky 1978 Erwin Panofsky, *Et in Arcadia ego. Poussin und die Tradition des Elegischen*, in: Erwin Panofsky, *Sinn und Deutung in der bildenden Kunst*, Köln 1978

Pauli 1925 Gustav Pauli, *Die Kunst des Klassizismus und der Romantik*, Berlin 1925, 2. Aufl. 1931 (Propyläen-Kunstgeschichte. 14.)

Ponert 1988 Dietmar Jürgen Ponert, *Johann Sebastian Bach (der Jüngere). Anmerkungen zu dem früh verstorbenen Zeichner*, in: Carl Philipp Emanuel Bach 1714–1788, hrsg. vom Staatlichen Institut für Musikforschung – Preußischer Kulturbesitz, Berlin 1988, S. 53–57

Preißler 1747 Johann Daniel Preißler, *Gründliche Anleitung, welcher man sich im Nachzeichnen schöner Landschafften oder Prospecten bedienen kan, den Liebhabern der Zeichen-Kunst mitgetheilet und eigenhändig in Kupffer gebracht von Johann Daniel Preißler, der allhiesigen Mahler-Academie Director, auch bey ihme zu finden*, in Nürnberg, 3. Auflage, Nürnberg 1747

Rabener 1777 Gottlieb Wilhelm Rabeners sämmtliche Schriften. Sechs Theile. I. Leben des Verfaßers, Leipzig 1777

Rabener 1817 Gottlieb Wilhelm Rabener, *Etui-Bibliothek der Deutschen Classiker. No. XIII. Rabeners Satyren, Zweyte Etui-Ausgabe*, Aachen 1817

Racknitz 1811 Joseph Friedrich Freiherr zu Racknitz, *Skizze einer Geschichte der Künste, besonders der Malerei in Sachsen*, Dresden 1811

Riemer 1950 Otto Riemer, *Johann Sebastian Bach II – Ein Gedenkblatt für den jüngsten Sohn Philipp Emanuels*, in: Musica 1950, S. 270–273

Rittner 1807–1808 Heinrich Rittner, *Dresden mit seinen Prachtgebäuden und schönsten Umgebungen*, Dresden 1807–1808

Rochlitz 1800 Friedrich Rochlitz, *Anekdoten*, in: Allgemeine Musikalische Zeitung, Nr. 48, 27. August 1800, Sp. 829 f.

Rochlitz 1868 Friedrich Rochlitz, *Für Freunde der Tonkunst*, Bd. 4, 3. Aufl., Leipzig 1868

Roettgen 1999 Steffi Roettgen, *Anton Raphael Mengs (1728–1779)*, Band 1: *Das malerische und zeichnerische Werk*, München 1999

Roettgen 2003 Steffi Roettgen, *Anton Raphael Mengs (1728–1779)*, Band 2: *Leben und Wirken*, München 2003

Scheyer 1958 Ernst Scheyer, *Christoph Nathe und die Landschaftskunst des ausgehenden 18. Jahrhunderts*, Würzburg 1958

Scheyer 1965 Ernst Scheyer, *Schlesische Malerei der Biedermeierzeit*, Frankfurt/Main 1965

Schmid 1998 F. Carlo Schmid, *Naturansichten und Ideallandschaften. Die Landschaftsgraphik von Johann Christian Reinhart und seinem Umkreis*, Berlin 1998

Schnapp 1963 Friedrich Schnapp, *Nur ein Brief*, in: Festschrift für Friedrich Smend zum 70. Geburtstag, Berlin 1963, S. 93–94

Schuchardt 1848 Christian Schuchardt, *Goethe's Kunstsammlungen*, 3 Bde., Jena 1848, Reprint, Hildesheim 1976

Schulze 1940 Friedrich Schulze, *Adam Friedrich Oeser und die Gründung der Leipziger Akademie*, Leipzig 1940

Schulze 1944 Friedrich Schulze, *Adam Friedrich Oeser, der Vorläufer des Klassizismus*, Leipzig 1944

Schulze Altcappenberg 1987 Hein-Thomas Schulze Altcappenberg, *„Le Voltaire de l'art". Johann Georg Wille (1715–1808) und seine Schule in Paris. Studien zur Künstler- und Kunstgeschichte der Aufklärung. Mit einem Werkverzeichnis der Zeichnungen von Johann Georg Wille und einem Auswahlkatalog der Arbeiten seiner Schüler von Aberli bis Zingg*, Münster 1987

Seiler/Vogel/Wegner 1995 Rolf H. Seiler/Gerd-Helge Vogel/Reinhard Wegner, *Der Traum vom irdischen Paradies. Die Landschaftskunst des Jakob Philipp Hackert*, Fischerhude 1995

Singer 1930–1936 Hans Wolfgang Singer (Hrsg.), *Allgemeiner Bildniskatalog*, 14 Bde., Leipzig 1930–1936 (Nachdruck Stuttgart 1967)

Sitte 1925 Heinrich Sitte, *Johann Sebastian Bach als „Legende" erzählt*, Berlin 1925

Sitte 1931 Heinrich Sitte, *Johann Sebastian Bach als „Legende" erzählt*, 2. verbesserte Aufl., Innsbruck 1931 (mit 3 Abb. von Bach d. J. sowie einem Portrait Bachs d. J. von Oeser)

Spitzer 1998 Gerd Spitzer, *Ludwig Richter: Die Überfahrt am Schreckenstein. Ein Lebensschiff im Strom der Zeit*, Dresden 1998

Stechow 1961 Wolfgang Stechow, *Johann Sebastian Bach the Younger*; in: Millard Meiss (Hrsg.), Essays in Honor of Erwin Panofsky, 2 Bde., New York 1961

Steinová 1999 Nataša Steinová, *Veduty Českosaského Švýcarska*, Děčín 1999

Stengel 1822 Stephan Freiherr von Stengel, *Catalogue raisonné des estampes de Ferdinand Kobell*, Nürnberg 1822

Stübel 1912 Moritz Stübel, *Christian Ludwig von Hagedorn. Ein Diplomat und Sammler des 18. Jahrhunderts*, Leipzig 1912

Stübel 1920 Moritz Stübel (Hrsg.), *Chodowiecki in Dresden und Leipzig. Das Reisetagebuch des Künstlers vom 27. Oktober bis 15. November 1773*, 2. Aufl., Dresden 1920

Suchalla 1993 Ernst Suchalla (Hrsg.), *Carl Philipp Emanuel Bach im Spiegel seiner Zeit. Die Dokumentensammlung Johann Jacob Heinrich Westphals*, Hildesheim 1993 (Studien und Materialien zur Musikwissenschaft. 8.)

Suchalla 1994 Ernst Suchalla (Hrsg.), *Carl Philipp Emanuel Bach. Briefe und Dokumente. Kritische Gesamtausgabe*, 2 Bde., Göttingen 1994 (Veröffentlichungen der Joachim-Jungius-Gesellschaft der Wissenschaften Hamburg. 80.)

Sulzer 1772 Johann Georg Sulzer, *Die Schönen Künste, in ihrem Ursprung, ihrer wahren Natur und besten Anwendungen*, Leipzig 1772

Sulzer 1773 Johann Georg Sulzer, *Von der Kraft (Energie) in den Werken der schönen Künste*, in: Johann Georg Sulzers vermischte Philosophische Schriften. Aus den Jahrbüchern der Akademie der Wissenschaften zu Berlin gesammelt, Leipzig 1773, S. 122–145

Sulzer 1774 Johann Georg Sulzer, *Allgemeine Theorie der schönen Künste in einzeln, nach alphabethischer Ordnung der Kunstwörter auf einander folgenden Artikeln abgehandelt*, 2 Bde., Leipzig 1774

Thieme/Becker Ulrich Thieme/Felix Becker, *Allgemeines Lexikon der bildenden Künstler von der Antike bis zur Gegenwart*, 37 Bde., Leipzig 1907–1950, Bd. 1, Leipzig 1908

Thomson 1745 *Herrn B. H. Brockes, Com. Palat. Caes. und Raths=Herrn der Kayserl. freyen Reichs=Stadt Hamburg, aus dem Englischen übersetzte Jahres=Zeiten des Herrn Thomson. Zum Anhange des Irdischen Vergnügens in Gott. Mit Kupfern*, Hamburg 1745; Faksimile New York, London 1972 (Classics in Germanic Literatures and Philosophy)

Thomson o. J. *Die Jahreszeiten. Nach Thomson. In Musik gesetzt von Joseph Haydn, Doctor der Tonkunst*, Wien o. J.

Thomson 1822 *Jakob Thomson's Jahreszeiten. Metrisch verdeutscht von Friedrich Schmitthenner*, Zwickau 1822 (Taschenbibliothek der ausländischen Klassiker, in neuen Verdeutschungen, Bd. 37–38)

Vignal 1999 Marc Vignal, *Die Bach-Söhne. Wilhelm Friedemann – Carl Philipp Emanuel – Johann Christoph Friedrich – Johann Christian*, Laaber 1999

Vrieslander 1923 Otto Vrieslander, *Carl Philipp Emanuel Bach*, München 1923, S. 32

Weiße 1776–1780 Christian Felix Weiße, *Trauerspiele von C. F. Weiße*, 5 Bde., Leipzig 1776–1780

Weiße 1776, 1[–4] Christian Felix Weiße, *Trauerspiele von C. F. Weiße. Erster [bis Vierter] Theil*, Leipzig 1776

Weiße 1777, 1[–3] Christian Felix Weiße, *Komische Opern, Erster [bis Dritter] Theil*, Frankfurt und Leipzig 1777

Wieland 1768 Christoph Martin Wieland, *Musarion oder Die Philosophie der Grazien: ein Gedicht in drey Büchern*, Leipzig 1768

Wiermann 2000 Barbara Wiermann (Hrsg.), *Carl Philipp Emanuel Bach: Dokumente zu Leben und Wirken aus der zeitgenössischen Hamburgischen Presse (1767–1790)*, Hildesheim 2000 (Leipziger Beiträge zur Bach-Forschung. 4.)

Wolff et al. 1993 Christoph Wolff/Walter Emery, u. a., *Die Bach-Familie. Aus dem Englischen von Christoph Wolff und Bettina Obrecht*, Stuttgart 1993

Wustmann 1907 Gustav Wustmann, *Lebensbeschreibung Johann Sebastian Bachs*, in: Wissenschaftliche Beilage der Leipziger Zeitung, Leipzig 1907, Nr. 8

Wustmann 1907 (Kupferstich) Gustav Wustmann, *Der Leipziger Kupferstich im 16., 17. und 18. Jahrhundert*, in: Neujahrsblätter der Bibliothek und des Archivs der Stadt Leipzig, Jg. 3, Leipzig 1907

Wustmann 1909 Gustav Wustmann, *Ein Enkel Johann Sebastian Bachs*, in: Gustav Wustmann, Aus Leipzigs Vergangenheit. Gesammelte Aufsätze, 3. Reihe, Leipzig 1909, S. 289–307

Zybok 2006 Oliver Zybok, *Zur Aktualität des Idyllischen*, in: Kunstforum International, Bd. 179, Februar–April 2006

Ausstellungs-, Verkaufs- und Sammlungskataloge

Ausst.Kat. Bautzen 2005 *Im Reich der schönen, wilden Natur. Der Landschaftszeichner Heinrich Theodor Wehle 1778–1805. Ausstellungen im Sorbischen Museum Bautzen vom 4. September bis 13. November 2005, in der Anhaltischen Gemäldegalerie Dessau vom 27. November 2005 bis 22. Januar 2006 und im Kulturhistorischen Museum Görlitz vom 3. Februar bis 2. April 2006. Katalog*, Bautzen 2005

Ausst.Kat. Coburg 1970 Heino Maedebach, *Ausgewählte Handzeichnungen von 100 Künstlern aus fünf Jahrhunderten 15.–19. Jahrhundert. Aus dem Kupferstichkabinett der Veste Coburg. Ausstellung anlässlich des 50. Wiederkehr des Anschlusses Coburgs an Bayern. Katalog*, Coburg 1970

Ausst.Kat. Dessau 1996 Norbert Michels (Hrsg.), *„... Waren nicht des ersten Bedürfnisses, sondern des Geschmacks und des Luxus". Zum 200. Gründungstag der Chalkographischen Gesellschaft Dessau. Ausstellung in der Anhaltischen Gemäldegalerie Dessau, Museum Schloss Mosigkau, 5. Oktober bis 17. November 1996. Katalog*, Weimar 1996

Ausst.Kat. Dresden 1998 Angelika Weißbach, Werkverzeichnis Eduard Leonhardi, Dresden 1998

Ausst.Kat. Dresden 2002 Harald Marx (Hrsg.), Die schönsten Ansichten aus Sachsen. Johann Alexander Thiele 1685–1752 zum 250. Todestag. Katalog der Gemälde in der Dresdener Gemäldegalerie Alte Meister. Mit einem Verzeichnis der Zeichnungen und Radierungen im Dresdener Kupferstich-Kabinett. Ausstellung im Georgenbau des Dresdener Schlosses vom 27. April bis 27. Oktober 2002 und im Angermuseum Erfurt vom 10. November 2002 bis 21. April 2003, Dresden 2002

Ausst.Kat. Dresden 2004 Gerd Spitzer/Ulrich Bischoff (Hrsg.), Ludwig Richter. Der Maler. Ausstellung zum 200. Geburtstag. Staatliche Kunstsammlungen Dresden, Galerie Neue Meister, 27. September 2003 bis 4. Januar 2004, Bayerische Staatsgemäldesammlungen, München, Neue Pinakothek, 22 Januar bis 25. April 2004. Katalog, Dresden 2004

Ausst.Kat. Frankfurt/Main 1994 Sabine Schulze (Hrsg.), Goethe und die Kunst. Ausstellung in der Schirn-Kunsthalle Frankfurt, 21. Mai 1994 bis 7. August 1994, Kunstsammlungen zu Weimar, 1. September 1994 bis 30. Oktober 1994. Katalog, Ostfildern 1994

Ausst.Kat. Heidelberg 1980 Klaus Stichweh, Der Zeichner Johann Sebastian Bach und sein Umkreis. Ausstellung des Kurpfälzischen Museums Heidelberg zur V. Heidelberger Bachwoche vom 4.6.–29.6.1980. Katalog, Heidelberg 1980

Ausst.Kat. Hildesheim 1992 Manfred Boetzkes, Georg Striehl (Hrsg.), Christoph Heinrich Kniep – Zeichner an Goethes Seite. Zwischen Klassizismus, Realismus und Romantik. Ausstellung Roemer-Museum Hildesheim. Katalog, Hildesheim 1992

Ausst.Kat. Karlsruhe 1991 Dieter Gleisberg (Hrsg.), Kunstschätze aus Sachsen. Meisterwerke aus Leipziger Museen vom Mittelalter bis zur Gegenwart. Ausstellung der Städtischen Galerie im Prinz-Max-Palais Karlsruhe vom 6. April bis 30. Juni 1991. Katalog, Karlsruhe 1991

Ausst.Kat. Karlsruhe 1999 Axel Klumpp, Vertraute Fernen. Landschaftsradierungen des 17. Jahrhunderts aus dem Besitz der Staatlichen Kunsthalle Karlsruhe. Ausstellung 21. November 1998 bis 31. Januar 1999, Staatliche Kunsthalle Karlsruhe. Katalog, Karlsruhe 1999

Ausst.Kat. Köln 1984 Heroismus und Idylle. Formen der Landschaft um 1800 bei Jacob Philipp Hackert, Joseph Anton Koch und Johann Christian Reinhart. Ausstellung im Wallraf-Richartz-Museum Köln, 18. Mai bis 15. Juli 1984. Katalog, Köln 1984

Ausst.Kat. Leipzig 1965 500 Jahre Kunst in Leipzig, Ausstellung zur 800-Jahrfeier der Stadt Leipzig vom 30. September bis 31. Dezember 1965. Katalog, Leipzig 1965

Ausst.Kat. Leipzig 1985 Susanne Heiland, Kunst der Bachzeit. Malerei und Zeichnung aus Sammlungen der DDR. Ausstellung anlässlich des 300. Geburtstages von Johann Sebastian Bach im Museum der Bildenden Künste Leipzig, 8. März bis 21. April 1985. Katalog, Leipzig 1985

Ausst.Kat. Leipzig 1998 Maria Hübner, Der Zeichner Johann Sebastian Bach d. J. 1748–1778. 40. Sonderausstellung vom 18. Juni bis 11. Oktober 1998 im Bach-Museum des Bach-Archivs Leipzig. Faltblatt, Leipzig 1998

Ausst.Kat. Moritzburg 1992 Museum Schloss Moritzburg (Hrsg.), Vom Jagen. Verzeichnis der Ausstellungsobjekte der Sonderausstellung im Museum Schloß Moritzburg vom 29.5. bis 30.8.1992, Moritzburg 1992

Ausst.Kat. München 1958 Deutsche Zeichenkunst der Goethezeit. Handzeichnungen und Aquarelle aus der Sammlung Winterstein, München. Ausstellungen in der Staatlichen Graphischen Sammlung München, im Germanischen National-Museum Nürnberg, in der Hamburger Kunsthalle und im Kurpfälzischen Museum Heidelberg April bis November 1958. Katalog, München 1958

Ausst.Kat. München 1997 Hinrich Sieveking, Von Füssli bis Menzel. Aquarelle und Zeichnungen der Goethezeit aus einer Münchner Privatsammlung, München, New York 1997

Ausst.Kat. New York 1894 American Art Galleries, 3 May 1894, New York 1894, No. 95 1/2

Ausst.Kat. Nürnberg 1992 Gerhard Bott (Hrsg.), Künstlerleben in Rom. Bertel Thorwaldsen (1770–1844). Der dänische Bildhauer und seine deutschen Freunde. Ausstellung im Germanischen Nationalmuseum Nürnberg, vom 1. Dezember 1991 bis 1. März 1992. Katalog, Nürnberg 1992

Ausst.Kat. Padua/Dresden 2001 Steffi Roettgen (Hrsg.), Mengs. Die Erfindung des Klassizismus. Katalog zu den Ausstellungen in Padua und Dresden 2001, München 2001

Ausst.Kat. Sondershausen 2003 Schlossmuseum Sondershausen (Hrsg.), „Wie über die Natur die Kunst des Pinsels steigt". Johann Alexander Thiele (1685–1752). Thüringer Prospekte und Landschafts-Inventionen. Ausstellung im Schlossmuseum Sondershausen vom 11. Mai bis zum 22. Juni 2003 und im Schlossmuseum Arnstadt vom 5. Juli bis zum 17. August 2003. Katalog, Weimar 2003

Ausst.Kat. Stuttgart 1999 Corinna Höper, in Zusammenarbeit mit Jeanette Stoschek und Stefan Henlein, Giovanni Battista Piranesi. Die poetische Wahrheit. Ausstellung in der Graphischen Sammlung der Staatsgalerie Stuttgart vom 27. März bis 27. Juni 1999. Katalog, Stuttgart 1999

Ausst.Kat. Weimar 1997 Hermann Mildenberger, Im Blickfeld der Goethezeit. Aquarelle und Zeichnungen aus dem Bestand der Kunstsammlungen zu Weimar. Ausstellung Kunstsammlungen zu Weimar vom 7.12.1997 bis 29.3.1998, im Germanischen Nationalmuseum Nürnberg vom 25.3. bis 13.6.1999. Katalog, Weimar, Berlin 1997

Ausst.Kat. Wyoming 1957 Wyoming Valley Art League, Master Drawings from the Collections of the CUM October 11–25, 1957, Wyoming 1957

Ausst.Kat. Zürich 1991 Martin Bircher, Gisold Lammel und Nicolas Baerlocher, Helvetien in Deutschland. Schweizer Kunst aus Residenzen deutscher Klassik 1770–1830. Eine Ausstellung der Präsidialabteilung der Stadt Zürich in Zusammenarbeit mit den Kunstsammlungen zu Weimar. Strauhof Zürich, 25. Oktober 1990 bis 6. Januar 1991, Hällisch-Fränkisches Museum Schwäbisch Hall, 19. Januar bis 3. März 1991. Katalog, Zürich 1991

Slg.Kat. Berlin 1975 Gemäldegalerie Berlin, Staatliche Museen Preußischer Kulturbesitz, Katalog der ausgestellten Gemälde des 13.–18. Jahrhunderts, Berlin 1975

Slg.Kat. Dresden 1987 Gemäldegalerie Neue Meister. 19. und 20. Jahrhundert. Bestandskatalog und Verzeichnis der beschlagnahmten, vernichteten und vermißten Gemälde, Dresden 1987

Slg.Kat. Dresden 2005 I, II Harald Marx (Hrsg.), Staatliche Kunstsammlungen Dresden, Gemäldegalerie Alte Meister, Illustrierter Katalog in zwei Bänden. Band I: Die ausgestellten Werke, Band II: Illustriertes Gesamtverzeichnis, Köln 2005

Slg.Kat. Dresden 2005 Gisbert Portsmann (Hrsg.), Städtische Galerie Dresden, Führer durch die Sammlung der Gemälde, München 2005

Slg.Kat. Hamburg 1956 Katalog der Alten Meister der Hamburger Kunsthalle, Hamburg 1956

Slg.Kat. Hamburg 1967 Wolf Stubbe (Hrsg.), Hundert Meisterzeichnungen der Hamburger Kunsthalle 1500 bis 1800, Hamburg 1967 (Bilderhefte der Hamburger Kunsthalle. 5.)

Slg.Kat. Hamburg 1989 Schaar, Eckhard (Hrsg.), Hamburger Kunsthalle, Von Dürer bis Baselitz. Deutsche Zeichner aus dem Kupferstichkabinett der Hamburger Kunsthalle, Hamburger Kunsthalle, 10. März bis 23. April 1989. Katalog, Hamburg 1989

Slg.Kat. Kiel 1982 Renate Paczkowski, Stiftung Pommern, Katalog der Gemälde, Kiel 1982

Slg.Kat. Köln 1899 Heinrich Kaspar Lempertz, Goethe im Mittelpunkte seiner Zeit, Verzeichniß der Goethesammlung H. Lempertz sen., Köln 1899

Slg.Kat. Leipzig 1990 Dieter Gleisberg (Hrsg.), Meisterzeichnungen. Museum der Bildenden Künste, kommentiert von Karl-Heinz Mehnert, Leipzig 1990

Slg.Kat. London 1994 Antony Griffiths/Frances Carey, German Printmaking in the Age of Goethe, Published for the Trustees of the British Museum by British Museum Press, London 1994

Slg.Kat. München 1997 Hinrich Sieveking, Von Füssli bis Menzel. Aquarelle und Zeichnungen der Goethezeit aus einer Münchner Privatsammlung (anläßlich der vom Busch-Reisinger Museum, Harvard University Art Museums, organisierten gleichnamigen Ausstellung in den Kunstsammlungen Weimar vom 22. Juni bis 31. August 1997, im Haus der Kunst, München, vom 7. September bis 9. November 1997 und im Städelschen Kunstinstitut Frankfurt am Main, vom 26. November 1997 bis 19. Januar 1998), München und New York 1997

Slg.Kat. Regensburg 1993 Gerhard Leistner, Gang durch die Sammlung. Museum Ostdeutsche Galerie: Gemälde, Skulpturen und Objekte, Regensburg 1993

Slg.Kat. Schwerin 1980 Ingrid Möller, Deutsche Zeichnungen 16. bis 18. Jahrhundert, eigene Bestände, Staatliches Museum Schwerin, Schwerin 1980

Slg.Kat. Weimar 1994 Rolf Bothe u.a., Kunstsammlungen zu Weimar. Schlossmuseum, Gemäldegalerie, München 1994

Slg.Kat. Weimar 1997 Norbert Miller, Claudia Nordhoff u.a., Lehrreiche Nähe. Goethe und Hackert. Bestandsverzeichnis der Gemälde und Graphik Jakob Philipp Hackerts in den Sammlungen des Goethe-Nationalmuseums Weimar. Briefwechsel zwischen Goethe und Hackert. Kunsttheoretische Aufzeichnungen aus Hackerts Nachlaß, München 1997

Slg.Kat. Wien 1997 Maren Gröning/Marie Luise Sternath, Die deutschen und Schweizer Zeichnungen des späten 18. Jahrhunderts. Beschreibender Katalog der Handzeichnungen in der Graphischen Sammlung Albertina, Wien, Köln und Weimar 1997

Slg.Kat. Wolfenbüttel 1986 Peter Mortzfeld, Katalog der graphischen Porträts in der Herzog-August-Bibliothek Wolfenbüttel. Reihe A: Die Porträtsammlung der Herzog-August-Bibliothek Wolfenbüttel, Bd. 1, München, London, New York, Oxford, Paris 1986 ff.

Verk.Kat. Dohna o. J. I Woldemar Kunis, Original-Aquarelle, Handzeichnungen alter und neuer Meister. Dohna, Bezirk Dresden o. J.

Verk.Kat. Dohna o. J. II Woldemar Kunis, Original-Aquarelle und Handzeichnungen alter und neuer Meister. Lagerkatalog 2, Dohna/Sachsen, o. J.

Verk.Kat. Düsseldorf 2001 C. G. Boerner GmbH (Hrsg.), Daniel Nikolaus Chodowiecki (1726–1801) und seine Zeit. Zum 200. Todestag des Künstlers, Düsseldorf 2001

Verk.Kat. Frankfurt/Main 1989 Christian Wilhelm Ernst Dietrich, genannt Dietricy, Sammlungen Fürsten von Liechtenstein, Fürst zu Fürstenberg, Donaueschingen, Kunsthandlung Helmut H. Rumbler. Katalog Nr. 24, Frankfurt/Main 1989

Verk.Kat. Hamburg 1812 Verzeichniss der von dem verstorbenen Herrn Johann Valentin Meyer weiland Senator hierselbst nachgelassenen berühmten Sammlung von Original-Handzeichnungen und Kupferstichen aus allen Schulen deren öffentlicher Verkauf am Dienstag, den 15. December d. J. und folgenden Tagen durch den Kaiserl. Notair Herrn Langhans und die Makler Joh. Noodt und P. H. Pakischefsky auf dem Börsen-Saale hieselbst Statt haben wird. Hamburg 1812

Verk.Kat. Hamburg 1818 Verzeichniss der wohlbekannten, sehr beträchtlichen Sammlung Original-Hand-Zeichnungen der vorzüglichsten Meister aller Schulen von dem ohnlängst verstorbenen Herrn Gerhard Joachim Schmidt deren öffentlicher Verkauf am 16. November d. J. und folgende Tage statt haben wird durch den Makler Johannes Noodt, Catalog XXXI, Hamburg 1818

Verk.Kat. Hamburg 1836 Verzeichniss einer, von einem ohnlängst verstorbenen Kunstkenner hinterlassenen Sammlung zum grösstentheile werthvoller, von älteren Meistern gefertigter Handzeichnungen und Kupferstiche, gefasst und ungefasst, die am 22. April und folgende Tage (...) verkauft werden durch den Makler Johannes Noodt, Catalog XCV, Hamburg 1836

Verk.Kat. Leipzig 1792 Auctions-Cataloge der bei Carl Christ. Heinrich Rost verkauften Kunstsachen. Teil Nr. XI: Anzeige einer ansehnlichen Kupferstich-Sammlung alter, neuer und seltener Blätter berühmter Meister, nebst einigen Handzeichnungen, Gemählden, Kupferstichenwerken und vielen Kupferstichen unter Glas und Rahm (Auktion 1. Februar 1792), Leipzig 1792

Verk.Kat. Leipzig 1800 Auctions-Cataloge der bei Carl Christ. Heinrich Rost verkauften Kunstsachen. Teil Nr. XIX: Verzeichnis einer ansehnlichen Kupferstich-Sammlung alter, neuer und seltener Blätter berühmter Meister, Handzeichnungen und Kupferstichwerke, deren erste Partie aus dem Oesersche Nachlasse kommt, nebst einer Landkartensammlung (Auktion 3. Februar 1800), Leipzig 1800

Verk.Kat. Leipzig Rost 1802 Auctions-Cataloge der bei Carl Christ. Heinrich Rost verkauften Kunstsachen. Teil Nr. XXII: Verzeichnis eines ansehnlichen Kupferstich-Kabinets, enthaltend eine Sammlung von Stichen alter und neuer berühmter Meister aus allen Schulen, vom Anfange der Kunst bis auf gegenwärtige Zeit, nebst einem Anhange von Kupferstichen aller Schulen, einer starken Portraitsammlung, Handzeichnungen, Gemählden in Oehl und Wasserfarben und Kunstbüchern (Auktion 1. März 1802), Leipzig 1802

Verk.Kat. Leipzig Winckler 1802 Catalogue raisonné du Cabinet d'Estampes de feu Monsieur Winckler, Banquieur et Membre du Senat à Leipzig, contenant une Collection des Pieces anciennes et modernes de tout les Écoles, dans une suite d'Artistes depuis l'origine de l'art de graver jusqu' à nos jours. Par Michel Huber. Tome premier, divisé en deux parties, renfermant l' ecole allemande (Auktion 1. März 1802), Leipzig 1802

Verk.Kat. Leipzig 1848 Verzeichnis der von ... Geyser und ... Duttenhofer hinterlassenen Sammlungen, ... welche, nebst mehrerer Anderer Beiträge von schönen Kunstblättern, unter welchen sich eine reiche Sammlung Longhi'scher Arbeiten befindet, am 16. Febr. 1848 in Leipzig ... öffentlich versteigert werden, Leipzig 1848

Verk.Kat. München 1997 Das Tocco-Album. 60 Zeichnungen von Christoph Heinrich Kniep (1755–1825). Katalog des Auktionshauses Schneider-Henn zur Auktion am 13. Juni 1997, München 1997

Verk.Kat. München 2000 Galerie Arnoldi-Livie, Deutsche Zeichnungen und Ölstudien 1600–1920. 30 Neuerwerbungen, Herbst 2000 (Katalog Nr. 22), München 2000

Verk.Kat. Nürnberg 1809 Catalog über die von Johann Friedrich Frauenholz & Co. herausgegebenen Kupferstiche und Kunstwerke, Nürnberg 1809 (Reprint in Luther 1988)

Kurzbiographien ausgewählter Künstler

Bause, Johann Friedrich
(1738 Halle – 1814 Weimar)
Kupferstecher, v. a. von Porträts berühmter deutscher Gelehrter, Dichter und verdienstvoller Bürger. Ab 1759 Ausbildung in der Schabkunst bei Johann Jakob Haid in Augsburg, lernte dort die Stiche des in Paris tätigen Johann Georg Wille kennen, der sein Vorbild wurde. Mit Wille wie auch mit Anton Graff, nach dessen Werken er 45 Porträts stach, war Bause eng befreundet; ebenso mit Oeser und Geyser. Ging 1760 nach Halle zurück, wo er 1763 heiratete. Wurde 1766 als Lehrer an die Leipziger Akademie berufen, wo er 40 Jahre lang als Kupferstichlehrer wirkte. Seitdem entstanden v. a. Porträts von bürgerlichen Gelehrten, Dichtern, Künstlern, Sammlern usw. Stach nach Vorlagen von 70 Künstlern, am häufigsten von Graff und Oeser.
Gab 1776 eine Folge von 12 Blättern zumeist in Aquatinta nach Zeichnungen von C. W. E. Dietrich, A. F. Oeser und J. S. Bach heraus. War vielseitiger, experimentierfreudiger Faksimilist.

Bause, Juliane Wilhelmine, verehelichte Löhr
(1768 Leipzig – 1837 Leipzig)
Landschaftszeichnerin, -radiererin und -kupferstecherin. Jüngere Tochter von J. F. Bause. Vor ihrer Verheiratung mit dem Leipziger Bankier Carl Eberhard Löhr schuf sie zehn Radierungen nach Landschaften von Waterloo, Saftleven, J. S. Bach, J. G. Wagner, Kobell und anderen, die sie 1791 in einer Folge zur Verbreitung im privaten Bekanntenkreis zusammenfasste: „Versuche im Radiren, der Frau Hauptmannin Löhr gewidmet von ihrer ganz ergebensten Juliane Wilhelmine Bause".

Becker, Wilhelm Gottlieb
(1753 Callenberg – 1813 Dresden)
Professor für Moralphilosophie und Geschichte an der Dresdner Ritterakademie. Er arbeitete als Schriftsteller, Übersetzer und Herausgeber.

Bellotto, Bernardo; genannt Canaletto
(1720 Venedig – 1780 Warschau)
Vedutenmaler und -radierer. Schüler seines Onkels Giovanni Antonio Canal (1697–1768) in Venedig. Ab 1748 Hofmaler in Dresden, 1764–1766 Akademieprofessor für Perspektive. Bereiste und malte Rom, Wien, München; 1768 Demission aus sächsischen Diensten, ab 1770 Hofmaler in Warschau.

Brauer, A. F.
Kupferstecher.

Geyser, Christian Gottlieb
(1742 Görlitz – 1803 Leipzig)
Kupferstecher, Radierer, Miniaturmaler. Sohn eines Geistlichen in Görlitz, wo er schon bei Johann Gottfried Schultz und Christian Benjamin Müller Zeichenunterricht nahm. Studierte an der Leipziger Universität Jura und nahm nebenher Zeichenunterricht bei Oeser, zu dessen erfolgreichsten Schülern er zählte. Arbeitete ab 1764 unter Aufsicht von Oeser als Hilfslehrer an der Leipziger Kunstakademie. Heiratete 1787 dessen jüngere Tochter Wilhelmine. Stach nach Vorlagen von Oeser, Friedrich Heinrich Füger, Daniel Chodowiecki, Jakob Wilhelm Mechau, J. S. Bach, Christoph Nathe und anderen

Künstlern. Schuf zahlreiche Vignetten und Buchillustrationen nach eigenen und fremden Entwürfen, darunter viele Titelbildnisse für die „Neue Bibliothek der schönen Wissenschaften" (1768–1785) und andere Periodika. Ab 1770 Mitglied der Dresdner Kunstakademie, ab 1780 der Oberlausitzischen Gesellschaft der Wissenschaften in Görlitz.

Grießmann (Griesmann, Grismann), Carl Wilhelm
(geboren um 1765, jung gestorben)
Leipziger Kupferstecher. Schüler von Bause, unter dessen Anleitung er Oesers Bach-Porträt stach. Stach nach Vorlagen verschiedener Künstler.

Hagedorn, Christian Ludwig von
(1712 Hamburg – 1780 Dresden)
Kunstgelehrter, -sammler, Diplomat und Autor, ab 1763 Generaldirektor der Dresdner Kunstakademie und der Dresdner Gemäldegalerie. Autodidaktischer Zeichner und Radierer von ungefähr 50 Landschaften im niederländischen Stil und Charakterköpfen. Freund u. a. von Winckelmann, Oeser, Daßdorf, Weiße und Rabener.

Hiller, Johann Adam
(1728 Wendisch-Ossig bei Görlitz – 1804 Leipzig)
Komponist, Dirigent, Kantor, Musikpädagoge und Musiktheoretiker. Nach Ausbildung am Görlitzer Gymnasium 1740–45 Studium in Leipzig und Dresden. In Leipzig Bekanntschaft mit Gottsched und Gellert, Freundschaft mit dem späteren Bürgermeister und seinem lebenslangen Förderer Carl Wilhelm Müller.

Hutin, Charles François
(1715 Paris – 1776 Dresden)
Bildhauer, Maler und Radierer. Ausbildung in Paris und ab 1736 für sieben Jahre in Rom, anschließend Mitglied der Pariser Académie Royale. Kam 1748 mit seinem Bruder, dem Bildhauer und Kupferstecher Pierre Hutin, an den sächsischen Hof. Wesentliche Mitarbeit am gestochenen Galeriewerk. Ab 1764 Direktor der Dresdner Kunstakademie. Schuf eine Folge von Radierungen mit pastoralen Szenen, Bacchanalen und arkadischen Landschaften. Malte Deckenfresko und Altarbild für die Heiliggeist-Kapelle der Dresdner Hofkirche, Supraporten im Dresdner Residenzschloss und Staffeleigemälde.

Klengel, Johann Christian
(1751 Kesselsdorf bei Dresden – 1824 Dresden)
Landschafts- und Tiermaler, Landschaftszeichner, Radierer und Lithograph. Nach Buchbinderlehre Zeichenausbildung an der Dresdner Kunstakademie; von 1768 bis 1774 Schüler von Dietrich. 1790–1792 Studienreise nach Italien. Nach jahrelanger Tätigkeit als Akademielehrer ab 1800 Professor für Landschaftsmalerei. Gab Radierungsfolgen mit Landschaften sowie eine Zeichenschule heraus, belieferte die Akademie-Ausstellung jährlich mit mehreren Landschaftsgemälden. Bildete eine große Zahl von Schülern aus.

Kobell, Ferdinand
(1740 Mannheim – 1799 München)
Maler und Radierer in Mannheim und München.

Kolbe, Carl Wilhelm, genannt „Eichenkolbe"
(1759 Berlin – 1835 Dessau)
Landschaftszeichner und -radierer in Dessau; Mitglied der Chalkographischen Gesellschaft. Schuf eigenwillige arkadische Landschaften, oft mit markanten Eichenbäumen, stach das Werk Salomon Geßners nach.

Krüger, Andreas Ludwig
(1743 Potsdam – um 1805)
Maler und Radierer. Kopierte Gemälde der Galerie in Sanssouci und schuf Potsdamer Stadtansichten. Ab 1777 Zeichner und Baukondukteur, später Oberbaurat beim Hofbauamt in Potsdam. Zeichenlehrer der preußischen Prinzen Friedrich Wilhelm und Louis.

Kütner, Samuel Gottlob
(1747 Wendisch-Ossig/Oberlausitz – 1828 Mitau)

Kupferstecher, Schüler von Bause. Erhielt auf Sulzers Empfehlung eine Anstellung am Akademischen Gymnasium in Mitau.

Lenz, Johann Philipp Wilhelm
(um 1788 Leipzig – 1856 Leipzig)
Kaufmann sowie dilettierender Landschaftsmaler und -radierer. Sohn eines Leipziger Universitätsschreibermeisters. Schüler von Carl Wizani (1767–1818). Schuf 50 Landschaftsradierungen, darunter 1824 eine sehr große Leipzig-Ansicht sowie Veduten aus der Leipziger Umgebung und dem Erzgebirge; radierte nach Klengel.

Mechau, Jakob Wilhelm
(1745 Leipzig – 1808 Dresden)
Landschaftsmaler, -radierer und Zeichner. Schüler des Leipziger Malers Benjamin Calau (1724–1784), der Berliner Akademie und Oesers in Leipzig. 1770–1773 in Dresden, wo Giovanni Battista Casanova ihn weiter anleitete, er mit Hagedorn bekannt wurde und sich mit Füger anfreundete. Ab 1775 Mitglied der Leipziger Akademie. Freund von Johann Gottfried Dyk, arbeitete eng mit Geyser zusammen. Neben Oeser bedeutendster Buchillustrator des sächsischen Frühklassizismus. Schuf in Leipzig Landschaften, Illustrationen und Vignetten. Reiste 1776 mit Füger nach Rom. 1780–1790 in Leipzig als freier Künstler tätig. 1790–1798 erneut in Rom, wo er mit Reinhart und Albert Christoph Dies „Mahlerisch radierte Prospekte aus Italien", Nürnberg 1799, schuf. 1798–1808 in Dresden, wo er Landschaften malte.

Mengs, Anton Raphael
(1728 Aussig/Böhmen – 1779 Rom)
Historienmaler und Porträtist in Öl und Pastell sowie Freskenmaler. Sohn von Ismael Mengs (1788–1764), der ihn von frühester Kindheit an und besonders 1741–44 in Rom streng zum Künstler ausbildete. Ab 1744 in Dresden, 1745 als Siebzehnjähriger als Hofmaler angestellt. Mehrfach lange Rom-Aufenthalte; hier Zusammenarbeit mit Winckelmann. 1760 nach Madrid, ab 1761 dort Hofmaler, zeitweise im Wettbewerb mit Tiepolo.

Nathe, Christoph
(1753 Niederbielau bei Görlitz – 1806 Schadewalde)
Landschaftszeichner und -radierer. Lernte bei Johann Gottfried Schultz (1734–1819) in Görlitz, Oeser in Leipzig und Klengel in Dresden. Reisen nach Böhmen, ins Riesengebirge, in den Harz und 1783–1784 in die Schweiz. Bis 1787 in Leipzig freischaffend, anschließend Zeichenlehrer in Görlitz bis 1798, wo u.a. Wehle sein Schüler war. Bis 1802 in Görlitz und anschließend in Lauban freischaffend tätig.

Oeser, Adam Friedrich
(1717 Preßburg – 1799 Leipzig)
Bildhauer, Maler, Zeichner, Radierer, Buchillustrator. Erster Unterricht bei Friedrich Kammauf in Preßburg, 1730–1739 Schüler von Jakob van Schuppen (1670–1751), Daniel Gran (1694–1757), Martin van Meytens in Wien und Georg Raphael Donner (1693–1741) in Preßburg. Ab 1739 in Dresden Schüler von Louis de Silvestre (1675–1760). 1756–1759 in Dahlen tätig, ab 1759 in Leipzig und dort ab 1764 Direktor der Akademie, Lehrer u.a. von Bach, Freystein, Goethe, Mechau, Nathe, Reinhart und seinen Kindern Friederike, Wilhelmine, Johann Friedrich Ludwig und Karl Oeser.

Reiffenstein, Johann Friedrich
(1719 Ragnit/Ostpreußen – 1793 Rom)
Maler und Altertumskenner. Nahm in Rom u.a. mit seinem Freund Johann Joachim Winckelmann und mit Angelika Kauffmann, welche sein Porträt radierte, Zeichenunterricht bei Casanova. War eng mit J. S. Bach befreundet, den er in Rom während seiner Krankheit pflegte und dessen Grabrede er hielt.

Reinhart, Johann Christian
(1761 Hof – 1847 Rom)
Landschaftsmaler, -zeichner und -radierer. Nach Theologiestudium in Leipzig Ausbildung bei Oeser und ab 1783 bei Klengel in Dresden. Befreundet mit Nathe und Friedrich Schiller. 1786–1788 in Meiningen, dort Freundschaft mit Friedrich Müller, anschließend bis zu seinem

Lebensende in Rom. Wirkte dort im Kreis um Jakob Asmus Carstens (1754–1798) und Joseph Anton Koch (1768–1839); befreundet mit Carl Ludwig Fernow (1763–1808). Schuf zusammen mit Mechau und Albert Christoph Dies „Mahlerisch radierte Prospekte aus Italien" (Nürnberg 1799) sowie weitere Radierungsfolgen.

Seipp, C.
Kupferstecher, um 1790 in Dresden tätig.

Stock, Johann Michael
(1737 Nürnberg – 1773 Leipzig)
Kupferstecher, der u. a. nach Oesers Entwürfen Illustrationen und Buchvignetten stach. War ab 1764 als Stecher für den Breitkopfschen Verlag tätig und unterrichtete an der Zeichenakademie im Kupferstechen und Radieren.

Wehle, Heinrich Theodor
(1778 Förtgen bei Niesky – 1805 Bautzen)
Landschaftszeichner und -radierer. Sohn eines Pfarrers. Ausbildung an der Görlitzer Zeichenschule bei Nathe, ab 1793 an der Dresdner Kunstakademie bei Casanova und Klengel. Ab 1799 am Chalkographischen Institut in Dessau, wo er den Wörlitzer Park zeichnete; bis 1801 stachen Christian Haldenwang (1770–1831) und Wilhelm Friedrich Schlotterbeck (1777–1819) seine Werke in Aquatintamanier nach. 1801 nach St. Petersburg, von wo aus er als Kartograph und Zeichner an einer Expedition über den Kaukasus nach Georgien teilnahm. Rückkehr nach Bautzen 1804, wo er seine Reiseskizzen ausführte und radierte.

Wille, Johann Georg
(1715 Obermühle im Biebertal bei Gießen – 1808 Paris)
Porträt- und Landschaftskupferstecher und -zeichner sowie Kunsthändler. Zunächst Graveur, ab 1739 in Paris, wo er sich autodidaktisch zum Kupferstecher ausbildete. Unterrichtete zahlreiche Schüler, darunter Zingg und Schenau, und stand mit einer großen Zahl von Künstlern und Gelehrten in Europa in Kontakt, darunter mit Hagedorn und Füger.

Zingg, Adrian
(1734 St. Gallen – 1816 Leipzig)
Landschaftszeichner, -radierer und -kupferstecher. Ab 1766 Mitglied, ab 1803 Professor für Landschaftskupferstich an der Dresdner Kunstakademie. Schüler von Johann Rudolph Holzhalb (1723–1806) in Zürich, Johann Ludwig Aberli (1723–1786) in Bern und Wille in Paris. Führte in Sachsen die „Aberlische Manier" lavierter bzw. kolorierter Umrissfederzeichnungen bzw. -radierungen ein. Trug mit seinen zahlreichen Ansichten zur Entdeckung der sächsischen Landschaft bei. Bildete eine große Zahl von Schülern aus.

Namensregister

Abel, Carl Friedrich (1723 Köthen – 1787 London) 9, 23, 234

Abel, Christian Ferdinand (1682 Hannover – 1761 Köthen) 23, 234

Aberli, Johann Ludwig (1723 Winterthur – 1786 Bern) 45, 269

Agricola, Rudolphus (um 1444 Baflo bei Groningen – 1485 Heidelberg) 23, 234

Albani, Francesco (1578 Bologna – 1660 Bologna) 20

Albert von Sachsen-Teschen (1738 Moritzburg bei Dresden – 1822 Wien) 18, 31, 170, 175–179, 181, 183–184, 186–188, 190, 202–203, 207, 214, 217–219, 222

Aliamet, Jacques (1726 Abbeville – 1788 Paris) 178

Altdorfer, Albrecht (vor 1480 – 1538 Regensburg) 181

Altnickol, Elisabeth Juliana Friederica geb. Bach (1726 Leipzig – 1781 Leipzig) 16–17

Anna Amalia, Herzogin von Sachsen-Weimar (1739 Wolfenbüttel – 1807 Weimar) 39

August III., Kurfürst von Sachsen, König von Polen (1696 Dresden – 1763 Dresden) 31

Bach, Anna Carolina Philippina (1747 Berlin – 1804 Hamburg) 14, 22–23

Bach, Anna Magdalena geb. Wilcke (1701 Zeitz – 1760 Leipzig) 14, 18

Bach, Carl Philipp Emanuel (1714 Weimar – 1788 Hamburg) 7, 13–16, 19, 22–25, 28–33, 44–45, 48, 163–165, 197, 205, 209, 219–220, 222, 224–229, 234–235

Bach, Catharina Dorothea (1708 Weimar – 1774 Leipzig) 17

Bach, Elisabeth Juliana Friederica, siehe Altnickol, E. J. F.

Bach, Gottlieb Friedrich (1714 Meiningen – 1785 Meiningen) 13

Bach, Johann August (auch Johann Adam, 1745 Berlin – 1789 Hamburg) 14, 22–23

Bach, Johann Christian (1735 Leipzig – 1782 London) 15, 23, 234

Bach, Johann Christoph Friedrich (1732 Leipzig – 1795 Bückeburg) 14, 27

Bach, Johann Jacob (1682 Eisenach – 1722 Stockholm) 24, 164–165

Bach, Johann Ludwig (1677 Thal/Thüringen – 1731 Meiningen) 13

Bach, Johann Philipp (1752 Meiningen – 1846 Meiningen) 13

Bach, Johann Sebastian (1685 Eisenach – 1750 Leipzig) 7, 9, 13–14, 16–19, 22–24, 37, 164–165, 231, 235

Bach, Johanna Carolina (1737 Leipzig – 1781 Leipzig) 17

Bach, Johanna Maria geb. Dannemann (1724 Berlin – 1795 Hamburg) 14, 22–23

Bach, Maria Barbara (1684 Gehren – 1720 Köthen) 235

Bach, Nicolaus Ephraim (1690 Wasungen – 1760 Gandersheim) 13

Bach, Regina Susanna (1742 Leipzig – 1809 Leipzig) 17

Bach, Samuel Anton (1713 Meiningen – 1781 Meiningen) 13, 17

Bach, Wilhelm Friedemann (1710 Weimar – 1784 Berlin) 13, 165, 235

Batoni, Pompeo Girolamo (1708 Lucca – 1787 Rom) 31, 38, 50, 152, 229, 244–245

Bause, Johann Friedrich (1738 Halle – 1814 Weimar) 18–19, 31–32, 37–38, 50, 55, 76, 152–153, 175, 190, 229, 236, 244–250, 266–267

Bause, Juliane Friederike (1768 Leipzig – 1837 Leipzig) 38

Bause, Juliane Wilhelmine, verh. Löhr (1768 Leipzig – 1837 Leipzig) 38, 154–156, 183, 189, 199, 232, 248, 251, 266

Becker, Wilhelm Gottlieb (1753 Callenberg – 1813 Dresden) 10, 46–49, 52, 57, 251–252, 266

Bellotto, Bernardo, genannt Canaletto (1720 Venedig – 1780 Warschau) 37, 194–196, 251, 266

Berchem, Nicolaes Pietersz (1620 Haarlem – 1683 Amsterdam) 54, 173, 274

Berlepsch, Freiherr Gottlob von (1786 – 1877) 35

Bienert, Theodor 251

Boileau-Despréaux, Nicolas (1636 Paris – 1711 Paris) 52

Bordoni, Faustina, siehe Hasse, F.

Bose, Christiana Sybilla, verh. Richter (1711 Leipzig – 1749 Leipzig) 18

Both, Jan (ca. 1615 Utrecht – 1652 Utrecht) 171, 250

Brauer, A. F. 157, 196, 251, 266

Breitkopf, Bernhard Christian (1695 Clausthal – 1777 Leipzig) 37

Breitkopf, Johann Gottlob Immanuel (1719 Leipzig – 1794 Leipzig) 16, 19, 22, 28–29, 31, 37

Brockes, Barthold Heinrich (1680 Hamburg – 1747 Hamburg) 55, 246–247

Brühl, Carl Friedrich Moritz Paul Graf von (1772 Pförten/Niederlausitz – 1837 Berlin) 252

Bünau, Heinrich Graf von (1697 Weißenfels – 1762 Oßmannstedt) 37

Buffardin, Pierre-Gabriel (1689 Avignon – 1768 Paris) 24, 62, 164–165

Caffarelli, eigentlich Gaetano Majorano (1710 Bitonto bei Bari – 1783 Neapel) 164

Personenindex

Calau, Benjamin (1724 Friedrichstadt/Schleswig – 1784 Berlin) 268

Campidoglio, Michelangelo di (eigentlich Michelangelo Pace, 1610 Rom – 1670 Rom) 230

Canal, Giovanni Antonio (1697 Venedig – 1768 Venedig) 266

Canaletto, siehe Bellotto, Bernardo

Caracci, Annibale (1560 Bologna – 1609 Rom) 231

Carl Friedrich, Großherzog von Weimar (1783 Weimar – 1853 Weimar) 204, 206

Carpione, Giulio, genannt Carpioni (1611 Venedig – 1674 Verona) 19, 217, 220–221, 228–229

Carriera, Rosalba (1675 Venedig – 1757 Venedig) 163

Carstens, Jakob Asmus (1754 Sankt Jürgen/Schleswig – 1798 Rom) 269

Carus, Carl Gustav (1789 Leipzig – 1869 Dresden) 35, 176, 194

Casanova, Giovanni Battista (1728 Venedig – 1795 Dresden) 33, 268–269

Chodowiecki, Daniel (1726 Königsberg – 1801 Berlin) 38–39, 231, 266

Claudius, Matthias (1740 Reinfeld/Holstein – 1815 Hamburg) 7

Cleef, Heinrich (Hendrick III. van Cleve, um 1525 – 1589) 195

Corvinus, Johann August (1683 Leipzig – 1738 Augsburg) 193

Courtois, Guillaume (1628 St. Hippolyte/Franche-Comté – 1679 Rom) 230

Cozens, John Robert (1752 London – 1797 London) 213

Cranach d. Ä., Lucas (1472 Kronach – 1553 Weimar) 39

Crusius, Carl Leberecht (1740 Langenhessen bei Zwickau – 1779 Leipzig) 239

Dahl, Johan Christian Clausen (1788 Bergen/Norwegen – 1857 Dresden) 189, 194, 196

Darnstedt, Johann Adolph (1769 Auma – 1844 Dresden) 178, 252

Daßdorf, Karl Wilhelm (1750 Stauchitz bei Oschatz – 1812 Dresden) 25, 28–30, 41, 54, 231, 267

Dies, Albert Christoph (1755 Hannover – 1822 Wien) 48, 214, 268–269

Dietrich, Christian Wilhelm Ernst, genannt Dietricy (1712 Weimar – 1774 Dresden) 34, 37–39, 42, 46, 49, 171–172, 174, 176, 178, 183, 195, 210, 231, 266–267

Döhren, Jacob von (1746 Hamburg – 1800 Hamburg) 22, 23

Dörrien, Emilie geb. Gehler (Tochter von J. A. O. Gehler) 18, 171, 173–174, 192–195, 198, 213

Doles, Johann Friedrich (1715 Steinbach-Hallenberg – 1797 Leipzig) 17

Donner, Georg Raphael (1693 Eßlingen/Niederösterreich – 1741 Wien) 268

Duncker, Balthasar Anton (1746 Saal bei Stralsund – 1807 Bern) 215

Dürer, Albrecht (1471 Nürnberg – 1528 Nürnberg) 39

Dyck, Anton van (1599 Antwerpen – 1641 London) 39

Dyk, Johann Gottfried (1750 Leipzig – 1813 Leipzig) 40, 166, 237, 239, 242, 268

Ehrenreich, Johann Benjamin von (1733/39? Ludwigsburg oder Frankfurt/Main – 1806 Hamburg) 28, 36

Ermels, Johann Franciscus (1621?/1641 Reilkirch an der Mosel – 1693 Nürnberg) 54

Eschenburg, Johann Joachim (1743 Hamburg – 1820 Braunschweig) 25

Everdingen, Alaert van (1621 Alkmaar – 1675 Amsterdam) 183

Faber, Karl Gottfried Traugott (1786 Dresden – 1863 Dresden) 186, 188

Farinelli, eigentlich Carlo Brosci (1705 Andria – 1782 Bologna) 164

Fasch, Christian Friedrich Carl (1736 Zerbst – 1800 Berlin) 15

Fasch, Johann Friedrich (1688 Buttelstedt – 1758 Zerbst) 15, 24

Fernow, Carl Ludwig (1763 Blumenhagen – 1808 Weimar) 269

Forkel, Johann Nikolaus (1749 Meeder bei Coburg – 1818 Göttingen) 23, 28, 165, 235

Franz Friedrich Anton, Herzog von Sachsen-Coburg-Saalfeld (1750 Schloss Ehrenburg, Coburg – 1806 Coburg) 218

Frauenholz, Johann Friedrich (1758 Weißenkirchberg – 1822 Nürnberg) 36, 48, 214

French, William (ca. 1815 – 1898 East Grinstead) 245

Freystein, Johanna Marianne (1760 Leipzig – 1807 Leipzig) 38, 170, 268

Friedrich, Caspar David (1774 Greifswald – 1840 Dresden) 46, 174, 179

Friedrich II., König von Preußen (1712 Berlin – 1786 Potsdam) 14–15

Friedrich Christian, Kurprinz von Sachsen (1722 Dresden – 1763 Dresden) 36

Friedrich Heinrich, Markgraf von Brandenburg-Schwedt (1709 Schwedt – 1788 Schwedt) 14

Friedrich Wilhelm, Prinz von Preußen (1744 Berlin – 1797 Potsdam) 33, 267

Fritsch, Thomas Freiherr von (1700 – 1777 Leipzig) 39

Fritzsch, Christian Friedrich (um 1719 Hamburg – vor 1774) 247

Füger, Friedrich Heinrich (1751 Heilbronn – 1818 Wien) 27, 34, 38, 41, 47, 55, 214, 231, 266, 268

Füssli, Johann Rudolf (1709 Zürich – 1793 Zürich) 17

Füssli, Johann Caspar (1706 Zürich – 1782 Zürich) 54, 247

Gaedechens, Cipriano Francisco (1818 – 1901) 207

Gärtner, Carl Christian (1712 Freiberg/Sachsen – 1791 Braunschweig) 25

Gehler, Johann August Otto (1762 – 1822) 18, 192, 194–195, 198

Gellert, Christian Fürchtegott (1715 Hainichen/Erzgebirge – 1769 Leipzig) 7, 41, 267

Gerardini, Maddalena (Wirtin von Bach d. J. in Rom, 1776) 27

Gersdorf, Adolf Traugott Freiherr von (1744 Niederrengersdorf bei Görlitz – 1807 Meffersdorf) 38, 49, 232–233, 252

Gerstenberg, Heinrich Wilhelm von (1737 Tondern/Schleswig – 1823 Altona) 33

Geßner, Salomon (1730 Zürich – 1788 Zürich) 19, 34, 49, 52–55, 57, 106, 168–169, 174, 197–199, 203, 205, 231, 233, 247, 250, 267

Geyser, Christian Gottlieb (1742 Görlitz – 1803 Leipzig) 33, 38, 40–41, 50, 139–151, 166–168, 231, 234, 236–244, 266–268

Gille, Christian Friedrich (1805 Ballenstedt am Harz – 1899 Dresden) 196

— 271 —

Gilpin, William (1724 Carlisle – 1804 London)   10, 169, 175, 202, 208, 249–250
Giorgione, eigentlich Giorgio da Castelfranco (1477/78 Venedig – 1510 Venedig)   39
Gluck, Christoph Willibald (1714 Erasbach/Oberpfalz – 1787 Wien)   164
Goethe, Cornelia (1750 Frankfurt/Main – 1777 Emmendingen)   231
Goethe, Johann Wolfgang von (1749 Frankfurt/Main – 1832 Weimar)   18, 27, 37, 216, 230–231, 235, 252, 268
Gore, Charles (1726 Horkstow – 1807 Weimar)   215
Gottsched, Johann Christoph (1700 Judittenkirchen bei Königsberg – 1766 Leipzig)   267
Graff, Anton (1736 Winterthur – 1813 Dresden)   17, 30–31, 34, 37, 45, 232, 237, 266
Graff, Carl Anton (1774 Dresden – 1832 Dresden)   189
Gran, Daniel (1694 Wien – 1757 St. Pölten)   628
Grießmann (auch Griesmann, Grismann), Carl Wilhelm (um 1765 – nach 1794)   18, 267
Griffier, Jan (um 1645 Amsterdam – 1718 London)   191
Günther, Christian August (1759 Pirna – 1824 Dresden)   181, 196

Hackert, Jakob Philipp (1737 Prenzlau – 1807 San Piero di Careggio)   54, 128, 175, 213–215
Haldenwang, Christian (1770 Durchlach – 1831 Rippoldsau)   269
Hagedorn, Christian Ludwig von (1712 Hamburg – 1780 Dresden)   10, 18, 20, 34, 36–37, 40, 42, 44, 52, 166, 173, 175–176, 185, 190, 203, 206, 208, 210, 220–221, 223, 232, 267–268
Hagedorn, Friedrich von (1708 Hamburg – 1754 Hamburg)   166
Haid, Johann Jakob (1704 Kleineisslingen – 1767 Augsburg)   266
Haller, Albrecht von (1708 Bern – 1777 Bern)   55
Hals, Frans (1582/83 Antwerpen – 1666 Haarlem)   39
Hammer, Christian Gottlob, auch Gottlieb (1779 Dresden – 1864 Dresden)   186, 196
Happe, Franz Wilhelm von (1687 Berlin – 1760 Berlin)   14
Hardorff, Gerdt d. Ä. (1769 Steinkirchen – 1864 Hamburg)   219

Hasse, Faustina geb. Bordoni (1700 Venedig – 1781 Venedig)   24, 164
Hasse, Johann Adolph (1699 Bergedorf bei Hamburg – 1783 Venedig)   24, 164, 234
Haußmann, Elias Gottlob (1695 Gera – 1774 Leipzig)   19
Haydn, Joseph (1732 Rohrau/Niederösterreich – 1809 Wien)   246
Hellen, Gustav von der (1879 – 1966)   219
Hendrick III. van Cleve,   siehe Heinrich Cleef
Herder, Johann Gottfried (1744 Morungen/Ostpreußen – 1803 Weimar)   252
Hesiod (um 740 – 670 v. Chr.)   51–53, 55
Heydenreich, Karl Heinrich (1764 Stolpen/Sachsen – 1801 Burgwerben bei Weißenfels)   10–11, 44, 56–57, 167, 172, 175–177, 180–182, 186, 194, 202–204, 206, 209, 211, 220, 222–223, 225, 248
Hiller, Johann Adam (1728 Wendisch-Ossig bei Görlitz – 1804 Leipzig)   240–241, 267
Hirschfeld, Christian Cay Lorenz (1742 Kirchnüchel bei Eutin/Holstein – 1792 Kiel)   192, 212, 251–252
Holzhalb, Johann Rudolph (1723 Zürich – 1806 Zürich)   269
Homilius, Gottfried August (1714 Rosenthal bei Königstein – 1785 Dresden)   24
Horaz (65 v. Chr. Venusia – 8 v. Chr. Rom)   51–52
Huber, Michael (1727 Frontenhausen/Bayern – 1804 Leipzig)   39
Hutin, Charles François (1715 Paris – 1776 Dresden)   42, 267
Hutin, Pierre (* Paris – 1763 Schloss Muskau)   267

Jovius, Paulus (Paolo Giovis) (1483 Como/Mailand – 1552 Florenz)   234
Jacobson, Richard   207
Joseph I., Kaiser (1678 Wien – 1711 Wien)   165
Jones, Thomas (1743 Aberedw/Radnoshire, Wales – 1803 Aberedw)   213

Kaaz, Carl Ludwig (1773 Karlsruhe – 1810 Dresden)   176, 213
Kammauf, Friedrich   268
Karl Albrecht, Kurprinz von Bayern (1697 Brüssel – 1745 München)   165
Kauffmann, Angelika (1741 Chur – 1807 Rom)   48

Keller, Heinrich   52
Kemeny, Graf (Lebensdaten nicht bekannt)   231
Keyserlingk, Hermann Carl Reichsgraf von (1796 Okten/Kurland – 1764 Warschau)   14
Klass, Friedrich Christian (1752 Dresden – 1827 Dresden)   41, 178, 186
Klass, Ludwig Friedrich (1784 Dresden – 1830 Dresden)   41
Kleist, Heinrich von (1777 Frankfurt/Oder – 1811 Wannsee bei Potsdam)   7
Klengel, Johann Christian (1751 Kesselsdorf bei Dresden – 1824 Dresden)   10, 31, 34, 36, 38, 41–43, 45, 48, 53, 57, 171–176, 178, 185–186, 188–189, 192, 194, 200, 206, 208–210, 214, 216, 236, 253, 267–269
Klinkhardt, Friedrich (1798 – 1869)   191
Klopstock, Friedrich Gottlieb (1724 Quedlinburg – 1803 Hamburg)   33, 252
Kniep, Christoph Heinrich (1755 Hildesheim – 1825 Neapel)   56, 216
Knight, Richard Payne (1750 Wormsley Grange/Herefordshire – 1824 London?)   215
Koch, Joseph Anton (1768 Obergibeln bei Elbigenalp/Tirol – 1839 Rom)   56–57, 269
Kobell, Ferdinand (1740 Mannheim – 1799 München)   73–74, 173–174, 178, 183, 250, 266–267
Kolbe, Carl Wilhelm, genannt Eichen-Kolbe (1759 Berlin – 1835 Dessau)   51, 54–55, 179, 267
Kreuchauf, Franz Wilhelm (1727 – 1803)   39, 235
Krüger, Andreas Ludwig (1743 Potsdam – um 1805 Potsdam)   15, 33, 267
Kütner, Samuel Gottlob (1747 Wendisch-Ossig bei Görlitz – 1828 Mitau)   17, 19, 267

Laer, Pieter van (1599 Haarlem – nach 1641 Haarlem)   172
Lancret, Nicolas (1690 Paris – 1743 Paris)   221
Lang, Carl   38, 248–249
Langwagen, Christian Gottlieb (1753 Dresden – um 1805 Braunschweig)   19
Lenz, Johann Philipp Wilhelm (um 1788 Leipzig – 1856 Leipzig)   41, 268
Leonardo da Vinci (1452 Vinci bei Empoli – 1519 Schloss Cloux bei Amboise)   39
Leonhardi, Eduard (1828 Freiberg – 1905 Loschwitz bei Dresden)   181

Lessing, Gotthold Ephraim (1729 Kamenz – 1781 Braunschweig) 7, 25, 33, 41, 241–242
Levesque, Pierre Charles (1736 Paris – 1812 Paris) 10, 205
Lievens, Dirk (1612 Leiden – um 1650/51 Niederländisch-Indien) 40
Lippert, Philipp Daniel (1702 Dresden – 1785 Dresden) 25, 37
Locatelli, Giovanni Battista (1713 Mailand oder Venedig – nach 1790) 164
Löhr, Carl Eberhard (1763 Leipzig – 1813 Leipzig) 250, 266
Löhr, Juliane Wilhelmine, siehe Bause, J. W.
Lorrain, Claude (1600 Chamagne/Lothringen – 1682 Rom) 176, 207, 213, 247
Louis, Prinz von Preußen (eigentlich Friedrich Ludwig Christian Prinz von Preußen, 1772 Friedrichsfelde bei Berlin – 1806 Wöhlsdorf bei Saalfeld) 33, 267

Marchand, Louis (1669 Lyon – 1732 Paris) 24, 164
Maria Amalia, Kurfürstin von Bayern (1701 Wien – 1756 München) 165
Maria Antonia Walpurgis, Kurfürstin von Sachsen (1724 München – 1780 Dresden) 36, 164
Marratta, Carlo, genannt Marratti (1625 Camerano – 1713 Rom) 230
Martini, Antonio Maria 235
Martini, Giovanni Battista (1706 Bologna – 1784 Bologna) 23, 235
Mechau, Jakob Wilhelm (1745 Leipzig – 1808 Dresden) 27, 34, 38, 40–41, 47–50, 57, 128, 167, 175–176, 214–216, 218, 220, 229, 231, 234, 237, 241, 266, 268–269
Mengs, Anton Raphael (1728 Aussig – 1779 Rom) 10, 24, 61, 163–164, 245, 268
Mengs, Ismael (1688 Kopenhagen – 1764 Dresden) 163, 268
Mengs, Juliane Charlotte (nach 1725 – nach 1789) 163
Mengs, Theresa Concordia (1725 Aussig – 1806 Rom) 163
Meusel, Johann Georg (1743 Eyrichshof – 1820 Erlangen) 44, 194, 244, 246, 248
Meyer, Felix (1653 Winterthur – 1713 Wyden bei Ossingen) 54
Meyer, Friedrich Johann Lorenz (1760 – 1844) 9, 28–30, 33–36, 46, 48, 172, 213, 216, 229

Meyer, Johann Valentin (1745 Hamburg – 1811 Hamburg) 25, 34–35, 233
Meyer zu Knonow, Karl Andreas von (1744 – 1797) 38
Meytens, Martin van (1695 Stockholm – 1779 Wien) 268
Miller, Johann Martin (1750 Ulm – 1814 Ulm) 14, 24, 235
Mingotti, Angelo (um 1700 Venedig – nach 1767) 164
Mingotti, Caterina Regina geb. Valentin (1722 Neapel – 1808 Neuburg/Donau) 24, 61, 163–165
Mingotti, Pietro (um 1702 Venedig – 1759 Kopenhagen) 164
Mohn, Viktor Paul (1842 Meißen – 1911 Berlin) 47
Mozart, Wolfgang Amadeus (1756 Salzburg – 1791 Wien) 235
Müller, Carl Wilhelm (1839 Dresden – 1904 Dresden) 47, 267
Müller, Christian Benjamin (1690 Dresden – 1758 Görlitz) 186, 188, 266
Müller, Friedrich, genannt Maler Müller (1749 Kreuznach – 1825 Rom) 55, 268
Müller, Johann Jakob, genannt Müller aus Riga (1765 Riga – 1832 Stuttgart) 214
Muralt, Peter Balthasar von (1746 Zürich – 1814 Basel) 31, 232

Nagler, Georg Kaspar (1801 Obersüßbach – 1866 München) 50
Nathe, Christoph (1753 Niederbielau – 1806 Schadewalde) 16, 38, 50, 53, 174, 181–182, 199, 205, 231–234, 253, 266, 268–269
Neer, Aert van der (1603 Amsterdam – 1677 Amsterdam) 170, 194, 227
Nestler, Carl Gottfried (1730 Stolpen – 1780 Dresden) 19

Oehme, Ernst Erwin (1831 Dresden – 1907 Blasewitz) 188
Oeser, Adam Friedrich (1717 Preßburg – 1799 Leipzig) 10, 14, 16–18, 20, 22, 25–32, 34, 36–41, 43–44, 48–50, 53–54, 76, 106, 111, 116, 166–167, 170–171, 173–175, 185, 198, 200–201, 203–206, 208–210, 212, 217, 220–221, 223, 228–233, 235, 239, 245, 247, 266–269
Oeser, Friederike Elisabeth (1748 Dresden – 1829 Leipzig) 18, 20–22, 38, 231, 268
Oeser, Johann Friedrich Ludwig (1751 Dresden – 1792 Leipzig) 33, 41, 170, 268
Oeser, Karl (1754 Dresden – vor 1791 St. Petersburg) 268
Oeser, Wilhelmine, verh. Geyser (1755 Dresden – 1813 Leipzig) 38, 231, 266, 268
Ostade, Adriaen van (1610 Haarlem – 1685 Haarlem) 174
Ovid, eigentlich Publius Ovidius Naso (43 v. Chr. Sulmo, heute Sulmona – 18 n. Chr. Komis, heute Konstanza) 51

Palma, Jacopo da (1544 Venedig – 1628 Venedig) 33
Pater, Jean-Baptiste François (1695 Valenciennes – 1736 Paris) 221
Pechwell, Carl von (1742 Wien – 1789 Wien) 245
Peoli, J. 220
Pfenninger, Heinrich (1749 Zürich – 1815) 15
Pichler, Johann Peter (1765 Bozen – 1807 Wien) 245
Piles, Roger de (1635 Clamecy – 1709 Paris) 10
Piranesi, Giovanni Battista (1720 Mogliano bei Mestre – 1778 Rom) 216
Poelchau, Georg (1773 Kremon bei Riga – 1836 Berlin) 163
Porpora, Niccolò Antonio Giacinto (1686 Neapel – 1768 Neapel) 164
Potter, Paulus (1625 Enkhuizen – 1654 Amsterdam) 247
Poussin, Nicolas (1594 Villers bei Les Andelys – 1665 Rom) 204, 230, 247
Preißler, Johann Daniel (1666 Nürnberg – 1737 Nürnberg) 199–200
Prestel, Johann Gottlieb (1739 Grönenbach – 1808 Frankfurt/Main) 36

Quandt, Johann Gottlob von (1787 Leipzig – 1859 Dresden) 193
Quantz, Johann Joachim (1697 Oberscheden bei Göttingen – 1773 Potsdam) 164

Rabener, Gottlieb Wilhelm (1714 Wachau bei Leipzig – 1770 Leipzig)   37, 40–41, 139, 166, 234, 237, 267
Raphael (eigentlich Raffaelo Santi, 1483 Urbino – 1520 Rom)   46, 244
Rehberg, Friedrich (1758 Hannover – 1835 München)   27
Reiffenstein, Johann Friedrich (1719 Ragnit/Ostpreußen – 1793 Rom)   28–29, 48, 268
Reinhart, Johann Christian (1761 Hof – 1847 Rom)   39, 47–50, 53, 56–57, 175, 183, 205, 214, 216, 235, 268
Rembrandt, Harmensz van Rijn (1606 Leiden – 1669 Amsterdam)   39
Reuß von Köstritz, Graf   31, 232
Rhodin, Carl Fredrik Christian (1821 Kopenhagen – 1886 Altona)   219
Richter, Christiana Sybilla,   siehe Bose, C. S.
Richter, Johann Thomas (1718 Leipzig – 1773 Leipzig)   18, 39
Richter, Johann Zacharias (1696 Leipzig – 1764 Leipzig)   18
Richter, Ludwig (auch Adrian Ludwig, 1803 Dresden – 1884 Dresden)   47, 50, 181, 186, 191
Rieter, Heinrich (1751 Winterthur – 1818 Bern)   30, 232
Rochlitz, Johann Friedrich (1769 Leipzig – 1842 Leipzig)   14, 18, 31, 204, 206
Rode, Bernhard (auch Christian Bernhard, 1725 Berlin – 1797 Berlin)   33, 38
Romano, Giulio (1499 Rom – 1546 Mantua)   50
Roos, Joseph (1726 Wien – 1805 Wien)   36, 174, 176
Roos, Philipp Peter, genannt Rosa da Tivoli (1655 Frankfurt/Main – 1706 Rom)   247
Rosa, Salvator (1615 Aranella bei Neapel – 1673 Rom)   33, 54, 227, 247
Rost, Karl Christian Heinrich (1742 – 1798 Leipzig)   36, 40, 167–168, 221, 231, 233
Rousseau, Jean-Jacques (1712 Genf – 1778 Ermenonville)   55
Rubens, Peter Paul (1577 Siegen/Westfalen – 1640 Antwerpen)   39, 130, 217–219
Ruisdael, Jacob van (1628/29 Haarlem – 1682 Amsterdam)   174, 176
Runge, Philipp Otto (1777 Wolgast/Pommern – 1810 Hamburg)   180, 194

Saftleven, Herman (1609 Rotterdam – 1685 Utrecht)   250, 266
Schachmann, Carl Adolf Gottlieb von (1725 Hersdorf – 1789 Königshayn oder Herrnhut)   31, 232–233
Schedel, Hartmann (1440 Nürnberg – 1514 Nürnberg)   189
Schemelli, Christian Georg (um 1676 Herzberg/Elster – 1762 Zeitz)   37
Schenau,   siehe Zeissig, J. E.
Schiller, Friedrich (1759 Marbach/Neckar – 1805 Weimar)   268
Schlotterbeck, Wilhelm Friedrich (1777 Härkingen/Kanton Solothurn oder Härtingen bei Basel – 1819 Wien)   269
Schmidt, Gerhard Joachim (Lebensdaten nicht bekannt)   35, 233–234
Schmitt, Johann Baptist (1768 Mannheim – 1819 Hamburg)   34–35
Schmittthenner, Friedrich   246
Schön, Johann Gottlieb (geb. um 1720 bei Arnstadt, Todesjahr nicht bekannt)   186
Schönkopf, Käthchen (1746 Leipzig – 1810 Leipzig)   231
Schnorr von Carolsfeld, Hans (Johann) Veit Friedrich (1764 Schneeberg/Sachsen – 1841 Leipzig)   235
Schüz, Franz (1751 Frankfurt/Main – 1781 Genf)   33
Schultz, Johann Gottfried (1734 Görlitz – um 1805 Görlitz)   266, 268
Schulze, Christian Gottfried (1749 Dresden – 1819 Dresden)   17
Schuppen, Jakob van (1670 Paris – 1751 Wien)   268
Seipp, C. (Vorname und Lebensdaten nicht bekannt; um 1790 in Dresden tätig)   158, 251–252, 269
Seydelmann, Crescentius Josephus Johannes (1750 Dresden – 1829 Dresden)   245
Sigismund, Ernst   212
Silvestre, Louis de (1675 Sceaux – 1760 Paris)   268
Sophie Charlotte, Königin von England geb. Prinzessin von Mecklenburg-Strelitz (1744 Mirow – 1818 London)   234
Sterl, Robert (1867 Groß-Dobritz – 1952 Naundorf)   188
Stimmer, Tobias (1539 Schaffhausen – 1584 Straßburg)   234
Stock, Anna Maria Jakobine, genannt Minna, verh. Körner (1763 – 1843 Dresden)   38

Stock, Johann Michael (1737 Nürnberg – 1773 Leipzig)   16, 37, 269
Stock, Johanna Dorothea, genannt Dora (1759 Nürnberg – 1832 Berlin)   38
Strähnz, Werner   168
Sturm, Christoph Christian (1740 Augsburg – 1786 Hamburg)   33
Sulzer, Johann Georg (1720 Winterthur – 1779 Berlin)   10, 43, 54, 204
Swanevelt, Herman van (1600 Woerden bei Utrecht – 1655 Paris)   174
Swieten, Gottfried Bernhard Baron van (1733 Leyden – 1803 Wien)   246

Telemann, Georg Philipp (1681 Magdeburg – 1767 Hamburg)   16, 24
Thiele, Johann Alexander (1685 Erfurt – 1752 Dresden)   49, 165, 172, 178, 185–189, 193–195
Theokrit (um 300 Syrakus – 260 v. Chr.)   50, 52
Thomson, James (1700 Ednam/Scottish Borders – 1748 Richmond bei London)   55, 245–248
Tiepolo, Giovanni Battista (1696 Venedig – 1770 Madrid)   268
Tintoretto (eigentlich Jacopo Robusti, 1518 Venedig – 1594 Venedig)   26, 39–40, 223
Tischbein, Johann Heinrich Wilhelm (1751 Haina – 1829 Eutin)   22, 180
Tizian (eigentlich Tiziano Vecellio, um 1488/90 Pieve di Cadore – 1576 Venedig)   226

Uhlinger, Johann Caspar (1703 Herrliberg – 1768 Zürich?)   193

Vasari, Giorgio (1511 Arezzo – 1574 Florenz)   39
Veith, Johann Philipp (1768 Dresden – 1837 Dresden)   181
Venus, Franz Albert (1842 Dresden – 1871 Dresden)   47
Veronese, Paolo (1528 Verona – 1588 Venedig)   39, 137–138, 222
Volkmann, Johann Jakob (1732 Hamburg – 1803 Zschortau)   36
Vollerdt, Johann Christian (1708 Leipzig – 1769 Dresden)   187, 194–195

Voß, Johann Heinrich (1751 Sommersdorf bei Waren/Mecklenburg – 1826 Heidelberg)   14, 19, 24, 33, 235

Wagner, Johann Georg (1744 Meißen – 1767 Meißen)   34, 49, 159, 172, 176, 178, 250, 252–253, 266
Walther, Kommerzienrat   37
Watelet, Claude Henri (1718 Paris – 1786 Paris)   10, 167
Waterloo, Anthonie (um 1610 Lille? – 1690 Utrecht)   174, 179–182, 227, 266
Wehle, Heinrich Theodor (1778 Förtgen bei Niesky – 1805 Bautzen)   43, 53, 175–176, 194, 200, 205, 209, 268–269
Weisbrodt, Friedrich Christoph (1739 – um 1803)   178

Weiß, Silvius Leopold (1686 Breslau – 1750 Dresden)   165
Weiße, Christian Felix (1726 Annaberg – 1804 Stötteritz bei Leipzig)   37, 40, 63–66, 140–150, 166–168, 237–243, 267
Wieland, Christoph Martin (1733 Oberhoilzheim bei Biberach/Schwaben – 1813 Weimar)   40–41, 252
Wiegand, Christian Friedrich (1752 Leipzig – 1832 Leipzig)   39, 235
Wille, Johann Georg (1715 Obermühle im Bieberthal bei Gießen – 1808 Paris)   173, 266, 269
Winckelmann, Johann Joachim (1717 Stendal – 1768 Triest)   10, 36–37, 41, 267–268
Winckler, Gottfried (1731 – 1795 Leipzig)   18, 31, 39–40, 50, 202, 219, 222, 244, 246, 248, 250–251

Wizani, Carl (1767 Dresden – 1818 Breslau)   268
Wouverman, Philips (1619 Haarlem – 1668 Haarlem)   54, 212

Zeissig, Johann Eleazar, genannt Schenau (1737 Großschönau bei Zittau – 1806 in Dresden)   34, 38, 43, 173, 269
Ziegler, Johann Gotthilf (1688 Leubnitz bei Dresden – 1747 Halle)   24, 235
Ziegler, Johanna Charlotte, verh. Unzer (1725 Halle – 1782 Altona)   24, 235
Zingg, Adrian (1734 St. Gallen – 1816 Leipzig)   31, 34–35, 38, 42, 45, 49, 173, 175, 185–186, 189, 205, 251–252, 269

Verzeichnis der Sammlungen

Kunstmuseum Basel, Kupferstichkabinett: Z 45, Z 47, Z 49
Privatbesitz Berlin: Z 64
Staatsbibliothek zu Berlin – Preußischer Kulturbesitz, Musikabteilung mit Mendelssohn-Archiv: Z 1, Z 2
Kunstsammlungen der Veste Coburg, Kupferstichkabinett: Z 3–6, Z 20, Z 31, Z 67, G 1, G 13, G 16–18, G 21
Staatliche Kunstsammlungen Dresden, Kupferstich-Kabinett: Z 36, Z 60, Z 61, G 14–18, G 20
Städtische Galerie Dresden, Graphische Sammlung: G 19
Goethe-Museum Düsseldorf, Anton-und-Katharina-Kippenberg-Stiftung: Z 58
Städelsches Kunstinstitut und Städtische Galerie, Frankfurt am Main, Graphische Sammlung: G 13, G 15
Kulturhistorisches Museum Görlitz, Graphisches Kabinett: G 1–12
Kunstsammlungen der Georg-August-Universität Göttingen: Z 59
Hamburger Kunsthalle, Kupferstichkabinett: Z 10, Z 42, Z 46, Z 52, Z 55, M 56, Z 57, Z 69
Kurpfälzisches Museum, Heidelberg, Graphische Sammlung: G 14

Kunsthandel Lempertz, Köln: Z 44
Bach-Archiv Leipzig: Z 7, Z 25, Z 34, G 17, G 18
Museum der Bildenden Künste Leipzig, Graphische Sammlung: Z 9, Z 11–13, Z 37–41, Z 43, Z 62
Stadtgeschichtliches Museum Leipzig: Z 71, G 14–17
The British Museum, London, Department of Prints and Drawings: G 15
Staatliche Graphische Sammlung München: G 16
Cooper-Hewitt, National Design Museum New York, Department of Drawings, Prints, and Graphic Design: Z 70
Philadelphia Museum of Art, Department of Prints, Drawings and Photographs: G 14, G 17, G 18
Staatliches Museum Schwerin, Kupferstichkabinett: Z 22, Z 23
Privatbesitz Seeheim-Jugenheim: Z 35
Klassik Stiftung Weimar, Goethe-Nationalmuseum: Z 51
Klassik Stiftung Weimar, Graphische Sammlung: Z 53
Albertina, Wien, Graphische Sammlung: Z 8, Z 14–19, Z 21, Z 24, Z 26–30, Z 32, Z 33, Z 48, Z 50, Z 54, Z 63, Z 65, Z 66, Z 68, Z 72

Fotonachweis

Kunstmuseum Basel. Martin Bühler: Z 45, Z 47, Z 49
Privatbesitz Berlin, Foto: Jörg P. Anders, Berlin: Z 64
bpk/Staatsbibliothek zu Berlin, Musikabteilung: Abb. 9, Z 1, Z 2
Kunstsammlungen der Veste Coburg: Z 3–6, Z 20, Z 31, Z 67, G 13, G 21
Estel/Klut, Kupferstich-Kabinett, Staatliche Kunstsammlungen Dresden: Abb. 12, Abb. 22, G 20
Herbert Boswank, Kupferstich-Kabinett, Staatliche Kunstsammlungen Dresden: Abb. 23, Z 36, Z 60, Z 61
Estel/Klut, Gemäldegalerie Alte Meister, Staatliche Kunstsammlungen Dresden: Abb. 27
SLUB Dresden/Deutsche Fotothek, Kramer: Abb. 19
Städtische Galerie Dresden, Kunstsammlung, Museen der Stadt Dresden, Fotograf Franz Zadnicek: G 19
Goethe-Museum Düsseldorf, Anton-und-Katharina-Kippenberg-Stiftung: Z 58
Freies Deutsches Hochstift, Frankfurter Goethe-Museum: Abb. 14
Stadt- und Bergbaumuseum Freiberg: Abb. 28
Kulturhistorisches Museum Görlitz, Graphisches Kabinett, Foto: Jürgen Matschie: Abb. 2, Abb. 13, G 1–12; Foto: Anke Fröhlich: Abb. 17
Kunstsammlungen der Georg-August-Universität Göttingen: Z 59

bpk/Hamburger Kunsthalle, Elke Walford: Titel, Z 10, Z 42, Z 46, Z 52, Z 55, M 56, Z 57, Z 69
Museum für Hamburgische Geschichte: Abb. 7, Abb. 11, Abb. 15, Abb. 21
Kunsthandel Lempertz, Köln: Z 44
Bach-Archiv Leipzig: Frontispiz, Abb. 1, Abb. 4, Z 7, Z 25, Z 34, G 17, G 18
Museum der Bildenden Künste Leipzig, Ursula Gerstenberger: Abb. 18, Abb. 24, Z 9, Z 11–13, Z 37–41, Z 43, Z 62
Stadtgeschichtliches Museum Leipzig, Foto: Matthias Knoch: Z 71, G 14–16
Universitätsbibliothek Leipzig: Abb. 3, Abb. 5, Abb. 6, Abb. 8
Privatbesitz München, Foto: Engelbert Seehuber: Abb. 16, Abb. 20
Cooper-Hewitt, National Design Museum New York, Department of Drawings, Prints, and Graphic Design: Z 70
Staatliches Museum Schwerin, Kupferstichkabinett: Z 22, Z 23
Privatbesitz Seeheim-Jugenheim: Z 35
Klassik Stiftung Weimar, Goethe-Nationalmuseum, Schuchardt I S. 279 Nr. 0491 Z 636; Inv. Nr. KK 314: Abb. 10, Z 51
Klassik Stiftung Weimar, Graphische Sammlung, Inv. Nr. KK 4095, Inv. Nr. KK 4071, Inv. Nr. KK 315: Abb. 25, Abb. 26, Z 53
Albertina, Wien: Z 8, Z 14–19, Z 21, Z 24, Z 26–30, Z 32, Z 33, Z 48, Z 50, Z 54, Z 63, Z 65, Z 66, Z 68, Z 72

Edition Bach-Archiv Leipzig

Peter Wollny (Hrsg.)
«Ein Denkstein für den alten Prachtkerl»
Felix Mendelssohn Bartholdy und das alte Bach-Denkmal in Leipzig
[Edition Bach-Archiv]

128 Seiten mit zahlr. Abb., Paperback
ISBN 978-3-374-02252-6
EUR 12,80

Im Jahr 1838, knapp 100 Jahre nach dem Tod Johann Sebastian Bachs, beschließt Felix Mendelssohn Bartholdy seinem großen Vorbild Bach ein Denkmal in Leipzig zu errichten. Das auch heute noch existierende Monument spiegelt ein zentrales Kapitel europäischer Musikgeschichte wider. Mit diesem Denkmal ebenso wie mit der Wiederaufführung der Matthäus-Passion wollte Mendelssohn Bartholdy dafür sorgen, den »alten Prachtkerl« Bach nicht in Vergessenheit geraten zu lassen.

Das Buch zeichnet ein lebendiges Bild von der Entstehungsgeschichte des Denkmals, von maßgeblich daran beteiligten Persönlichkeiten sowie den zeit- und kunstgeschichtlichen Hintergründen.

EVANGELISCHE VERLAGSANSTALT
Leipzig

www.eva-leipzig.de

Die Kaffee-Kantate

Hans-Joachim Schulze
Ey! Wie schmeckt der Coffee süße
Johann Sebastian Bachs Kaffee-Kantate
[Edition Bach-Archiv]

80 Seiten mit zahlr. Illustr. und Audio-CD, Hardcover
ISBN 978-3-374-02299-1
EUR 12,80

Als 1685 das erste Leipziger Kaffeehaus eröffnete, ahnte wohl noch niemand etwas vom Siegeszug, den das schwarze Getränk antreten würde. Bald fanden in den Leipziger Kaffeehäusern sogar Konzerte statt, auch unter der Leitung des Thomaskantors Johann Sebastian Bach.

Hans-Joachim Schulze gibt mit diesem Buch einen Einblick in die Kulturgeschichte des Kaffeetrinkens und schildert in sachlich fundierter und gleichermaßen unterhaltsamer Weise die Entstehungsgeschichte der Kaffee-Kantate. Mit der beigelegten CD – einer Einspielung der Kaffee-Kantate unter Ton Koopman – wird dieses Buch bei einer Tasse heißen Kaffees zu einem Genuss für alle Sinne.

EVANGELISCHE VERLAGSANSTALT
Leipzig

www.eva-leipzig.de

Die Bach-Kantaten

Hans-Joachim Schulze
Die Bach-Kantaten
Einführungen zu sämtlichen Kantaten Johann Sebastian Bachs
[Edition Bach-Archiv]

760 Seiten, Hardcover
ISBN 978-3-374-02390-5
EUR 44,00

Jahrelang komponierte Johann Sebastian Bach Woche für Woche eine neue Kantate. Nur ein Teil seines umfassenden kirchlichen Kantatenwerkes ist erhalten geblieben. Darüber hinaus komponierte Bach weltliche Kantaten, vorwiegend für Hochzeiten, Geburts- und Namenstage, Jubiläen und Trauerfeiern.

In diesem Band finden sich Einführungen zu den 226 überlieferten Kantaten Johann Sebastian Bachs. In sachlich fundierter und gut lesbarer Weise führt der bekannte Bach-Forscher Hans-Joachim Schulze die Leser an das Kantatenwerk des großen Komponisten heran.

EVANGELISCHE VERLAGSANSTALT
Leipzig

www.eva-leipzig.de